政府采购实务

Practice of Government Procurement

评审专家篇

主编　黎　明　陈　瑜

副主编　田　翠　付方龙　刘红光　陈芳铭

编委　孙　伟　胡火轮　李　頔　贺娅娜　张　威　李彦豪

　　　高　源　李　超　陈鹏羽　印　鹏　汪　丹　武天仪

　　　刘源浩　戴枫禹　王　彦　吴妮敏　宋成伟　吴羿兴

　　　刘　琪　穆嘉豪　陈圆圆　陈　刚

华中科技大学出版社
http://press.hust.edu.cn
中国·武汉

内 容 简 介

本书是一本为政府采购评审专家量身定制的实用工具书。本书全面、系统地介绍了政府采购的基本概念、法律法规体系,详细阐述了评审工作的具体流程、方法与技巧,并深入讲解了评审专家的职业道德和法律责任。书中结合大量案例,深入剖析了评审工作中的常见问题及解决方法,旨在帮助评审专家深入理解政策法规,熟练掌握评审流程,以提升业务水平与职业道德素养,确保评审工作的公平、公正、科学、高效。本书的出版,将为评审专家提供学习与交流的平台,助力我国政府采购事业的健康发展。

图书在版编目(CIP)数据

政府采购实务:评审专家篇 / 黎明,陈瑜主编 . -- 武汉 : 华中科技大学出版社, 2025.7. -- ISBN 978-7-5772-1988-2

Ⅰ.F812.2

中国国家版本馆 CIP 数据核字第 2025TK9968 号

政府采购实务——评审专家篇   黎 明 陈 瑜 主编

Zhengfu Caigou Shiwu —— Pingshen Zhuanjia Pian

策划编辑:张 玲

责任编辑:陈元玉

封面设计:何 轩 刘 洋

责任监印:曾 婷

出版发行:华中科技大学出版社(中国·武汉)   电话:(027)81321913

            武汉市东湖新技术开发区华工科技园   邮编:430223

录   排:孙雅丽

印   刷:武汉科源印刷设计有限公司

开   本:787mm×1092mm 1/16

印   张:17.5   插页:1

字   数:365千字

版   次:2025年7月第1版第1次印刷

定   价:59.80元

序言

在我国社会主义市场经济蓬勃发展与公共财政管理体制持续深化改革的大背景下，政府采购作为财政支出管理的关键环节，其重要性愈发彰显。政府采购不仅是政府获取公共服务、货物与工程的重要手段，更是促进市场公平竞争、推动经济社会健康发展以及保障公共利益的有力举措。在整个政府采购活动中，评审专家扮演着至关重要的角色。

评审专家凭借其专业知识、丰富经验和独立公正的态度，对采购项目进行客观审慎的评审，其评审意见是确定中标（成交）供应商的重要依据，直接影响着政府采购的质量和效益，关乎着财政资金能否得到合理高效使用，关乎着政府采购项目能否满足公共需求，关乎着市场竞争是否公平与公正。随着政府采购规模的不断扩大和采购项目的日益复杂，评审工作对专家的专业素养提出了更高要求，评审专家既要坚守职业道德与职业素养的底线，又要动态掌握更新迭代的法规政策，熟悉多种评审方法与技术工具，持续更新专业知识储备以应对复杂场景。但在实际工作中，部分评审专家存在对政策法规理解不透彻、评审标准把握不准确、职业道德意识淡薄等问题，不仅影响了评审结果的公正性，也损害了政府采购的公信力。

正是基于以上背景，我们精心编写了本书。本书涵盖了评审专家在政府采购评审工作中所需的各方面知识，从政府采购的基本概念、法律法规体系，到评审工作的具体流程、评审方法和工具使用，再到评审专家的职业道德和法律责任等，都进行了详细的阐述和讲解，为评审专家构建了一个完整的知识体系。本书还紧密结合评审工作的实际情况，通过大量的案例分析，深入剖析评审工作中常见的问题和解决方法，能够让评审专家将所学知识直接应用到实际评审工作中，以提高解决实际问题的能力。

我们坚信，本书的出版，将为广大评审专家提供一个良好的学习和交流平台。同时，也希望本书能够为政府采购领域的研究和实践提供有益的参考，为我国政府采购事业的发展贡献一分力量。

由于时间和水平有限，书中难免存在不足之处，恳请广大读者批评指正。

编者

2025 年 5 月

相关政策文件汇编　　　　　政府采购常用法律法规

目录

第五章　政府采购项目评审

第六章　政府采购政策

第七章　政府采购质疑投诉处理

第一章
政府采购基础知识

第一节　政府采购概述

一、定义与概念

政府采购，是指各级国家机关、事业单位和团体组织，使用财政性资金采购依法制定的集中采购目录以内的或者采购限额标准以上的货物、工程和服务的行为。

政府采购需具备以下几个要素。

1.采购主体

政府采购主体必须是各级国家机关、事业单位和团体组织。

2.资金性质

政府采购资金性质为财政性资金。政府采购所称的财政性资金是指纳入预算管理的资金，以财政性资金作为还款来源的借贷资金视同为财政性资金。对于既使用财政性资金又使用非财政性资金的采购项目，能按资金性质不同进行分割的，使用财政性资金采购的部分适用《中华人民共和国政府采购法》（以下简称《政府采购法》）及相关法规；不能进行分割的，整个采购项目都应适用《政府采购法》及相关法规。

3.采购范围

政府采购的采购范围包括集中采购目录以内的或者采购限额标准以上的货物、工程和服务。

《政府采购法》及其实施条例所称的集中采购，是指采购人将列入集中采购目录的项目委托集中采购机构代理采购或者进行部门集中采购的行为；所称的分散采购，是指采购人将采购限额标准以上的未列入集中采购目录的项目自行采购或者委托采购代理机构代理采购的行为。

集中采购的范围和政府采购限额标准由省级以上人民政府公布的集中采购目录确定。属于中央预算的政府采购项目，集中采购目录和政府采购限额标准由国务院确定并公布；属于地方预算的政府采购项目，集中采购目录和政府采购限额标准由省、自治区、直辖市人民政府或者其授权的机构确定并公布。

《政府采购法》所称的采购，是指以合同方式有偿取得货物、工程和服务的行为，包括购买、租赁、委托、雇用等。该法所称的货物是指各种形态和种类的物品，包括原材料、燃料、设备、产品等。该法所称的工程是指建设工程，包括建筑物和构筑物的新建、改建、扩建及其相关的装修、拆除、修缮等。该法所称的服务是指除货物和工程以外的其他政府采购对象，包括政府自身需要的服务和政府向社会公众提供的公共服务。

二、政府采购的原则

《政府采购法》第三条规定，政府采购应当遵循公开透明原则、公平竞争原则、公正原则和诚实信用原则。

1. 公开透明原则

政府采购被誉为"阳光下的交易"，只有坚持公开透明，才能为供应商参加政府采购活动提供公平竞争的环境，为公众对财政性资金的使用情况进行有效监督创造条件。

公开透明要求政府采购的法规和规章制度要公开，政府采购信息要公开，包括依照政府采购有关法律制度规定应予公开的采购意向、公开招标公告、资格预审公告、单一来源采购公示、中标（成交）结果公告、政府采购合同公告等政府采购项目信息，以及投诉处理结果、监督检查处理结果、集中采购机构考核结果等政府采购监管信息。

2. 公平竞争原则

公平竞争要求在竞争的前提下公平地开展政府采购活动。政府采购活动必须引入竞争机制，让采购人获得价廉物美的货物、工程或者服务，以提高财政性资金的使用效益。须做到平等准入与无歧视待遇、防止地方保护与行政干预、评审公正与有效监督、对不正当竞争行为进行有效打击，并实质性促进中小企业参与政府采购活动。

3. 公正原则

公正原则是为确保供应商公平参与政府采购活动，促进供应商之间充分竞争而设立的。采购人和采购代理机构不得以不合理的条件对供应商实行差别待遇或者歧视待遇；在评审活动中，评审专家应当按照客观、公正、审慎的原则，根据采购文件规定的评审程序、评审方法和评审标准进行独立评审，不得明示或者暗示其倾向性、引导性意见。《中华人民共和国政府采购法实施条例》（以下简称《政府采购法实施条例》）第九条指出，在政府采购活动中，采购人员及相关人员与供应商有下列利害关系之一的，应当回避：（一）参加采购活动前3年内与供应商存在劳动关系；（二）参加采购活动前3年内担任供应商的董事、监事；（三）参加采购活动前3年内是供应商的控股股东或者实际控制人；（四）与供应商的法定代表人或者负责人有夫妻、直系血亲、三代以内旁系血亲或者近姻亲关系；（五）与供应商有其他可能影响政府采购活动公平、公正进行的关系。供应商认为采购人员及相关人员与其他供应商有利害关系的，可以向采购人或者采购代理机构书面提出回避申请，并说明理由。采购人或者采购代理机构应当及时询问被申请回避人员，有利害关系的被申请回避人员应当回避。

4. 诚实信用原则

诚实信用原则是政府采购的重要基础，要求政府采购各方当事人在政府采购活动中，本着诚实、守信的契约精神，履行各自的权利和义务，恪守信用，兑现承诺，不得有欺诈、串通、隐瞒等行为，不得伪造、变造、隐匿、销毁需要依法保存的文件。

第二节　政府采购当事人

《政府采购法》第十四条规定，政府采购当事人是指在政府采购活动中享有权利和承担义务的各类主体，包括采购人、供应商和采购代理机构等。

《政府采购法》第二十五条规定，政府采购当事人不得相互串通损害国家利益、社会公共利益和其他当事人的合法权益；不得以任何手段排斥其他供应商参与竞争。供应商不得以向采购人、采购代理机构、评标委员会的组成人员、竞争性谈判小组的组成人员、询价小组的组成人员行贿或者采取其他不正当手段谋取中标或者成交。采购代理机构不得以向采购人行贿或者采取其他不正当手段谋取非法利益。采购人不得向供应商索要或者接受其给予的赠品、回扣或者与采购无关的其他商品、服务。

一、采购人

《政府采购法》第十五条规定，采购人是指依法进行政府采购的国家机关、事业单位、团体组织。

1. 国家机关

国家机关是指行使国家权力、管理国家事务的机关。其包括国家权力机关、国家行政机关、国家审判机关、国家检察机关、军事机关等。

2. 事业单位

事业单位是指政府为实现特定目的而批准设立的事业法人。

3. 团体组织

团体组织是指各党派及政府批准的社会团体。

采购人在政府采购活动中应当维护国家利益和社会公共利益，公正廉洁，诚实守信，执行政府采购政策，建立政府采购内部管理制度，厉行节约，科学合理地确定采购需求。

二、采购代理机构

《政府采购法实施条例》第十二条规定，政府采购法所称采购代理机构，是指集中采购机构和集中采购机构以外的采购代理机构。

集中采购机构是设区的市级以上人民政府依法设立的非营利事业法人，是代理集中采购项目的执行机构。集中采购机构应当根据采购人委托制定集中采购项目的实施方案，明确采购规程，组织政府采购活动，不得将集中采购项目转委托。集中采购机构以外的采购代理机构，是从事采购代理业务的社会中介机构。

1. 集中采购机构

1）集中采购机构的设立

设区的市、自治州以上人民政府根据本级政府采购项目组织集中采购的需要设立集中采购机构。

2）集中采购机构的性质

集中采购机构受采购人的委托，以代理人的身份办理政府采购事宜，集中采购机构是为向采购人提供采购服务而设立的；集中采购机构不是政府机关，而是非营利性的事业法人。

2. 社会代理机构

集中采购机构以外、受采购人委托从事政府采购代理业务的社会中介机构称为社会代理机构，一般直接称为采购代理机构。本书所称政府采购代理机构一般是指集中采购机构以外、受采购人委托从事政府采购代理业务的社会中介机构。

1）社会代理机构的性质

社会代理机构是营利性机构，根据采购代理委托协议的约定收取招标代理费。当前招标代理费的收取已经打破了"政府指导价"的限制，原国家计委《招标代理服务收费管理暂行办法》（计价格〔2002〕1980号文件）对招标代理机构的收费标准做了详细要求，但在国家发改委《关于进一步放开建设项目专业服务价格的通知》（发改价格

〔2015〕299号）中规定，全面放开实行政府指导价管理的建设项目专业服务价格，实行市场调节价，其中就包括招标代理费。实行市场调节价后，经营者应严格遵守《中华人民共和国价格法》《关于商品和服务实行明码标价的规定》等法律法规规定，告知委托人有关服务项目、服务内容、服务质量及服务价格等，并在委托代理协议中约定。

实行市场调节价，并不意味着乱收费，采购人和采购代理机构在签署政府采购代理协议时，应在协议中明确收费方式及收费比例或金额等。收费比例或金额不能脱离市场实际，采购代理机构提供的服务，应当符合国家和行业有关标准规范，满足委托代理协议约定的服务内容和质量标准等要求。采购代理机构不得违反标准、规范、规定或协议约定，通过降低服务质量、减少服务内容等手段进行恶性竞争，扰乱市场秩序。

2）社会代理机构从业条件

社会代理机构代理政府采购业务应当具备以下条件：

（1）具有独立承担民事责任的能力。

（2）建立完善的政府采购内部监督管理制度。

（3）拥有不少于5名熟悉政府采购法律法规、具备编制采购文件和组织采购活动等相应能力的专职从业人员。

（4）具备独立办公场所和代理政府采购业务所必需的办公条件。

（5）在自有场所组织评审工作的，应当具备必要的评审场地和录音录像等监控设备设施并符合省级人民政府规定的标准。

3）社会代理机构名录登记

按照财政部《政府采购代理机构管理暂行办法》（财库〔2018〕2号）要求，社会代理机构实行名录登记管理，完成名录登记方可从业。

省级财政部门依托中国政府采购网省级分网建立政府采购代理机构名录，名录信息全国共享并向社会公开。

代理机构应当通过工商登记注册地省级分网填报以下信息申请进入名录，并承诺对信息真实性负责：

（1）代理机构名称、统一社会信用代码、办公场所地址、联系电话等机构信息。

（2）法定代表人及专职从业人员有效身份证明等个人信息。

（3）内部监督管理制度。

（4）在自有场所组织评审工作的，应当提供评审场所地址、监控设备设施情况。

（5）省级财政部门要求提供的其他材料。

登记信息发生变更的，代理机构应当在信息变更之日起10个工作日内自行更新。代理机构登记信息不完整的，财政部门应当及时告知其完善登记资料；代理机构登记信息完整清晰的，财政部门应当及时为其开通相关政府采购管理交易系统信息发布、专家抽取等操作权限。

4）社会代理机构的选用

完成名录登记的代理机构，可在中国政府采购网或省级政府采购网上政府采购代理机构名录登记栏中查询详细信息，包括代理机构基本资料、主要业绩、异地评审场所和变更历史等内容。基本资料包括代理机构工商注册信息、评审场地情况、擅长领域及专职人员信息等，以方便采购人根据需要自行选择代理机构。采购人应当根据项目特点、代理机构专业领域和综合信用评价结果，从名录中自主择优选择代理机构。任何单位和个人不得以摇号、抽签、遴选等方式干预采购人自行选择代理机构。

3.集中采购机构与社会代理机构的异同

集中采购机构为设区的市、自治州以上人民政府根据本级政府采购项目组织集中采购的需要而设立，其性质为事业单位，为全额财政拨款的非营利性机构，无需登记备案。

社会代理机构为营利性质的机构，须在政府采购网登记备案方可从业。

两者的共同点在于：一是均需按照政府采购法及其相关规定执行政府采购项目；二是项目执行均需获得采购人的委托；三是均需接受各级政府采购监督管理部门的监管。

三、供应商

1.供应商的定义及分类

《政府采购法》第二十一条规定，供应商是指向采购人提供货物、工程或者服务的法人、其他组织或者自然人。

1）法人供应商

法人供应商包括企业法人、机关法人、事业单位法人和社会团体法人。企业法人应具有其在工商部门注册的有效"企业法人营业执照"或"营业执照"；如果供应商是事业单位，应具有有效的"事业单位法人证书"。

2）其他组织供应商

其他组织主要包括合伙企业、非企业专业服务机构、个体工商户、农村承包经营户。如果供应商是个体工商户，应具有有效的"个体工商户营业执照"。

3）自然人供应商

自然人是法律上用来区分法人和非法人的一个术语。在法律上，自然人指的是具有民事权利能力和民事行为能力的人，也就是普通的个人。自然人供应商，一般指的是以个人身份而非法人身份从事供应商活动的个人。

2.供应商应具备的条件

《政府采购法》第二十二条规定，供应商参加政府采购活动应当具备下列条件：

（1）具有独立承担民事责任的能力。

（2）具有良好的商业信誉和健全的财务会计制度。

（3）具有履行合同所必需的设备和专业技术能力。

（4）有依法缴纳税收和社会保障资金的良好记录。

（5）参加政府采购活动前三年内，在经营活动中没有重大违法记录。

（6）法律、行政法规规定的其他条件。

采购人可以根据采购项目的特殊要求，规定供应商的特定条件，但不得以不合理的条件对供应商实行差别待遇或者歧视待遇。

采购人或者采购代理机构有下列情形之一的，属于以不合理的条件对供应商实行差别待遇或者歧视待遇：

（1）就同一采购项目向供应商提供有差别的项目信息。

（2）设定的资格、技术、商务条件与采购项目的具体特点和实际需要不相适应或者与合同履行无关。

（3）采购需求中的技术、服务等要求指向特定供应商、特定产品。

（4）以特定行政区域或者特定行业的业绩、奖项作为加分条件或者中标、成交条件。

（5）对供应商采取不同的资格审查或者评审标准。

（6）限定或者指定特定的专利、商标、品牌或者供应商。

（7）非法限定供应商的所有制形式、组织形式或者所在地。

（8）以其他不合理条件限制或者排斥潜在供应商。

《政府采购法》第二十四条规定，两个以上的自然人、法人或者其他组织可以组成一个联合体，以一个供应商的身份共同参加政府采购。

以联合体形式进行政府采购的，参加联合体的供应商均应当具备《政府采购法》第二十二条规定的条件，并应当向采购人提交联合协议，载明联合体各方承担的工作和义务。以联合体形式参加政府采购活动的，联合体各方不得再单独参加或者与其他供应商另外组成联合体参加同一合同项下的政府采购活动。联合体各方应当共同与采购人签订采购合同，就采购合同约定的事项对采购人承担连带责任。

分支机构是否可以参加政府采购活动呢？《政府采购法》第二十二条规定，供应商参加政府采购活动应当具备的条件之一是具有独立承担民事责任的能力。《中华人民共和国民法典》（以下简称《民法典》）第七十四条规定，分支机构以自己的名义从事民事活动，产生的民事责任由法人承担，也可以先以该分支机构管理的财产承担，不足以承担的，由法人承担。专家认为，《民法典》首先明确了分支机构能以自己的名义从事民事活动，其民事责任由其法人承担，也可以由分支机构先行承担，不足以承担的，由其法人承担。所以，分支机构参加政府采购活动法律并无禁止，不能以分支机构不具有独立承接民事责任的能力为由拒绝其参加政府采购活动。实务中可以要求分支机构由其总公司授权，明确其民事责任由其总公司承担。

第三节　政府采购品目分类

《政府采购品目分类目录》是确定政府采购项目属性的基础，编制政府采购预算、实施政府采购计划、统计政府采购数据等业务均需按照《政府采购品目分类目录》规范管理。

为完善政府采购基础分类标准，按照深化政府采购制度改革和实施预算管理一体化要求，2022年，财政部对《政府采购品目分类目录》（财库〔2013〕189号）进行了修订，并与《固定资产等资产基础分类与代码》（GB/T 14885）统一为一套编码体系。

《政府采购品目分类目录》将政府采购项目分为货物类、工程类和服务类。在这三大类下又细分了各级品目，相当完整与细化，所以在项目实施前难以确定项目属性的，应当查询《政府采购品目分类目录》。采购人应按照品目分类目录来确定项目属性，不同的项目属性选择的采购方式可能不同，对采购文件的要求也可能不同。

在财政部《政府采购品目分类目录》白皮书中，货物类代码以"A"开头，工程类代码以"B"开头，服务类代码以"C"开头。例如，"A02000000"代表"设备"，逐层分级，"A02010000"代表"信息化设备"，再细分下去，"A02010100"代表"计算机"，"A02010103"代表"中型计算机"……

一、货物类

《政府采购法》所称货物，是指各种形态和种类的物品，包括原材料、燃料、设备、产品等。

修订后的货物类品目共8个门类，包括房屋和构筑物、设备、文物和陈列品、图书和档案、家具和用具、特种动植物、物资、无形资产。修订的主要内容为：一是与《资产分类与代码》保持一致；二是根据工作实践和单位反馈意见，新增部分品目；三是优化货物类品目分类方式；四是不适宜政府采购的分类未纳入《采购品目目录》。

二、工程类

《政府采购法》中规定，本法所指工程是指建设工程，包括建筑物和构筑物的新建、改建、扩建、装修、拆除、修缮等。

《政府采购法实施条例》进一步规定，政府采购工程是指建设工程，包括建筑物和构筑物的新建、改建、扩建及其相关的装修、拆除、修缮等；所称与工程建设有关的货物，是指构成工程不可分割的组成部分，且为实现工程基本功能所必需的设备、材料等；所称与工程建设有关的服务，是指为完成工程所需的勘察、设计、监理等服务。

修订后的工程类品目共10个门类，包括房屋施工、构筑物施工、施工工程准备、预制构件组装和装配、专业施工、安装工程、装修工程、修缮工程、工程设备租赁（带操作员）、其他建筑工程。修订的主要内容为：一是与资产分类中的房屋分类保持一致，并对其下级品目进行同步更新；二是规范部分品目名称。

《政府采购法》规定，政府采购工程进行招标投标的，适用《中华人民共和国招标投标法》（以下简称《招标投标法》）。因此，必须招标的工程以及与工程建设有关的货物和服务，应采用招标方式进行采购。除此之外，应适用政府采购法及相关规定，结合项目需求特点，采用竞争性谈判、竞争性磋商、单一来源采购方式采购。

三、服务类

《政府采购法》所称服务，是指除货物和工程以外的其他政府采购对象。

《政府采购法实施条例》规定，政府采购服务包括政府自身需要的服务和政府向社会公众提供的公共服务。

修订后的服务类品目共25个门类，包括科学研究和试验开发、教育服务、医疗卫生服务、社会服务、生态环境保护和治理服务、公共设施管理服务、农林牧渔服务等。修订的主要内容为：一是与政府购买服务相衔接；二是与框架协议采购相适应；三是规范实施政府和社会资本合作项目采购；四是根据《"十四五"公共服务规划》《国家基本公共服务标准（2021年版）》及新型服务业态的变化，新增或调整相关品目；五是根据工作实践和单位反馈意见，新增或调整部分品目；六是优化服务分类顺序；七是补充完善品目说明。

如果一个项目是既有货物又有服务的混合项目，如何确定项目属性呢？《政府采购货物和服务招标投标管理办法》第七条规定，采购人应当按照财政部制定的《政府采购品目分类目录》确定采购项目属性。按照《政府采购品目分类目录》无法确定的，按照有利于采购项目实施的原则确定。

第四节 政府集中采购目录及限额标准

一、政府采购目录的定义

政府采购目录是有关政府采购主管部门依据提高采购质量、降低采购成本的原则，对一些通用的、大批量的采购对象应纳入政府采购管理和进行集中采购而确定的，并由政府部门公布的货物、工程、服务的范围和具体的名称清单。

政府采购目录可分为政府集中采购目录和部门集中采购目录。属于中央预算的政府采购项目，其政府采购目录由国务院确定并公布；属于地方预算的政府采购项目，其政府采购目录由省、自治区、直辖市人民政府或者授权的机构确定并公布。

二、政府集中采购目录及限额标准的主要内容

政府集中采购目录及限额标准主要包括以下几个方面。

1. 集中采购目录

1）集中采购机构采购项目

纳入集中采购范围的项目需按规定委托集中采购机构代理采购。集中采购目录的品目名称、编码及说明按照《政府采购品目分类目录》执行和解释。

2）部门集中采购项目

部门集中采购项目是指部门或系统有特殊要求，需要由部门或系统统一配置的货物、工程和服务类专用项目。各中央预算单位可按实际工作需要确定，报财政部备案后组织实施采购。省级部门集中采购项目范围由各省级主管预算单位结合自身业务特点自行确定，报省财政厅备案后组织实施。

2. 分散采购限额标准

除集中采购机构采购项目和部门集中采购项目外，采购人自行采购单项或批量金额达到分散采购限额标准的项目应按《政府采购法》和《招标投标法》有关规定执行。

例如：《中央预算单位政府集中采购目录及标准（2020年版）》中规定，中央预算单位各部门自行采购单项或批量金额达到100万元以上的货物和服务的项目、120万元以上的工程项目应按《政府采购法》和《招标投标法》有关规定执行。

湖北省财政厅《关于印发湖北省政府集中采购目录及标准（2025年版）的通知》（鄂财采发〔2024〕7号）规定，全省分散采购限额标准如下：货物、服务类项目省级和武汉市本级为100万元、市级为60万元、县级为40万元；工程类项目省级和武汉市本级为100万元，市县级为60万元。

集中采购目录以外且采购金额未达到分散采购限额标准的项目，不适用《政府采购法》及其实施条例的有关规定，由采购人按照相关预算支出管理规定和单位内控制度自行组织实施。

3.公开招标数额标准

公开招标数额标准是对于需要公开招标的采购项目的数额规定。

例如：《中央预算单位政府集中采购目录及标准（2020年版）》中规定，中央预算单位政府采购货物或服务项目，单项采购金额达到200万元以上的，必须采用公开招标方式。政府采购工程以及与工程建设有关的货物、服务公开招标数额标准按照国务院有关规定执行。

湖北省财政厅《关于印发湖北省政府集中采购目录及标准（2025年版）的通知》（鄂财采发〔2024〕7号）规定，政府采购货物或服务项目，省级和武汉市本级单项或批量采购金额达到400万元以上、市县级200万元以上的应当采用公开招标方式。其中武汉市市本级执行省级公开招标数额标准。政府采购工程项目以及与工程建设有关的货物、服务公开招标数额标准按照国家有关规定执行。

湖北省财政厅《关于印发湖北省政府集中采购目录及标准（2025年版）的通知》还对其他有关事项进行了明确，如下：

（1）关于集中采购项目实施。各级采购人可以不受行政区域、预算管理级次的限制，自主委托省内集中采购机构组织开展集中采购活动。鼓励集中采购机构积极承接不同级次、不同地区采购人的代理业务。

集中采购机构要加强在市场调查、价格测算、产业发展趋势研判、采购合同风险防控等方面的专业能力建设，积极推进批量集中采购，充分发挥集中采购的规模优势，不断提升集中采购服务质量和专业水平。

（2）关于部门集中采购项目的实施。本部门或本系统有特殊要求，可以统一采购的项目，属于部门集中采购项目。省级主管预算单位结合自身业务特点，自行确定本部门集中采购项目范围，报省财政厅备案后组织实施，可自行委托中央国家机关集中采购机构或国家部委集中采购机构组织采购。

（3）关于政府采购政策功能。政府采购应采购本国货物、工程和服务，确需采购进口产品的，应不排斥本国产品参与竞争。政府采购活动应严格落实支持中小企业发展、乡村产业振兴、创新、绿色发展等政策目标。采购人应通过采购需求编制、预留采购份额、价格评审优惠等措施，加大政策落实力度，确保政策执行效果。

（4）关于涉密采购项目的实施。涉密政府采购项目按照财政部和国家保密局关于涉密政府采购管理相关规定执行。

（5）关于政府采购工程管理。政府采购工程以及与工程建设有关的货物、服务，依法采用招标方式的，适用《中华人民共和国招标投标法》及其实施条例；依法不进行招标的，应当采用竞争性谈判、竞争性磋商或者单一来源方式采购，适用《国政府采购法》及其实施条例。所有政府采购工程以及与工程建设有关的货物和服务，在执行中均应当落实政府采购政策要求。

（6）采购人为保障部门正常运转、履行工作职能、提供公共服务使用的水、电、天

QR code

然气资源、土地等，以及须在党媒、党报、党刊等特定媒体发布的广告宣传，不编入年度政府采购预算，不纳入政府采购管理。

（7）财政管理实行省直接管理的县级人民政府以及武汉市所辖各区人民政府可以根据需要，行使《政府采购法》及其实施条例规定的设区的市级人民政府批准变更采购方式的职权。

在线习题（第一章）

第二章
政府采购法律体系

第一节　政府采购法律体系

目前，我国可以规范和约束政府采购活动的法规，可以分为四个层级，分别为法律、行政法规、部门规章和规范性文件。

一、法律

第一层级是法律，由全国人民代表大会或者全国人民代表大会常务委员会负责制定，政府采购活动需要高频适用的是《政府采购法》。

1.《政府采购法》

政府采购法律法规体系核心为《政府采购法》（中华人民共和国主席令第68号），该法于2002年6月29日通过，并于2003年1月1日起施行，为第一层级。

《政府采购法》由中华人民共和国第九届全国人民代表大会常务委员会第二十八次会议于2002年6月29日通过，自2003年1月1日起施行。

2014年8月31日第十二届全国人民代表大会常务委员会第十次会议通过对《政府采购法》作出修改。

《政府采购法》全文共八十八条，对政府采购的范围和方式、政府采购当事人、政府采购程序和采购合同、政府采购活动的质疑与投诉、监督检查和法律责任等方面作出了明确规定。

2.《政府采购法》主要条款解读

第一章　总则

定义：本法所称政府采购，是指各级国家机关、事业单位和团体组织，使用财政性资金采购依法制定的集中采购目录以内的或者采购限额标准以上的货物、工程和服务的行为。

政府采购的主体：各级国家机关、事业单位和团体组织。

值得注意的是，按照现行法律，国有企业不是政府采购主体，国有企业购买货物、工程和服务，不列入政府采购范围。

采购资金来源：财政性资金。

采购内容：采购依法制定的集中采购目录以内的或者采购限额标准以上的货物、工程和服务的行为。

适用范围：在中华人民共和国境内进行的政府采购活动适用本法。

供应商自由进入：任何单位和个人不得采用任何方式，阻挠和限制供应商自由进入本地区和本行业的政府采购市场。

政府采购执行模式：实行集中采购和分散采购相结合的模式。

政府采购政策取向：应当有助于实现国家的经济和社会发展政策目标，包括保护环境、扶持不发达地区和少数民族地区、促进中小企业发展等。

政府采购信息公开：政府采购的信息应当在政府采购监督管理部门指定的媒体上及时向社会公开发布，但涉及商业秘密的除外。

回避制度：政府采购活动中，采购人员及相关人员与供应商有利害关系的，必须回避。供应商认为采购人员及相关人员与其他供应商有利害关系的，可以申请其回避。

监管部门：各级人民政府财政部门是负责政府采购监督管理的部门，依法履行对政府采购活动的监督管理职责。

政府采购应当采购本国货物、工程和服务。

但有下列情形之一的除外：

（1）需要采购的货物、工程或者服务在中国境内无法获取或者无法以合理的商业条件获取的。

（2）为在中国境外使用而进行采购的。

（3）其他法律、行政法规另有规定的。

前款所称本国货物、工程和服务的界定，依照国务院有关规定执行。

第二章 政府采购当事人

政府采购当事人是指在政府采购活动中享有权利和承担义务的各类主体，包括采购人、供应商和采购代理机构等。

采购人是指依法进行政府采购的国家机关、事业单位、团体组织。

集中采购机构为采购代理机构，是非营利事业法人，根据采购人的委托办理采购事宜。

供应商是指向采购人提供货物、工程或者服务的法人、其他组织或者自然人。两个以上的自然人、法人或者其他组织可以组成一个联合体，以一个供应商的身份共同参加政府采购。

供应商参加政府采购活动应当具备下列条件：

（1）具有独立承担民事责任的能力。

（2）具有良好的商业信誉和健全的财务会计制度。

（3）具有履行合同所必需的设备和专业技术能力。

（4）有依法缴纳税收和社会保障资金的良好记录。

（5）参加政府采购活动前三年内，在经营活动中没有重大违法记录。

（6）法律、行政法规规定的其他条件。

联合体各方都应满足以上条件，共同与采购人签订采购合同。

第三章　政府采购方式

《政府采购法》中明确的主要有公开招标、邀请招标、竞争性谈判、单一来源采购、询价等五种采购方式，其中公开招标应作为政府采购的主要采购方式。

2014年12月31日，财政部印发《政府采购竞争性磋商采购方式管理暂行办法》（财库〔2014〕214号）的通知，新增竞争性磋商方式。

2022年1月14日，财政部印发《政府采购框架协议采购方式管理暂行办法》（财政部令110号）的通知，新增框架协议采购方式。

2024年4月24日，财政部印发《政府采购合作创新采购方式管理暂行办法》（财库〔2024〕13号）的通知，新增合作创新采购方式。

第四章　政府采购程序

货物和服务项目实行招标方式采购的，自招标文件开始发出之日起至投标人提交投标文件截止之日止，不得少于二十日。

在招标采购中，出现下列情形之一的，应予废标：

（1）符合专业条件的供应商或者对招标文件作实质响应的供应商不足三家的。

（2）出现影响采购公正的违法、违规行为的。

（3）投标人的报价均超过了采购预算，采购人不能支付的。

（4）因重大变故，采购任务取消的。

对竞争性谈判、询价采购方式的程序进行明确。

采购人、采购代理机构对政府采购项目每项采购活动的采购文件应当妥善保存，不得伪造、变造、隐匿或者销毁。采购文件的保存期限为从采购结束之日起至少保存十五年。

第五章　政府采购合同

政府采购合同适用合同法。

政府采购合同应当采用书面形式。

采购人与中标、成交供应商应当在中标、成交通知书发出之日起三十日内，按照采购文件确定的事项签订政府采购合同。

采购合同自签订之日起七个工作日内，采购人将合同副本报同级政府采购监督管理部门和有关部门备案。

经采购人同意，中标、成交供应商可以依法采取分包方式履行合同。

补充合同的采购金额不得超过原合同采购金额的百分之十。

政府采购合同的双方当事人不得擅自变更、中止或者终止合同。

第六章　质疑与投诉

质疑：供应商认为采购文件、采购过程和中标、成交结果使自己的权益受到损害的，可以在知道或者应知其权益受到损害之日起七个工作日内，以书面形式向采购人提出质疑。

采购人应当在收到供应商的书面质疑后七个工作日内作出答复，并以书面形式通知质疑供应商和其他有关供应商，但答复的内容不得涉及商业秘密。

采购人委托采购代理机构采购的，供应商可以向采购代理机构提出询问或者质疑。

投诉：质疑供应商对采购人、采购代理机构的答复不满意或者采购人、采购代理机构未在规定的时间内作出答复的，可以在答复期满后十五个工作日内向同级政府采购监督管理部门投诉。

政府采购监督管理部门应当在收到投诉后三十个工作日内，对投诉事项作出处理决定，并以书面形式通知投诉人和与投诉事项有关的当事人。

政府采购监督管理部门在处理投诉事项期间，可以视具体情况书面通知采购人暂停采购活动，但暂停时间最长不得超过三十日。

复议和诉讼：投诉人对政府采购监督管理部门的投诉处理决定不服或者政府采购监督管理部门逾期未作处理的，可以依法申请行政复议或者向人民法院提起行政诉讼。

第七章　监督检查

政府采购监督管理部门应当加强对政府采购活动及集中采购机构的监督检查。监督检查的主要内容是：

（1）有关政府采购的法律、行政法规和规章的执行情况。

（2）采购范围、采购方式和采购程序的执行情况。

（3）政府采购人员的职业素质和专业技能。政府采购项目的采购标准应当公开。

财政部门可以对政府采购的整个过程进行监管。

审计机关应当对政府采购进行审计监督。

监察机关应当加强对参与政府采购活动的相关人员实施监察。

任何单位和个人对政府采购活动中的违法行为，有权控告和检举。

第八章 法律责任

采购人、采购代理机构有下列情形之一的，责令限期改正，给予警告，可以并处罚款，对直接负责的主管人员和其他直接责任人员，由其行政主管部门或者有关机关给予处分，并予通报：

（1）应当采用公开招标方式而擅自采用其他方式采购的。

（2）擅自提高采购标准的。

（3）以不合理的条件对供应商实行差别待遇或者歧视待遇的。

（4）在招标采购过程中与投标人进行协商谈判的。

（5）中标、成交通知书发出后不与中标、成交供应商签订采购合同的。

（6）拒绝有关部门依法实施监督检查的。

采购人、采购代理机构及其工作人员有下列情形之一，构成犯罪的，依法追究刑事责任；尚不构成犯罪的，处以罚款，有违法所得的，并处没收违法所得，属于国家机关工作人员的，依法给予行政处分：

（1）与供应商或者采购代理机构恶意串通的。

（2）在采购过程中接受贿赂或者获取其他不正当利益的。

（3）在有关部门依法实施的监督检查中提供虚假情况的。

（4）开标前泄露标底的。

有前两条违法行为之一影响中标、成交结果或者可能影响中标、成交结果的，按下列情况分别处理：

（1）未确定中标、成交供应商的，终止采购活动。

（2）中标、成交供应商已经确定但采购合同尚未履行的，撤销合同，从合格的中标、成交候选人中另行确定中标、成交供应商。

（3）采购合同已经履行的，给采购人、供应商造成损失的，由责任人承担赔偿责任。

供应商有下列情形之一的，处以采购金额千分之五以上千分之十以下的罚款，列入不良行为记录名单，在一至三年内禁止参加政府采购活动，有违法所得的，并处没收违法所得，情节严重的，由工商行政管理机关吊销营业执照；构成犯罪的，依法追究刑事责任：

（1）提供虚假材料谋取中标、成交的。

（2）采取不正当手段诋毁、排挤其他供应商的。

（3）与采购人、其他供应商或者采购代理机构恶意串通的。

（4）向采购人、采购代理机构行贿或者提供其他不正当利益的。

（5）在招标采购过程中与采购人进行协商谈判的。

（6）拒绝有关部门监督检查或者提供虚假情况的。

供应商有前款第（1）至（5）项情形之一的，中标、成交无效。

二、行政法规

第二层级是行政法规，由国务院负责制定，政府采购活动需要高频适用的是《中华人民共和国政府采购法实施条例》。

1.《中华人民共和国政府采购法实施条例》

2015年1月30日，李克强总理签署第658号国务院令，公布《中华人民共和国政府采购法实施条例》（以下简称《政府采购法实施条例》），自2015年3月1日起施行。

《政府采购法实施条例》对于推进政府采购从法制向法治转变，解决政府采购领域中突出的问题，建立统一开放、竞争有序的政府采购市场体系具有重要意义。

《政府采购法实施条例》全文共九章，七十九条。2015年，由财政部国库司、财政部政府采购管理办公室、财政部法条司和国务院法制办公室财金司联合编著并出版《〈中华人民共和国政府采购法实施条例〉释义》（以下简称《释义》）一书，《释义》对《政府采购法实施条例》的条文逐条进行了详细的、权威的、深入的、精确的解读，以帮助读者更好地理解《政府采购法实施条例》的立法背景和具体条款，贯彻落实《政府采购法实施条例》。

2.《政府采购法实施条例》主要知识点解读

1）明确了何为财政性资金

《政府采购法实施条例》第二条规定，政府采购法第二条所称财政性资金是指纳入预算管理的资金。以财政性资金作为还款来源的借贷资金，视同财政性资金。

2）明确了政府采购服务的范围

《政府采购法实施条例》第二条规定，政府采购法第二条所称服务，包括政府自身需要的服务和政府向社会公众提供的公共服务。

3）政府采购工程概念及法律适用更加清晰

《政府采购法实施条例》第七条规定，政府采购工程是指建设工程，包括建筑物和构筑物的新建、改建、扩建及其相关的装修、拆除、修缮等。所称与工程建设有关的货物，是指构成工程不可分割的组成部分，且为实现工程基本功能所必需的设备、材料等；所称与工程建设有关的服务，是指为完成工程所需的勘察、设计、监理等服务。

政府采购工程以及与工程建设有关的货物、服务，采用招标方式采购的，适用《招标投标法》及其实施条例；采用其他方式采购的，适用《政府采购法》及《政府采购法实施条例》。

4）采购代理机构有了明确定义

采购代理机构，是指集中采购机构和集中采购机构以外的采购代理机构。集中采购机构是设区的市级以上人民政府依法设立的非营利事业法人，是代理集中采购项目的执行机构。集中采购机构以外的采购代理机构，是从事采购代理业务的社会中介机构。

5）界定化整为零有了依据

在一个财政年度内，采购人将一个预算项目下的同一品目或者类别的货物、服务采用公开招标以外的方式多次采购，累计资金数额超过公开招标数额标准的，属于以化整为零方式规避公开招标，但项目预算调整或者经批准采用公开招标以外方式采购的除外。

6）混合资金如何采购

国家机关、事业单位和团体组织的采购项目既使用财政性资金又使用非财政性资金的，使用财政性资金采购的部分，适用《政府采购法》及《政府采购法实施条例》；财政性资金与非财政性资金无法分割采购的，统一适用《政府采购法》及《政府采购法实施条例》。

7）采购人应建立政府采购内部管理制度

采购人在政府采购活动中应当维护国家利益和社会公共利益，公正廉洁，诚实守信，执行政府采购政策，建立政府采购内部管理制度，厉行节约，科学合理地确定采购需求。

8）可认定为对供应商实行差别待遇或者歧视待遇的情形

《政府采购法实施条例》第二十条规定，采购人或者采购代理机构有下列情形之一的，属于以不合理的条件对供应商实行差别待遇或者歧视待遇：

（1）就同一采购项目向供应商提供有差别的项目信息。

（2）设定的资格、技术、商务条件与采购项目的具体特点和实际需要不相适应或者与合同履行无关。

（3）采购需求中的技术、服务等要求指向特定供应商、特定产品。

（4）以特定行政区域或者特定行业的业绩、奖项作为加分条件或者中标、成交条件；

（5）对供应商采取不同的资格审查或者评审标准。

（6）限定或者指定特定的专利、商标、品牌或者供应商。

（7）非法限定供应商的所有制形式、组织形式或者所在地。

（8）以其他不合理条件限制或者排斥潜在供应商。

9）可认定为供应商应知其权益受到损害之日的三种情况

《政府采购法实施条例》第五十三条规定，政府采购法第五十二条规定的供应商应知其权益受到损害之日，是指：

（1）对可以质疑的采购文件提出质疑的，为收到采购文件之日或者采购文件公告期限届满之日。

（2）对采购过程提出质疑的，为各采购程序环节结束之日。

（3）对中标或者成交结果提出质疑的，为中标或者成交结果公告期限届满之日。

10）明确供应商不得再参加同一采购项目其他采购活动的情形

《政府采购法实施条例》第十八条规定，单位负责人为同一人或者存在直接控股、管理关系的不同供应商，不得参加同一合同项下的政府采购活动。

除单一来源采购项目外，为采购项目提供整体设计、规范编制或者项目管理、监理、检测等服务的供应商，不得再参加该采购项目的其他采购活动。

11）采购人员及相关人员需回避的五种情形

《政府采购法实施条例》第九条规定，在政府采购活动中，采购人员及相关人员与供应商有下列利害关系之一的，应当回避：

（1）参加采购活动前3年内与供应商存在劳动关系。

（2）参加采购活动前3年内担任供应商的董事、监事。

（3）参加采购活动前3年内是供应商的控股股东或者实际控制人。

（4）与供应商的法定代表人或者负责人有夫妻、直系血亲、三代以内旁系血亲或者近姻亲关系。

（5）与供应商有其他可能影响政府采购活动公平、公正进行的关系。

12）公共服务项目采购需求的确定必须公开征求意见并由服务对象参与验收

《政府采购法实施条例》第十五条明确规定，政府向社会公众提供的公共服务项目，应当就确定采购需求征求社会公众的意见。

《政府采购法实施条例》第四十五条规定，政府向社会公众提供的公共服务项目，验收时应当邀请服务对象参与并出具意见，验收结果应当向社会公告。

13）明确发挥政策作用的路径

《政府采购法实施条例》第六条规定，国务院财政部门应当根据国家的经济和社会发展政策，会同国务院有关部门制定政府采购政策，通过制定采购需求标准、预留采购份额、价格评审优惠、优先采购等措施，实现节约能源、保护环境、扶持不发达地区和少数民族地区、促进中小企业发展等目标。

14）明确评审专家违法最高罚款金额

《政府采购法实施条例》第七十五条规定，政府采购评审专家未按照采购文件规定的评审程序、评审方法和评审标准进行独立评审或者泄露评审文件、评审情况的，由财政部门给予警告，并处2000元以上2万元以下的罚款；影响中标、成交结果的，处2万元以上5万元以下的罚款，禁止其参加政府采购评审活动。

政府采购评审专家与供应商存在利害关系未回避的，处2万元以上5万元以下的罚款，禁止其参加政府采购评审活动。

政府采购评审专家收受采购人、采购代理机构、供应商贿赂或者获取其他不正当利益，构成犯罪的，依法追究刑事责任；尚不构成犯罪的，处2万元以上5万元以下的罚款，禁止其参加政府采购评审活动。

15）评审结束后的工作引入两个工作日时限

采购代理机构应当自评审结束之日起两个工作日内将评审报告送交采购人。

采购人或者采购代理机构应当自中标、成交供应商确定之日起两个工作日内，发出中标、成交通知书，并在省级以上人民政府财政部门指定的媒体上公告中标、成交结果，招标文件、竞争性谈判文件、询价通知书随中标、成交结果同时公告。

采购人应当自政府采购合同签订之日起两个工作日内，将政府采购合同在省级以上人民政府财政部门指定的媒体上公告，但政府采购合同中涉及国家秘密、商业秘密的内容除外。

16）通过对供应商进行考察等方式改变评审结果要追责

采购人或者采购代理机构不得通过对样品进行检测、对供应商进行考察等方式改变评审结果。通过对样品进行检测、对供应商进行考察等方式改变评审结果的依法追究法律责任。

17）对采购结果公告内容提出细化要求

中标、成交结果公告内容应当包括采购人和采购代理机构的名称、地址、联系方式，项目名称和项目编号，中标或者成交供应商名称、地址和中标或者成交金额，主要中标或者成交标的的名称、规格型号、数量、单价、服务要求以及评审专家名单。

18）明确属于恶意串通的七种行为

《政府采购法实施条例》第七十四条规定，有下列情形之一的，属于恶意串通，对供应商依照政府采购法第七十七条第一款的规定追究法律责任，对采购人、采购代理机构及其工作人员依照政府采购法第七十二条的规定追究法律责任：

（1）供应商直接或者间接从采购人或者采购代理机构处获得其他供应商的相关情况并修改其投标文件或者响应文件。

（2）供应商按照采购人或者采购代理机构的授意撤换、修改投标文件或者响应文件。

（3）供应商之间协商报价、技术方案等投标文件或者响应文件的实质性内容。

（4）属于同一集团、协会、商会等组织成员的供应商按照该组织要求协同参加政府采购活动。

（5）供应商之间事先约定由某一特定供应商中标、成交。

（6）供应商之间商定部分供应商放弃参加政府采购活动或者放弃中标、成交。

（7）供应商与采购人或者采购代理机构之间、供应商相互之间，为谋求特定供应商中标、成交或者排斥其他供应商的其他串通行为。

19）明确验收应当出具验收书

《政府采购法实施条例》第四十五条明确规定，采购人或者采购代理机构应当按照政府采购合同规定的技术、服务、安全标准组织对供应商履约情况进行验收，并出具验收书。验收书应当包括每一项技术、服务、安全标准的履约情况。

三、部门规章

第三层级是国务院部门规章，由国务院组成部门制定、以部长令的形式发布，政府采购活动需要高频适用的是财政部发布的部门规章。目前现行有效的主要有以下几个。

1.《政府采购非招标采购方式管理办法》（财政部令第74号）

《政府采购非招标采购方式管理办法》（财政部令第74号，以下简称"74号令"）已经2013年10月28日财政部部务会议审议通过，自2014年2月1日起施行。采购人、采购代理机构采用非招标采购方式采购货物、工程和服务的，适用本办法。政府采购非招标采购方式，是指竞争性谈判、单一来源采购和询价采购方式。

74号令主要内容如下。

1）竞争性谈判小组或者询价小组的职责和义务

74号令第八条规定，竞争性谈判小组或者询价小组在采购活动过程中应当履行下列职责：

（1）确认或者制定谈判文件、询价通知书。

（2）从符合相应资格条件的供应商名单中确定不少于3家的供应商参加谈判或者询价。

（3）审查供应商的响应文件并作出评价。

（4）要求供应商解释或者澄清其响应文件。

（5）编写评审报告。

（6）告知采购人、采购代理机构在评审过程中发现的供应商的违法违规行为。

74号令第九条规定，竞争性谈判小组或者询价小组成员应当履行下列义务：

（1）遵纪守法，客观、公正、廉洁地履行职责。

（2）根据采购文件的规定独立进行评审，对个人的评审意见承担法律责任。

（3）参与评审报告的起草。

（4）配合采购人、采购代理机构答复供应商提出的质疑。

（5）配合财政部门的投诉处理和监督检查工作。

2）明确了谈判采购或询价采购供应商的产生方式

74号令第十二条规定，采购人、采购代理机构应当通过发布公告、从省级以上财政部门建立的供应商库中随机抽取或者采购人和评审专家分别书面推荐的方式邀请不少于3家符合相应资格条件的供应商参与竞争性谈判或者询价采购活动。

符合政府采购法第二十二条第一款规定条件的供应商可以在采购活动开始前加入供应商库。财政部门不得对供应商申请入库收取任何费用，不得利用供应商库进行地区和行业封锁。

采取采购人和评审专家书面推荐方式选择供应商的，采购人和评审专家应当各自出具书面推荐意见。采购人推荐供应商的比例不得高于推荐供应商总数的50%。

3）明确了谈判采购、询价采购及单一来源采购文件内容

74号令第二十六条规定，采购人、采购代理机构应当妥善保管每项采购活动的采购文件。采购文件包括采购活动记录、采购预算、谈判文件、询价通知书、响应文件、推荐供应商的意见、评审报告、成交供应商确定文件、单一来源采购协商情况记录、合同文本、验收证明、质疑答复、投诉处理决定以及其他有关文件、资料。采购文件可以电子档案方式保存。

采购活动记录至少应当包括下列内容：

（1）采购项目类别、名称。

（2）采购项目预算、资金构成和合同价格。

（3）采购方式，采用该方式的原因及相关说明材料。

（4）选择参加采购活动的供应商的方式及原因。

（5）评定成交的标准及确定成交供应商的原因。

（6）终止采购活动的，终止的原因。

4）明确了谈判采购或询价采购的时间要求

74号令第二十九条规定，从谈判文件发出之日起至供应商提交首次响应文件截止之日止不得少于3个工作日。

提交首次响应文件截止之日前，采购人、采购代理机构或者谈判小组可以对已发出的谈判文件进行必要的澄清或者修改，澄清或者修改的内容作为谈判文件的组成部分。澄清或者修改的内容可能影响响应文件编制的，采购人、采购代理机构或者谈判小组应当在提交首次响应文件截止之日3个工作日前，以书面形式通知所有接收谈判文件的供应商，不足3个工作日的，应当顺延提交首次响应文件截止之日。

74号令第四十五条规定，从询价通知书发出之日起至供应商提交响应文件截止之日

止不得少于3个工作日。

提交响应文件截止之日前，采购人、采购代理机构或者询价小组可以对已发出的询价通知书进行必要的澄清或者修改，澄清或者修改的内容作为询价通知书的组成部分。澄清或者修改的内容可能影响响应文件编制的，采购人、采购代理机构或者询价小组应当在提交响应文件截止之日3个工作日前，以书面形式通知所有接收询价通知书的供应商，不足3个工作日的，应当顺延提交响应文件截止之日。

5）明确了单一来源采购的公示要求

74号令第三十八条规定，属于政府采购法第三十一条第一项情形，且达到公开招标数额的货物、服务项目，拟采用单一来源采购方式的，采购人、采购代理机构在按照本办法第四条报财政部门批准之前，应当在省级以上财政部门指定媒体上公示，并将公示情况一并报财政部门。公示期不得少于5个工作日，公示内容应当包括：

（1）采购人、采购项目名称和内容。

（2）拟采购的货物或者服务的说明。

（3）采用单一来源采购方式的原因及相关说明。

（4）拟定的唯一供应商名称、地址。

（5）专业人员对相关供应商因专利、专有技术等原因具有唯一性的具体论证意见，以及专业人员的姓名、工作单位和职称。

（6）公示的期限。

（7）采购人、采购代理机构、财政部门的联系地址、联系人和联系电话。

6）明确了单一来源采购协商记录的主要内容

74号令第四十二条规定，单一来源采购人员应当编写协商情况记录，主要内容包括：

（1）依据本办法第三十八条进行公示的，公示情况说明。

（2）协商日期和地点，采购人员名单。

（3）供应商提供的采购标的成本、同类项目合同价格以及相关专利、专有技术等情况说明。

（4）合同主要条款及价格商定情况。

2.《政府采购货物和服务招标投标管理办法》（财政部令第87号）

2017年，修订后的《政府采购货物和服务招标投标管理办法》（财政部令第87号，以下简称"87号令"）已经财政部部务会议审议通过，自2017年10月1日起施行。《政府采购货物和服务招标投标管理办法》适用于在中华人民共和国境内开展政府采购货物和服务招标投标活动。

87号令的主要内容如下。

1）采购项目属性按品目分类目录确定

87号令第七条明确规定，采购人应当按照财政部制定的《政府采购品目分类目录》确定采购项目属性。按照《政府采购品目分类目录》无法确定的，按照有利于采购项目实施的原则确定。

2）采购人作为采购需求的责任人，应当按照市场调查、价格测算等情况确定采购需求

87号令第十条强调，采购人应当对采购标的的市场技术或者服务水平、供应、价格等情况进行市场调查，根据调查情况、资产配置标准等科学、合理地确定采购需求，进行价格测算。

87号令第十二条进一步明确，采购人根据价格测算情况，可以在采购预算额度内合理设定最高限价，但不得设定最低限价。

87号令第十一条还规定，采购需求应当完整、明确。

3）明确采购需求应包括的主要内容

87号令强化了政府采购活动源头管理的力度。第十一条列明了采购需求主要包括的内容：

（1）采购标的需实现的功能或者目标，以及为落实政府采购政策需满足的要求。

（2）采购标的需执行的国家相关标准、行业标准、地方标准或者其他标准、规范。

（3）采购标的需满足的质量、安全、技术规格、物理特性等要求。

（4）采购标的的数量、采购项目交付或者实施的时间和地点。

（5）采购标的需满足的服务标准、期限、效率等要求。

（6）采购标的的验收标准。

（7）采购标的的其他技术、服务等要求。

4）六种规模条件不得作为资格要求或者评审因素

87号令第十七条明确规定，采购人、采购代理机构不得将投标人的注册资本、资产总额、营业收入、从业人员、利润、纳税额等规模条件作为资格要求或者评审因素，也不得通过将除进口货物以外的生产厂家授权、承诺、证明、背书等作为资格要求，对投标人实行差别待遇或者歧视待遇。

5）招标文件或者资格预审文件的提供期限

87号令第十八条规定，采购人或者采购代理机构应当按照招标公告、资格预审公告或者投标邀请书规定的时间、地点提供招标文件或者资格预审文件，提供期限自招标公告、资格预审公告发布之日起计算不得少于5个工作日。提供期限届满后，获取招标文件或者资格预审文件的潜在投标人不足3家的，可以顺延提供期限，并予公告。

该条款还规定，公开招标进行资格预审的，招标公告和资格预审公告可以合并发布，招标文件应当向所有通过资格预审的供应商提供。

6）列明招标文件所包括的主要内容

87号令第二十条规定，采购人或者采购代理机构应当根据采购项目的特点和采购需求编制招标文件。招标文件应当包括以下主要内容：

（1）投标邀请。

（2）投标人须知（包括投标文件的密封、签署、盖章要求等）。

（3）投标人应当提交的资格、资信证明文件。

（4）为落实政府采购政策，采购标的需满足的要求，以及投标人须提供的证明材料。

（5）投标文件编制要求、投标报价要求和投标保证金交纳、退还方式以及不予退还投标保证金的情形。

（6）采购项目预算金额，设定最高限价的，还应当公开最高限价。

（7）采购项目的技术规格、数量、服务标准、验收等要求，包括附件、图纸等。

（8）拟签订的合同文本。

（9）货物、服务提供的时间、地点、方式。

（10）采购资金的支付方式、时间、条件。

（11）评标方法、评标标准和投标无效情形。

（12）投标有效期。

（13）投标截止时间、开标时间及地点。

（14）采购代理机构代理费用的收取标准和方式。

（15）投标人信用信息查询渠道及截止时点、信用信息查询记录和证据留存的具体方式、信用信息的使用规则等。

（16）省级以上财政部门规定的其他事项。

对于不允许偏离的实质性要求和条件，采购人或者采购代理机构应当在招标文件中规定，并以醒目的方式标明。

7）对样品使用提出要求

87号令第二十二条规定，采购人、采购代理机构一般不得要求投标人提供样品，仅凭书面方式不能准确描述采购需求或者需要对样品进行主观判断以确认是否满足采购需求等特殊情况除外。要求投标人提供样品的，应当在招标文件中明确规定样品制作的标准和要求、是否需要随样品提交相关检测报告、样品的评审方法以及评审标准。需要随样品提交检测报告的，还应当规定检测机构的要求、检测内容等。

该条还明确规定，采购活动结束后，对于未中标人提供的样品，应当及时退还或者经未中标人同意后自行处理；对于中标人提供的样品，应当按照招标文件的规定进行保管、封存，并作为履约验收的参考。

8）招标文件、资格预审文件"明显硬伤"，修改后重新招标

87号令第二十五条规定，招标文件、资格预审文件的内容不得违反法律、行政法规、强制性标准、政府采购政策，或者违反公开透明、公平竞争、公正和诚实信用原则。影响潜在投标人投标或者资格预审结果的，采购人或者采购代理机构应当修改招标文件或者资格预审文件后重新招标。

9）明确终止招标活动的情形以及处理方式

87号令第二十九条明确规定，采购人、采购代理机构在发布招标公告、资格预审公告或者发出投标邀请书后，除因重大变故采购任务取消情况外，不得擅自终止招标活动。

终止招标的，采购人或者采购代理机构应当及时在原公告发布媒体上发布终止公告，以书面形式通知已经获取招标文件、资格预审文件或者被邀请的潜在投标人，并将项目实施情况和采购任务取消原因报告本级财政部门。已经收取招标文件费用或者投标保证金的，采购人或者采购代理机构应当在终止采购活动后5个工作日内，退还所收取的招标文件费用和所收取的投标保证金及其在银行产生的孳息。

10）规定何为"相同品牌产品"

87号令第三十一条规定，采用最低评标价法的采购项目，提供相同品牌产品的不同投标人参加同一合同项下投标的，以其中通过资格审查、符合性审查且报价最低的参加评标；报价相同的，由采购人或者采购人委托评标委员会按照招标文件规定的方式确定一个参加评标的投标人，招标文件未规定的采取随机抽取方式确定，其他投标无效。

使用综合评分法的采购项目，提供相同品牌产品且通过资格审查、符合性审查的不同投标人参加同一合同项下投标的，按一家投标人计算，评审后得分最高的同品牌投标人获得中标人推荐资格；评审得分相同的，由采购人或者采购人委托评标委员会按照招标文件规定的方式确定一个投标人获得中标人推荐资格，招标文件未规定的采取随机抽取方式确定，其他同品牌投标人不作为中标候选人。

该条还明确，非单一产品采购项目，采购人应当根据采购项目技术构成、产品价格比重等合理确定核心产品，并在招标文件中载明。多家投标人提供的核心产品品牌相同的，按前两款规定处理。

11）明确重大采购项目评标委员会成员人数

87号令第四十七条对评标委员会成员人数进行了细化。通常情况下，评标委员会由采购人代表和评审专家组成，成员人数应当为5人以上单数，其中评审专家不得少于成员总数的2/3。

采购项目符合下列情形之一的，评标委员会成员人数应当为7人以上单数，具体包括采购预算金额在1000万元以上、技术复杂、社会影响较大的采购项目。

该条还规定，除特定情形外，评审专家对本单位的采购项目只能作为采购人代表参与评标，采购代理机构工作人员不得参加由本机构代理的政府采购项目的评标。

12）综合评分法的评审因素应细化和量化

87号令第五十五条进一步细化了综合评分法如何使用。该条规定，评审因素的设定应当与投标人所提供货物服务的质量相关，包括投标报价、技术或者服务水平、履约能力、售后服务等。资格条件不得作为评审因素。同时，评审因素应当在招标文件中规定，且应当细化和量化，与相应的商务条件和采购需求对应。商务条件和采购需求指标有区间规定的，评审因素也应当量化到相应区间，并设置各区间对应的不同分值。

评标时，评标委员会各成员应当独立对每个投标人的投标文件进行评价，并汇总每个投标人的得分。

13）明确货物、服务采购项目采用综合评分法时的价格分值比重

87号令第五十五条规定，货物项目的价格分值占总分值的比重不得低于30%；服务项目的价格分值占总分值的比重不得低于10%。执行国家统一定价标准和采用固定价格采购的项目，其价格不列为评审因素。

14）综合评分法中，价格采用低价优先计算法，不得去掉最高价和最低价

87号令第五十五条规定，价格分应当采用低价优先法计算，即满足招标文件要求且投标价格最低的投标报价为评标基准价，其价格分为满分。其他投标人的价格分统一按照下列公式计算：

投标报价得分＝（评标基准价／投标报价）×100

评标总得分＝F1×A1＋F2×A2＋…＋Fn×An

F1、F2、……、Fn分别为各项评审因素的得分；

A1、A2、……、An分别为各项评审因素所占的权重（A1＋A2＋…＋An＝1）。

评标过程中，不得去掉报价中的最高报价和最低报价。因落实政府采购政策进行价格调整的，以调整后的价格计算评标基准价和投标报价。

15）投标人报价低于成本应提供书面说明证明其合理性

87号令第六十条规定，评标委员会认为投标人的报价明显低于其他通过符合性审查投标人的报价，有可能影响产品质量或者不能诚信履约的，应当要求其在评标现场合理的时间内提供书面说明，必要时提交相关证明材料；投标人不能证明其报价合理性的，评标委员会应当将其作为无效投标处理。

16）四种情形外不得修改评标结果

87号令第六十四条为新增内容。该条规定，评标结果汇总完成后，除下列情形外，任何人不得修改评标结果：

（1）分值汇总计算错误的。

（2）分项评分超出评分标准范围的。

（3）评标委员会成员对客观评审因素评分不一致的。

（4）经评标委员会认定评分畸高、畸低的。

评标报告签署前，经复核发现存在以上情形之一的，评标委员会应当当场修改评标结果，并在评标报告中记载；评标报告签署后，采购人或者采购代理机构发现存在以上情形之一的，应当组织原评标委员会进行重新评审，重新评审改变评标结果的，书面报告本级财政部门。

投标人对本条第一款情形提出质疑的，采购人或者采购代理机构可以组织原评标委员会进行重新评审，重新评审改变评标结果的，应当书面报告本级财政部门。

17）明确四种情形经财政部门认定后可重新组建评标委员会

87号令第六十七条明确，因评标委员会或者其成员存在下列情形导致评标结果无效的，采购人、采购代理机构可以重新组建评标委员会进行评标，并书面报告本级财政部门后，但采购合同已经履行的除外：

（1）评标委员会组成不符合本办法规定的。

（2）有本办法第六十二条第一至五项情形的。

（3）评标委员会及其成员独立评标受到非法干预的。

（4）有政府采购法实施条例第七十五条规定的违法行为的。

有违法违规行为的原评标委员会成员不得参加重新组建的评标委员会。

3.《政府采购质疑和投诉办法》（财政部令第94号）

2017年12月26日，中华人民共和国财政部令第94号公布《政府采购质疑和投诉办法》（以下简称"94号令"）。《政府采购质疑和投诉办法》分总则、质疑提出与答复、投诉提起、投诉处理、法律责任、附则共6章45条，自2018年3月1日起施行。2004年8月11日财政部发布的《政府采购供应商投诉处理办法》（财政部令第20号）予以废止。

94号令应掌握以下几个要点。

1）总则

质疑答复：采购人负责供应商质疑答复。采购人委托采购代理机构采购的，采购代理机构在委托授权范围内作出答复。

投诉处理：县级以上各级人民政府财政部门（以下简称财政部门）负责依法处理供应商投诉。

供应商投诉按照采购人所属预算级次，由本级财政部门处理。

跨区域联合采购项目的投诉，采购人所属预算级次相同的，由采购文件事先约定的财政部门负责处理，事先未约定的，由最先收到投诉的财政部门负责处理；采购人所属预算级次不同的，由预算级次最高的财政部门负责处理。

2）质疑提出与答复

提出方式：供应商以书面形式向采购人或采购代理机构提出质疑。

质疑分类：供应商认为采购文件、采购过程、中标或者成交结果使自己的权益受到损害的。

提交期限：在知道或者应知其权益受到损害之日起7个工作日内。

内容要求：供应商提出质疑应当提交质疑函和必要的证明材料。

质疑函应包括的内容如下：

（1）供应商的姓名或者名称、地址、邮编、联系人及联系电话。

（2）质疑项目的名称、编号。

（3）具体、明确的质疑事项和与质疑事项相关的请求。

（4）事实依据。

（5）必要的法律依据。

（6）提出质疑的日期。

答复程序：采购人、采购代理机构不得拒收质疑供应商在法定质疑期内发出的质疑函，并以书面形式通知质疑供应商和其他有关供应商。

答复期限：应当在收到质疑函后7个工作日内作出答复。

答复内容：质疑答复的内容不得涉及商业秘密。

质疑答复应包括的内容如下：

（1）质疑供应商的姓名或者名称。

（2）收到质疑函的日期、质疑项目名称及编号。

（3）质疑事项、质疑答复的具体内容、事实依据和法律依据。

（4）告知质疑供应商依法投诉的权利。

（5）质疑答复人名称。

（6）答复质疑的日期。

3）投诉提起

投诉情形：质疑供应商对采购人、采购代理机构的答复不满意，或者采购人、采购代理机构未在规定时间内作出答复的。

提交期限：在答复期满后15个工作日内。

提出方式：供应商以书面形式向财政部门提起投诉。

内容要求：投诉人投诉时，应当提交投诉书和必要的证明材料，并按照被投诉采购人、采购代理机构（以下简称被投诉人）和与投诉事项有关的供应商数量提供投诉书的副本。

投诉书应包括的内容如下:

(1) 投诉人和被投诉人的姓名或者名称、通信地址、邮编、联系人及联系电话。

(2) 质疑和质疑答复情况说明及相关证明材料。

(3) 具体、明确的投诉事项和与投诉事项相关的投诉请求。

(4) 事实依据。

(5) 法律依据。

(6) 提起投诉的日期。

投诉条件:投诉人应按照其规定的方式提起投诉。

投诉人提起投诉应当符合下列条件:

(1) 提起投诉前已依法进行质疑。

(2) 投诉书内容符合本办法的规定。

(3) 在投诉有效期限内提起投诉。

(4) 同一投诉事项未经财政部门投诉处理。

(5) 财政部规定的其他条件。

4) 投诉处理

投诉处理:财政部门收到投诉书后,应当在5个工作日内进行审查,审查后按照下列情况处理:

(1) 投诉书内容不符合本办法第十八条规定的,应当在收到投诉书5个工作日内一次性书面通知投诉人补正。补正通知应当载明需要补正的事项和合理的补正期限。未按照补正期限进行补正或者补正后仍不符合规定的,不予受理。

(2) 投诉不符合本办法第十九条规定条件的,应当在3个工作日内书面告知投诉人不予受理,并说明理由。

(3) 投诉不属于本部门管辖的,应当在3个工作日内书面告知投诉人向有管辖权的部门提起投诉。

(4) 投诉符合本办法第十八条、第十九条规定的,自收到投诉书之日起即为受理,并在收到投诉后8个工作日内向被投诉人和其他与投诉事项有关的当事人发出投诉答复通知书及投诉书副本。

举证要求:应当由投诉人承担举证责任的投诉事项,投诉人未提供相关证据、依据和其他有关材料的,视为该投诉事项不成立;被投诉人未按照投诉答复通知书要求提交相关证据、依据和其他有关材料的,视同其放弃说明权利,依法承担不利后果。

时间要求:财政部门应当自收到投诉之日起30个工作日内,对投诉事项作出处理决定。

4.《政府采购信息发布管理办法》(财政部令第101号)

2019年,《政府采购信息发布管理办法》(财政部令第101号,以下简称"101号令")由财政部部务会议审议通过,自2020年3月1日起施行。

101号令应掌握以下几个要点:

(1)政府采购信息应当按照财政部规定的格式编制。

(2)发布主体应当确保其在不同媒体发布的同一政府采购信息内容一致。

(3)采购人或者其委托的采购代理机构未依法在指定媒体上发布政府采购项目信息的,依照《政府采购法实施条例》第六十八条追究法律责任。

5.《政府购买服务管理办法》(财政部令第102号)

2020年,《政府购买服务管理办法》(财政部令第102号,以下简称"102号令")于2019年11月19日第一次部务会议审议通过,自2020年3月1日起施行。

102号令应重点掌握以下要点。

1)政府购买服务主体

102号令第五条明确,各级国家机关是政府购买服务的购买主体。

2)政府购买服务内容

以下各项不得纳入政府购买服务范围:

(1)不属于政府职责范围的服务事项。

(2)应当由政府直接履职的事项。

(3)政府采购法律、行政法规规定的货物和工程,以及将工程和服务打包的项目。

(4)融资行为。

(5)购买主体的人员招、聘用,以劳务派遣方式用工,以及设置公益性岗位等事项。

(6)法律、行政法规以及国务院规定的其他不得作为政府购买服务内容的事项。

政府购买服务的具体范围和内容实行指导性目录管理,指导性目录依法予以公开。

需要特别注意的是:102号令第二十四条规定,政府购买服务合同履行期限一般不超过1年;在预算保障的前提下,对于购买内容相对固定、连续性强、经费来源稳定、价格变化幅度小的政府购买服务项目,可以签订履行期限不超过3年的政府购买服务合同。

6.《财政部关于公布废止和失效的财政规章和规范性文件目录(第十三批)的决定》(财政部令103号)

为了适应依法行政、依法理财的需要,根据《财政部规章和规范性文件清理工作规则》,财政部对截至2017年12月底发布的现行财政规章和规范性文件进行了全面清理。经过清理,确定废止和失效的财政规章和规范性文件共796件,其中,废止的财政规章24件,失效的财政规章3件,废止的财政规范性文件521件,失效的财政规范性文件248件。

7.《政府采购框架协议采购方式管理暂行办法》（财政部令第110号）

《政府采购框架协议采购方式管理暂行办法》（财政部令第110号，以下简称"110号令"）经2021年12月31日财政部部务会议审议通过，自2022年3月1日起施行。

110号令应重点掌握以下知识点。

1）适用范围

本办法所称框架协议采购，是指集中采购机构或者主管预算单位（是指负有编制部门预算职责，向本级财政部门申报预算的国家机关、事业单位和团体组织）对技术、服务等标准明确、统一，需要多次重复采购的货物和服务，通过公开征集程序，确定第一阶段入围供应商并订立框架协议，采购人或者服务对象按照框架协议约定规则，在入围供应商范围内确定第二阶段成交供应商并订立采购合同的采购方式。

符合下列情形之一的，可以采用框架协议采购方式采购：

（1）集中采购目录以内品目，以及与之配套的必要耗材、配件等，属于小额零星采购的。

（2）集中采购目录以外，采购限额标准以上，本部门、本系统行政管理所需的法律、评估、会计、审计等鉴证咨询服务，属于小额零星采购的。

（3）集中采购目录以外，采购限额标准以上，为本部门、本系统以外的服务对象提供服务的政府购买服务项目，需要确定2家以上供应商由服务对象自主选择的。

（4）国务院财政部门规定的其他情形。

前款所称采购限额标准以上，是指同一品目或者同一类别的货物、服务年度采购预算达到采购限额标准以上。

2）框架协议类型

框架协议采购包括封闭式框架协议采购和开放式框架协议采购。

（1）封闭式框架协议采购。

封闭式框架协议采购是框架协议采购的主要形式。除法律、行政法规或者本办法另有规定外，框架协议采购应当采用封闭式框架协议采购。

封闭式框架协议是指通过公开竞争订立框架协议后，除经过框架协议约定的补充征集程序外，不得增加协议供应商的框架协议采购。

封闭式框架协议的公开征集程序，按照政府采购公开招标的规定执行，本办法另有规定的，从其规定。

确定第一阶段入围供应商的评审方法包括价格优先法和质量优先法。有政府定价、政府指导价的项目，以及对质量有特别要求的检测、实验等仪器设备，可以采用质量优先法，其他项目应当采用价格优先法。

确定第二阶段成交供应商的方式包括直接选定、二次竞价和顺序轮候。直接选定方式是确定第二阶段成交供应商的主要方式。

（2）开放式框架协议采购。

开放式框架协议采购是指明确采购需求和付费标准等框架协议条件，愿意接受协议条件的供应商可以随时申请加入的框架协议采购。开放式框架协议的公开征集程序，按照本办法规定执行。

符合下列情形之一的，可以采用开放式框架协议采购：

本办法第三条第一款第一项规定的情形，因执行政府采购政策不宜淘汰供应商的，或者受基础设施、行政许可、知识产权等限制，供应商数量在3家以下且不宜淘汰供应商的。

本办法第三条第一款第三项规定的情形，能够确定统一付费标准，因地域等服务便利性要求，需要接纳所有愿意接受协议条件的供应商加入框架协议，以供服务对象自主选择的。

第二阶段成交供应商由采购人或者服务对象从第一阶段入围供应商中直接选定。

3）框架协议采购遵循竞争择优、讲求绩效的原则

框架协议采购遵循竞争择优、讲求绩效的原则，应当有明确的采购标的和定价机制，不得采用供应商符合资格条件即入围的方法。

4）框架协议采购应当实行电子化采购

5）框架协议需求调查

110号令第十一条规定，确定框架协议采购需求应当开展需求调查，听取采购人、供应商和专家等意见。面向采购人和供应商开展需求调查时，应当选择具有代表性的调查对象，调查对象一般各不少于3个。

四、规范性文件

第四层级是规范性文件，由各级与政府采购相关的政府部门制定的专门规范各领域、各地区政府采购活动的带有固定文号的文件，都在各自的领域或者地区对政府采购相关当事人具有约束力，政府采购活动需要高频适用的是财政部颁布的规范性文件。

例如财政部发布的补充性通知：《关于印发〈政府采购竞争性磋商采购方式管理暂行办法〉的通知》（财库〔2014〕214号）、《关于印发〈政府采购评审专家管理办法〉的通知》（财库〔2016〕198号）、《关于印发〈政府采购代理机构管理暂行办法〉的通知》（财库〔2018〕2号）及《关于印发〈政府采购需求管理办法〉的通知》（财库〔2021〕22号）等。

下面对几个高频使用的规范性文件进行简要解析。

1. 《关于印发〈政府采购进口产品管理办法〉的通知》（财库〔2007〕119号）

为了贯彻落实《国务院关于实施〈国家中长期科学和技术发展规划纲要（2006—2020年）〉若干配套政策的通知》（国发〔2006〕6号），推动和促进自主创新政府采购政策的实施，规范进口产品政府采购行为，根据《政府采购法》和有关法律法规，财政部制定了《政府采购进口产品管理办法》（财库〔2007〕119号）。《政府采购进口产品管理办法》于2007年12月27日印发，并自印发之日起施行。

《政府采购进口产品管理办法》应重点掌握以下知识点。

1）政府采购进口产品定义

《政府采购进口产品管理办法》第三条规定，政府采购进口产品是指通过中国海关报关验放进入中国境内且产自关境外的产品。

2）政府采购进口审核管理

《政府采购进口产品管理办法》第七条明确，采购人需要采购的产品在中国境内无法获取或者无法以合理的商业条件获取，以及法律法规另有规定确需采购进口产品的，应当在获得财政部门核准后，依法开展政府采购活动。

采购人报财政部门审核时，应当出具以下材料：

（1）《政府采购进口产品申请表》。

（2）关于鼓励进口产品的国家法律法规政策文件复印件。

（3）进口产品所属行业的设区的市、自治州以上主管部门出具的《政府采购进口产品所属行业主管部门意见》。

（4）专家组出具的《政府采购进口产品专家论证意见》。

3）政府采购进口管理

政府采购进口产品应当以公开招标为主要方式。因特殊情况需要采用公开招标以外的采购方式的，按照政府采购有关规定执行。

采购人及其委托的采购代理机构在采购进口产品的采购文件中应当载明优先采购向我国企业转让技术、与我国企业签订消化吸收再创新方案的供应商的进口产品。

2. 《关于推进和完善服务项目政府采购有关问题的通知》（财库〔2014〕37号）

为贯彻落实党的十八届三中全会《中共中央关于全面深化改革若干重大问题的决定》精神，大力推进政府购买服务工作，根据《政府采购法》《国务院办公厅关于政府向社会力量购买服务的指导意见》（国办发〔2013〕96号）等有关规定。2014年4月14日，财政部出台了《关于推进和完善服务项目政府采购有关问题的通知》（财库〔2014〕37号）。

《关于推进和完善服务项目政府采购有关问题的通知》首次提出了"招一管三"的概念。其中第三条中规定，积极培育政府购买服务供给市场。对于有服务区域范围要求、但本地区供应商无法形成有效竞争的服务项目，采购人可以采取将大额项目拆分采购、新增项目向其他供应商采购等措施，促进建立良性的市场竞争关系。采购需求具有相对固定性、延续性且价格变化幅度小的服务项目，在年度预算能保障的前提下，采购人可以签订不超过三年履行期限的政府采购合同。

3.《关于印发〈政府采购竞争性磋商采购方式管理暂行办法〉的通知》（财库〔2014〕214号）

为了深化政府采购制度改革，适应推进政府购买服务、推广政府和社会资本合作（PPP）模式等工作需要，根据《政府采购法》和有关法律法规，财政部制定了《政府采购竞争性磋商采购方式管理暂行办法》（财库〔2014〕214号）。办法于2014年12月31日发布，并从发布之日起实施。

该办法应掌握以下几个要点。

1）竞争性磋商方式适用范围

该办法第三条规定，符合下列情形的项目，可以采用竞争性磋商方式开展采购：

（1）政府购买服务项目。

（2）技术复杂或者性质特殊，不能确定详细规格或者具体要求的。

（3）因艺术品采购、专利、专有技术或者服务的时间、数量事先不能确定等原因不能事先计算出价格总额的。

（4）市场竞争不充分的科研项目，以及需要扶持的科技成果转化项目。

（5）按照招标投标法及其实施条例必须进行招标的工程建设项目以外的工程建设项目。

2）明确了磋商供应商的产生方式

采购人、采购代理机构应当通过发布公告、从省级以上财政部门建立的供应商库中随机抽取或者采购人和评审专家分别以书面推荐的方式邀请不少于3家符合相应资格条件的供应商参与竞争性磋商采购活动。

采取采购人和评审专家书面推荐方式选择供应商的，采购人和评审专家应当各自出具书面推荐意见。采购人推荐供应商的比例不得高于推荐供应商总数的50%。

3）明确了磋商小组组成

磋商小组由采购人代表和评审专家共3人以上单数组成，其中评审专家人数不得少于磋商小组成员总数的2/3。采购人代表不得以评审专家身份参加本部门或本单位采购项目的评审。采购代理机构人员不得参加本机构代理的采购项目的评审。

采用竞争性磋商方式的政府采购项目，评审专家应当从政府采购评审专家库内相关专业的专家名单中随机抽取。

技术复杂、专业性强的采购项目，评审专家中应当包含1名法律专家。

4）明确了磋商采购的时间要求

该办法第十条规定，从磋商文件发出之日起至供应商提交首次响应文件截止之日止不得少于10日。磋商文件的发售期限自开始之日起不得少于5个工作日。

提交首次响应文件截止之日前，采购人、采购代理机构或者磋商小组可以对已发出的磋商文件进行必要的澄清或者修改，澄清或者修改的内容作为磋商文件的组成部分。澄清或者修改的内容可能影响响应文件编制的，采购人、采购代理机构应当在提交首次响应文件截止时间至少5日前，以书面形式通知所有获取磋商文件的供应商；不足5日的，采购人、采购代理机构应当顺延提交首次响应文件截止时间。

5）明确了磋商采购的评审方法

该办法第二十三条规定，经磋商确定最终采购需求和提交最后报价的供应商后，由磋商小组采用综合评分法对提交最后报价的供应商的响应文件和最后报价进行综合评分。

综合评分法货物项目的价格分值占总分值的比重（即权值）为30％至60％，服务项目的价格分值占总分值的比重（即权值）为10％至30％。采购项目中含不同采购对象的，以占项目资金比例最高的采购对象确定其项目属性。符合本办法第三条第三项的规定和执行统一价格标准的项目，其价格不列为评分因素。有特殊情况需要在上述规定范围外设定价格分权重的，应当经本级人民政府财政部门审核同意。

综合评分法中的价格分统一采用低价优先法计算，即满足磋商文件要求且最后报价最低的供应商的价格为磋商基准价，其价格分为满分。其他供应商的价格分统一按照下列公式计算：

磋商报价得分＝（磋商基准价/最后磋商报价）×价格权值×100

项目评审过程中，不得去掉最后报价中的最高报价和最低报价。

4. 《关于印发〈政府采购评审专家管理办法〉的通知》（财库〔2016〕198号）

2016年11月18日，财政部发布《政府采购评审专家管理办法》（财库〔2016〕198号），本办法自2017年1月1日起施行。财政部、监察部2003年11月17日发布的《政府采购评审专家管理办法》（财库〔2003〕119号）同时废止。

该办法适用于政府采购评审专家选聘、解聘、抽取、使用和监督管理，并明确了评审专家实行统一标准、管用分离、随机抽取的管理原则。

5. 《关于印发〈政府采购代理机构管理暂行办法〉的通知》（财库〔2018〕2号）

2018年1月4日，财政部发布《政府采购代理机构管理暂行办法》（财库〔2018〕2号），该办法自2018年3月1日起施行。本办法所称政府采购代理机构（以下简称"代理机构"）是指集中采购机构以外、受采购人委托从事政府采购代理业务的社会中介机构。政府采购代理机构的名录登记、从业管理、信用评价及监督检查适用本办法。

该办法应重点注意以下知识点。

1）名录登记

代理机构实行名录登记管理。省级财政部门依托中国政府采购网省级分网建立政府采购代理机构名录。名录信息全国共享并向社会公开。

2）采购人选择代理机构

采购人应当根据项目特点、代理机构专业领域和综合信用评价结果，从名录中自主择优选择代理机构。

任何单位和个人不得以摇号、抽签、遴选等方式干预采购人自行选择代理机构。

3）代理机构从业管理

代理机构应当严格按照委托代理协议的约定依法依规开展政府采购代理业务，相关开标及评审活动应当全程录音录像，录音录像应当清晰可辨，音像资料作为采购文件一并存档。

代理费用可以由中标、成交供应商支付，也可由采购人支付。由中标、成交供应商支付的，供应商报价应当包含代理费用。代理费用超过分散采购限额标准的，原则上由中标、成交供应商支付。

采购人和代理机构在委托代理协议中约定由代理机构负责保存采购文件的，代理机构应当妥善保存采购文件，不得伪造、变造、隐匿或者销毁采购文件。采购文件的保存期限为从采购结束之日起至少15年。

6. 《财政部 发展改革委 生态环境部 市场监管总局关于调整优化节能产品、环境标志产品政府采购执行机制的通知》（财库〔2019〕9号）

为落实"放管服"改革要求，完善政府绿色采购政策，简化节能（节水）产品、环境标志产品政府采购执行机制，优化供应商参与政府采购活动的市场环境，财政部、发展改革委、生态环境部、市场监管总局就节能产品、环境标志产品政府采购有关事项，发布了《关于调整优化节能产品、环境标志产品政府采购执行机制的通知》（财库〔2019〕9号），该通知于2019年2月1日发布，自2019年4月1日起施行。

该通知主要提出以下几项要求：

（1）对政府采购节能产品、环境标志产品实施品目清单管理。

（2）依据品目清单和认证证书实施政府优先采购和强制采购。

（3）逐步扩大节能产品、环境标志产品认证机构范围。

（4）发布认证机构和获证产品信息。

（5）加大政府绿色采购力度。

《财政部 生态环境部关于调整公布第二十二期环境标志产品政府采购清单的通知》（财库〔2018〕70号）和《财政部 国家发展改革委关于调整公布第二十四期节能产品政府采购清单的通知》（财库〔2018〕73号）同时停止执行。

7.《关于印发环境标志产品政府采购品目清单的通知》（财库〔2019〕18号）、《关于印发节能产品政府采购品目清单》（财库〔2019〕19号）

政府采购的重要政策功能之一就是要实现"节约能源、保护环境"。因此财政部会同有关部门印发了《关于调整优化节能产品、环境标志产品政府采购执行机制的通知》（财库〔2019〕9号），对政府采购节能产品、环境标志产品实施品目清单管理，不再发布"节能产品政府采购清单"和"环境标志产品政府采购清单"，并在政府采购活动中对清单中所列产品实施优先采购政策。随后便出台了《关于印发环境标志产品政府采购品目清单的通知》（财库〔2019〕18号）和《关于印发节能产品政府采购品目清单的通知》（财库〔2019〕19号），明确了环境标志产品政府采购品目清单和节能产品政府采购品目清单。

8.《关于印发〈政府采购促进中小企业发展管理办法〉的通知》（财库〔2020〕46号）和《关于进一步加大政府采购支持中小企业力度的通知》（财库〔2022〕19号）

2020年，《政府采购促进中小企业发展管理办法》（财库〔2020〕46号，以下简称"46号文"）审议通过，自2021年1月1日起施行。

46号文应重点掌握以下要点。

1）中小企业概念

本办法所称中小企业，是指在中华人民共和国境内依法设立，依据国务院批准的中小企业划分标准确定的中型企业、小型企业和微型企业，但与大企业的负责人为同一人，或者与大企业存在直接控股、管理关系的除外。符合中小企业划分标准的个体工商户，在政府采购活动中视同中小企业。

2）中小企业认定

在政府采购活动中，供应商提供的货物、工程或者服务符合下列情形的，享受本办法规定的中小企业扶持政策。

（1）在货物采购项目中，货物由中小企业制造，即货物由中小企业生产且使用该中小企业商号或者注册商标。

（2）在工程采购项目中，工程由中小企业承建，即工程施工单位为中小企业。

（3）在服务采购项目中，服务由中小企业承接，即提供服务的人员为中小企业依照《中华人民共和国劳动合同法》订立劳动合同的从业人员。

（4）在货物采购项目中，供应商提供的货物既有中小企业制造货物，也有大型企业制造货物的，不享受本办法规定的中小企业扶持政策。以联合体形式参加政府采购活动，联合体各方均为中小企业的，联合体视同中小企业。其中，联合体各方均为小微企业的，联合体视同小微企业。

3）专门面向中小企业的情形

采购限额标准以上，200万元以下的货物和服务采购项目、400万元以下的工程采购项目，适宜由中小企业提供的，采购人应当专门面向中小企业采购。46号文第八条规定，超过200万元的货物和服务采购项目、超过400万元的工程采购项目中适宜由中小企业提供的，预留该部分采购项目预算总额的30%以上专门面向中小企业采购，其中预留给小微企业的比例不低于60%。

预留份额通过下列措施进行：（1）将采购项目整体或者设置采购包专门面向中小企业采购；（2）要求供应商以联合体形式参加采购活动，且联合体中中小企业承担的部分达到一定比例；（3）要求获得采购合同的供应商将采购项目中的一定比例分包给一家或者多家中小企业。组成联合体或者接受分包合同的中小企业与联合体内其他企业、分包企业之间不得存在直接控股、管理关系。

符合下列情形之一的，可不专门面向中小企业预留采购份额：（1）法律法规和国家有关政策明确规定优先或者应当面向事业单位、社会组织等非企业主体采购的；（2）因确需使用不可替代的专利、专有技术，基础设施限制，或者提供特定公共服务等原因，只能从中小企业之外的供应商处采购的；（3）按照本办法规定预留采购份额无法确保充分供应、充分竞争，或者存在可能影响政府采购目标实现的情形；（4）框架协议采购项目；（5）省级以上人民政府财政部门规定的其他情形。除上述情形外，其他均为适宜由中小企业提供的情形。

4）非专门面向中小企业的项目优惠政策

对于经主管预算单位统筹后未预留份额专门面向中小企业采购的采购项目，以及预留份额项目中的非预留部分采购包，采购人、采购代理机构应当对符合本办法规定的小微企业报价给予6%～10%（工程项目为3%～5%）的扣除，用扣除后的价格参加评审。适用招标投标法的政府采购工程建设项目，采用综合评估法但未采用低价优先法计算价格分的，评标时应当在采用原报价进行评分的基础上增加其价格得分的3%～5%作为其价格分。

接受大中型企业与小微企业组成联合体或者允许大中型企业向一家或者多家小微企业分包的采购项目，对于联合协议或者分包意向协议约定小微企业的合同份额占到合同总金额30％以上的，采购人、采购代理机构应当对联合体或者大中型企业的报价给予2％～3％（工程项目为1％～2％）的扣除，用扣除后的价格参加评审。适用招标投标法的政府采购工程建设项目，采用综合评估法但未采用低价优先法计算价格分的，评标时应当在采用原报价进行评分的基础上增加其价格得分的1％～2％作为其价格分。组成联合体或者接受分包的小微企业与联合体内其他企业、分包企业之间存在直接控股、管理关系的，不享受价格扣除优惠政策。

2022年5月30日，财政部发布了《关于进一步加大政府采购支持中小企业力度的通知》（财库〔2022〕19号），该通知调整了对小微企业的价格评审优惠幅度。货物服务采购项目给予小微企业的价格扣除优惠，由财库〔2020〕46号文件规定的6％～10％提高至10％～20％。大中型企业与小微企业组成联合体或者大中型企业向小微企业分包的，评审优惠幅度由2％～3％提高至4％～6％。政府采购工程的价格评审优惠按照财库〔2020〕46号文件的规定执行。该通知还提高了政府采购工程面向中小企业预留份额。400万元以下的工程采购项目适宜由中小企业提供的，采购人应当专门面向中小企业采购。超过400万元的工程采购项目中适宜由中小企业提供的，在坚持公开公正、公平竞争原则和统一质量标准的前提下，面向中小企业的预留份额由30％以上阶段性提高至40％以上。

9. 《关于印发〈政府采购需求管理办法〉的通知》（财库〔2021〕22号）

2021年，《政府采购需求管理办法》（财库〔2021〕22号，以下简称"22号文"）经财政部部务会议审议通过，自2021年7月1日起施行。《政府采购需求管理办法》适用于在中华人民共和国境内开展的政府采购货物、工程和服务项目。

22号文应重点掌握以下要点。

1）采购需求管理原则

采购需求管理应当遵循科学合理、厉行节约、规范高效、权责清晰的原则。

2）采购需求内容

采购需求包括三部分内容：拟采购的标的及其需要满足的技术、商务要求。技术要求包括：采购标的的性能、材料、结构、外观、安全，或者服务内容和标准等。商务要求包括：采购标的交付（实施）的时间（期限）和地点（范围）、付款条件（进度和方式）、包装和运输、售后服务、保险等。

3）采购需求应当客观、量化

技术要求和商务要求应当客观，量化指标应当明确相应等次，有连续区间的按照区间划分等次。需由供应商提供设计方案、解决方案或者组织方案的采购项目，应当说明采购标的的功能、应用场景、目标等基本要求，并尽可能地明确其中的客观、量化指标。

4）采购需求调查

采购人可以在确定采购需求前，通过咨询、论证、问卷调查等方式开展需求调查，了解相关产业发展、市场供给、同类采购项目历史成交信息，可能涉及运行维护、升级更新、备品备件、耗材等后续采购，以及其他相关情况。

面向市场主体开展需求调查时，选择的调查对象一般不少于3个，并应当具有代表性。

四类采购项目应当开展需求调查：一是1000万元以上的货物、服务采购项目，3000万元以上的工程采购项目；二是涉及公共利益、社会关注度较高的采购项目，包括政府向社会公众提供的公共服务项目等；三是技术复杂、专业性较强的项目，包括需定制开发的信息化建设项目、采购进口产品的项目等；四是主管预算单位或者采购人认为需要开展需求调查的其他采购项目。

两类项目可以不再重复开展：一是编制采购需求前一年内，采购人已就相关采购标的开展过需求调查的可以不再重复开展。二是按照法律法规的规定，对采购项目开展可行性研究等前期工作，已包含本办法规定的需求调查内容的，可以不再重复调查。

5）采购实施计划内容

采购实施计划主要包括两部分内容：一是合同订立安排，包括采购项目预（概）算、最高限价，开展采购活动的时间安排，采购组织形式和委托代理安排，采购包划分与合同分包，供应商资格条件，采购方式、竞争范围和评审规则等；二是合同管理安排，包括合同类型、定价方式、合同文本的主要条款、履约验收方案、风险管控措施等。

采购人应当通过确定供应商资格条件、设定评审规则等措施，落实支持创新、绿色发展、中小企业发展等政府采购政策功能。

采购人要按照有利于采购项目实施的原则，明确采购包或者合同分包要求。采购项目划分采购包的，要分别确定每个采购包的采购方式、竞争范围、评审规则、合同类型、合同文本、定价方式等相关的合同订立、管理安排。

根据采购需求特点提出的供应商资格条件，要与采购标的的功能、质量和供应商履约能力直接相关，且属于履行合同必需的条件，包括特定的专业资格或者技术资格、设备设施、业绩情况、专业人才及其管理能力等。

采购需求客观、明确且规格、标准统一的采购项目，如通用设备、物业管理等，一般采用招标或者询价方式采购，以价格作为授予合同的主要考虑因素，采用固定总价或者固定单价的定价方式。

采购需求中客观但不可量化的指标应当作为实质性要求，不得作为评分项；参与评分的指标应当是采购需求中的量化指标，评分项应当按照量化指标的等次设置对应的不同分值。不能完全确定客观指标，需由供应商提供设计方案、解决方案或者组织方案的采购项目，可以结合需求调查的情况，尽可能地明确不同的技术路线、组织形式及相关指标的重要性和优先级，设定客观、量化的评审因素、分值和权重。价格因素应当按照相关规定确定分值和权重。

需由供应商提供设计方案、解决方案或者组织方案，且供应商经验和能力对履约有直接影响的，如订购、设计等采购项目，可以在评审因素中适当考虑供应商的履约能力要求，并合理设置分值和权重。需由供应商提供设计方案、解决方案或者组织方案，采购人认为有必要考虑全生命周期成本的，可以明确使用年限，要求供应商报出安装调试费用、使用期间能源管理与废弃处置等全生命周期成本，作为评审时考虑的因素。

6）采购实施计划之合同文本

合同权利义务要围绕采购需求和合同履行设置。国务院有关部门依法制定了政府采购合同标准文本的，应当使用标准文本。属于22号文第十一条规定范围的采购项目，合同文本应当经过采购人聘请的法律顾问审定。

7）采购实施计划之履约验收方案

履约验收方案要明确履约验收的主体、时间、方式、程序、内容和验收标准等事项。采购人、采购代理机构可以邀请参加本项目的其他供应商或者第三方专业机构及专家参与验收，相关验收意见作为验收的参考资料。政府向社会公众提供的公共服务项目，验收时应当邀请服务对象参与并出具意见，验收结果应当向社会公告。验收内容要包括每一项技术要求和商务要求的履约情况，验收标准要包括所有客观、量化指标。不能明确客观标准、涉及主观判断的，可以通过在采购人、使用人中开展问卷调查等方式，转化为客观、量化的验收标准。

8）采购需求和采购实施计划编制

22号文明确，采购人可以自行组织确定采购需求和编制采购实施计划，也可以委托采购代理机构或者其他第三方机构开展。

9）采购需求审查内容

采购人应当建立审查工作机制，在采购活动开始前，针对采购需求管理中的重点风险事项，对采购需求和采购实施计划进行审查，审查分为一般性审查和重点审查。

一般性审查主要审查是否按照本办法规定的程序和内容确定采购需求、编制采购实施计划。审查内容包括：采购需求是否符合预算、资产、财务等管理制度规定；对采购方式、评审规则、合同类型、定价方式的选择是否说明适用理由；属于按规定需要报相关监管部门批准、核准的事项，是否作出相关安排；采购实施计划是否完整。

重点审查包括非歧视性审查、竞争性审查、采购政策审查、履约风险审查以及采购人或者主管预算单位认为应当审查的其他内容。

10）采购需求审查成员

审查工作机制成员应当包括本部门、本单位的采购、财务、业务、监督等内部机构。采购人可以根据本单位的实际情况，建立相关专家和第三方机构参与审查的工作机制。

10.《关于印发〈政府采购品目分类目录〉的通知》（财库〔2022〕31号）

为适应深化政府采购制度改革和预算管理一体化工作的需要，财政部修订印发了《政府采购品目分类目录（2022年）》（财库〔2022〕31号），对《政府采购品目分类目录》（财库〔2013〕189号，以下简称《采购品目目录》）进行了修订，并与《固定资产等资产基础分类与代码》（GB/T 14885，以下简称《资产分类与代码》）统一为一套编码体系，该目录自2022年9月2日印发起执行。

修订后的货物类品目共8个门类，包括房屋和构筑物、设备、文物和陈列品、图书和档案、家具和用具、特种动植物、物资、无形资产。主要内容为：一是与《资产分类与代码》保持一致；二是根据工作实践和单位反馈意见，新增部分品目；三是优化货物类品目分类方式；四是不适宜政府采购的分类未纳入《采购品目目录》。

修订后的工程类品目共10个门类，包括房屋施工、构筑物施工、施工工程准备、预制构件组装和装配、专业施工、安装工程、装修工程、修缮工程、工程设备租赁（带操作员）、其他建筑工程。修订的主要内容包括：一是与资产分类中的房屋分类保持一致，并对其下级品目进行同步更新；二是规范部分品目名称。

修订后的服务类品目共25个门类，包括科学研究和试验开发、教育服务、医疗卫生服务、社会服务、生态环境保护和治理服务、公共设施管理服务、农林牧渔服务等。修订的主要内容为：一是与政府购买服务相衔接；二是与框架协议采购相适应；三是规范实施政府和社会资本合作项目采购；四是根据《"十四五"公共服务规划》《国家基本公共服务标准（2021年版）》及新型服务业态的变化，新增或调整相关品目；五是根据工作实践和单位反馈意见，新增或调整部分品目；六是优化服务分类顺序；七是补充完善品目说明。

11.《关于开展政府采购意向公开工作的通知》（财库〔2020〕10号）

《关于开展政府采购意向公开工作的通知》（财库〔2020〕10号，以下简称"10号令"）应重点掌握以下内容。

1）高度重视采购意向公开工作

推进采购意向公开是优化政府采购营商环境的重要举措，有助于提高政府采购透明度，方便供应商提前了解政府采购信息，对于保障各类市场主体平等参与政府采购活动，提升采购绩效，防范抑制腐败具有重要作用。

2）采购意向公开工作推进步骤

采购意向公开工作遵循"试点先行，分步实施"的原则。2020年在中央预算单位和北京市、上海市、深圳市市本级预算单位开展试点。对2020年7月1日起实施的采购项目，中央预算单位和北京市、上海市、深圳市市本级预算单位应当按规定公开采购意向。其他地区省级预算单位2021年1月1日起实施的采购项目，省级以下各级预算单位2022年1月1日起实施的采购项目，应当按规定公开采购意向；具备条件的地区可适当提前开展采购意向公开工作。

3）采购意向公开的主体和渠道

采购意向由预算单位负责公开。中央预算单位的采购意向在中国政府采购网（www.ccgp.gov.cn）中央主网公开，地方预算单位的采购意向在中国政府采购网地方分网公开，采购意向也可在省级以上财政部门指定的其他媒体同步公开。主管预算单位可汇总本部门、本系统所属预算单位的采购意向集中公开，有条件的部门可在其部门门户网站同步公开本部门、本系统的采购意向。

4）采购意向公开的内容

采购意向按采购项目公开。除以协议供货、定点采购方式实施的小额零星采购和由集中采购机构统一组织的批量集中采购外，按项目实施的集中采购目录以内或者采购限额标准以上的货物、工程、服务采购均应当公开采购意向。

采购意向公开的内容应当包括采购项目名称、采购需求概况、预算金额、预计采购时间等，政府采购意向公开参考文本见附件。其中，采购需求概况应当包括采购标的名称，采购标的需实现的主要功能或者目标，采购标的数量，以及采购标的需满足的质量、服务、安全、时限等要求。采购意向应当尽可能清晰完整，便于供应商提前做好参与采购活动的准备。采购意向仅作为供应商了解各单位初步采购安排的参考，采购项目实际采购需求、预算金额和执行时间以预算单位最终发布的采购公告和采购文件为准。

5）采购意向公开的依据和时间

采购意向由预算单位定期或者不定期公开。部门预算批复前公开的采购意向，以部门预算"二上"内容为依据；部门预算批复后公开的采购意向，以部门预算为依据。预算执行中新增采购项目应当及时公开采购意向。采购意向公开时间应当尽量提前，原则上不得晚于采购活动开始前30日公开采购意向。因预算单位不可预见的原因急需开展的采购项目，可不公开采购意向。

6）工作要求

各中央预算单位要加强采购活动的计划性，按照本通知要求及时、全面公开采购意向。各中央主管预算单位应当做好统筹协调工作，及时安排部署，加强对本部门所属预算单位的督促和指导，确保所属预算单位严格按规定公开采购意向，做到不遗漏、不延误。

各省级财政部门要根据本通知要求抓紧制定具体工作方案，对本地区采购意向公开工作进行布置，着重加强对市县级预算单位政府采购意向公开工作的指导，并在中国政府采购网地方分网设置相关专栏，确保本地区各级预算单位按要求完成采购意向公开工作。

各地区、各部门要认真总结采购意向公开工作中好的做法和经验，对推进过程中遇到的新情况、新问题，要研究完善有关举措，并及时向财政部反映。财政部将结合政府采购透明度评估工作，对采购意向公开情况进行检查并对检查结果予以通报。

12.《政府采购合作创新采购方式管理暂行办法》（财库〔2024〕13号）

《政府采购合作创新采购方式管理暂行办法》（财库〔2024〕13号，以下简称"13号令"）于2024年4月24日发布，自6月1日起施行。

13号令应重点掌握以下要点。

1）合作创新采购方式采购的产品是"创新产品"

合作创新采购方式采购的产品是目前市场上没有的、需要研发的"未来产品"，是由采购人与具有研发能力的供应商共同合作研发，共担研发风险，并按照研发合同约定的数量或者金额购买研发成功的创新产品。该办法所称的创新产品，应当具有实质性的技术创新，包含新的技术原理、技术思想或者技术方法。对现有产品的改型以及对既有技术成果的验证、测试和使用等没有实质性技术创新的，不属于该办法规定的创新产品范围。

2）合作创新采购分订购和首购两个阶段

合作创新采购包括订购和首购两个阶段。订购是指采购人提出研发目标，与供应商合作研发创新产品并共担研发风险的活动；首购是指采购人对于研发成功的创新产品，按照研发合同约定采购一定数量或者一定金额相应产品的活动。

3）实施合作创新采购项目应具备五个条件

（1）创新产品的技术创新应当具有实质性，包含新的技术原理、技术思想或者技术方法。

（2）采购项目要符合发展规划。符合国家科技和相关产业发展规划，有利于落实国家重大战略目标任务，同时要具有以下三种情形之一：市场现有产品或者技术不能满足要求，需要进行技术突破的；以研发创新产品为基础，形成新范式或者新的解决方案，能够显著改善功能性能，明显提高绩效的；国务院财政部门规定的其他情形。

（3）设区的市级主管预算单位经省级主管部门批准，可以采用合作创新采购方式。

（4）实施合作创新采购的，应当在部门预算中列明研发经费。

（5）合作创新采购应当落实国家安全有关法律法规要求。

4）合作创新采购方式要求供应商具备研发能力

采购人开展合作创新采购前，应当开展市场调研和专家论证，科学设定合作创新采购项目的最低研发目标、最高研发费用和研发期限。合作创新采购应当建立合理的风险分担与激励机制，采购人应当按照有利于降低研发风险的要求，围绕供应商需具备的研发能力设定资格条件，可以包括合作创新采购项目所必需的已有专利，同类项目研发业绩等。

合作创新采购中产生的各类知识产权，按照《中华人民共和国民法典》《中华人民共和国科学技术进步法》以及知识产权等相关法律规定，原则上属于供应商享有，但是法律另有规定或者研发合同另有约定的除外。知识产权涉及国家安全、国家利益或者重大社会公共利益的，应当约定由采购人享有或者约定共同享有。

5）合作创新采购方式明确自行选定评审专家

采购人应当组建谈判小组，谈判小组由采购人代表和评审专家共五人以上单数组成。采购人应当自行选定相应专业领域的评审专家。评审专家中应当包含一名法律专家和一名经济专家。谈判小组具体人员组成比例，评审专家选取办法及采购过程中的人员调整程序按照采购人内部控制管理制度确定。

6）订购阶段允许两家以上的供应商参与研发

采购人根据谈判文件规定的研发供应商数量和谈判小组推荐的成交候选人顺序，确定研发供应商，也可以书面授权谈判小组直接确定研发供应商。研发供应商数量最多不得超过三家。成交候选人数量少于谈判文件规定的研发供应商数量的，采购人可以确定所有成交候选人为研发供应商，也可以重新开展政府采购活动。

7）合作创新采购可进行两阶段评审

谈判小组根据谈判文件规定，可以对供应商响应文件的研发方案部分和其他部分采取两阶段评审，其中供应商研发方案的分值占总分值的比重不得低于百分之五十。先评审研发方案部分，对研发方案得分达到规定名次的，再综合评审其他部分，按照总得分从高到低排序，确定成交候选人。

8）对合作创新采购方式有关时间期限提出了新要求

提交参与合作创新采购申请文件的时间自采购公告、邀请书发出之日起不得少于二十个工作日。从研发谈判文件发出之日起至供应商提交首次响应文件截止之日止不得少于十个工作日。采购人应当在确定首购产品后十个工作日内在省级以上人民政府财政部门指定的媒体上发布首购产品信息。研发合同期限包括创新产品研发、迭代升级以及首购交付的期限，一般不得超过两年，属于重大合作创新采购项目的，不得超过三年。

13. 《关于进一步提高政府采购透明度和采购效率相关事项的通知》（财办库〔2023〕243号）

2023年12月8日财政部办公厅发布了《关于进一步提高政府采购透明度和采购效率相关事项的通知》，主要内容如下。

1）推进政府采购合同变更信息公开

政府采购合同的双方当事人不得擅自变更合同，依照政府采购法确需变更政府采购合同内容的，采购人应当自合同变更之日起2个工作日内在省级以上财政部门指定的媒体上发布政府采购合同变更公告，但涉及国家秘密、商业秘密的信息和其他依法不得公开的信息除外。政府采购合同变更公告应当包括原合同编号、名称和文本，原合同变更的条款号，变更后作为原合同组成部分的补充合同文本，合同变更时间，变更公告日期等。

2）完善中标、成交结果信息公开

采购人、采购代理机构应当按照政府采购法、政府采购法实施条例以及相关法律制度规定，进一步做好信息公开工作。项目采购采用最低评标（审）价法的，公告中标、成交结果时应当同时公告因落实政府采购政策等原因进行价格扣除后中标、成交供应商的评审报价；项目采购采用综合评分法的，公告中标、成交结果时应当同时公告中标、成交供应商的评审总得分。

3）推进采购项目电子化实施

鼓励各部门、各地区利用数据电文形式和电子信息网络开展政府采购活动，除涉密政府采购项目外，具备电子化实施条件的部门和地区，应当推进政府采购项目全流程电子化交易，实现在线公开采购意向、发布采购公告、提供采购文件、提交投标（响应）文件、提交投标（履约）保证金（包括金融机构、担保机构出具的保函、保险等）、签订采购合同、提交发票、支付资金，并逐步完善履约验收、信用评价、用户反馈等功能。省级财政部门可以按照统一规范和技术标准组织建设本地区政府采购全流程电子化平台。各电子化政府采购平台应当完善平台注册供应商查询功能，方便各方主体及时了解供应商信息。

4）提高采购合同签订效率

采购人应当严格按照政府采购法有关规定，在中标、成交通知书发出之日起30日内，按照采购文件确定的事项与中标、成交供应商签订政府采购合同。采购人因不可抗力原因迟延签订合同的，应当自不可抗力事由消除之日起7日内完成合同签订事宜。鼓励采购人通过完善内部流程进一步缩短合同签订期限。

5）加快支付采购资金

采购人要进一步落实《关于促进政府采购公平竞争优化营商环境的通知》（财库〔2019〕38号）有关要求，在政府采购合同中约定资金支付的方式、时间和条件，明确逾期支付资金的违约责任。对于有预付安排的合同，鼓励采购人将合同预付款比例提高到30%以上。对于满足合同约定支付条件的，采购人原则上应当自收到发票后10个工作日内将资金支付到合同约定的供应商账户，鼓励采购人完善内部流程，自收到发票后1个工作日内完成资金支付事宜。采购人和供应商对资金支付产生争议的，应当按照法律规定和合同约定及时解决，保证资金支付效率。

6）支持开展政府采购融资

省级财政部门要以省为单位，积极推进与银行业金融机构共享本省范围内的政府采购信息，支持银行业金融机构以政府采购合同为基础向中标、成交供应商提供融资。要优化完善政府采购融资业务办理，推动银行业金融机构逐步实现供应商在线申请、在线审批、在线提款的全流程电子化运行，为供应商提供快捷高效的融资服务。

第二节　政府采购法与招标投标法

一、两法的区别

1. 目的和侧重点不同

《政府采购法》主要旨在规范政府采购行为，提高公共资金使用效率，促进公平竞争和社会公共利益。它侧重于规范各级国家机关、事业单位和团体组织使用财政性资金购买货物、工程和服务的行为。

《招标投标法》则侧重于规范所有类型的招标投标活动，以保证招标投标活动的公开、公平、公正，促进市场经济健康发展。它不仅适用于政府项目，也适用于非政府项目的招标投标活动。

2. 监管和执行机构不同

《政府采购法》的监管机构主要是财政部门，财政部门负责监督和管理政府采购活动，确保采购活动的合法性、规范性。

《招标投标法》的监督管理则由多个部门共同负责，包括但不限于发展和改革、建设、交通等行业主管部门，根据不同行业的特点执行招标投标活动的监管工作。

3. 适用情形不同

《政府采购法》规范的主体是各级国家机关、事业单位和团体组织。

《政府采购法》第二条规定，政府采购包括货物、工程和服务；第四条规定，政府采购工程进行招标投标的，适用招标投标法。

《招标投标法》第二条规定，在中华人民共和国境内进行招标投标活动，适用本法。

《招标投标法》和《政府采购法》适用情形对比如表2-1所示。

表2-1　《招标投标法》和《政府采购法》适用情形对比

对比项	《招标投标法》	《政府采购法》
适用情形	在中华人民共和国境内进行招标投标活动，适用本法 在中华人民共和国境内进行下列工程建设项目，包括项目的勘察、设计、施工、监理以及与工程建设有关的重要设备、材料等的采购，必须进行招标：(1)大型基础设施、公用事业等关系社会公共利益、公众安全的项目；(2)全部或者部分使用国有资金投资或者国家融资的项目；(3)使用国际组织或者外国政府贷款、援助资金的项目。 前款所列项目的具体范围和规模标准，由国务院发展计划部门会同国务院有关部门制订，报国务院批准。 法律或者国务院对必须进行招标的其他项目的范围有规定的，依照其规定	在中华人民共和国境内进行的政府采购，适用本法 本法所称政府采购，是指各级国家机关、事业单位和团体组织，使用财政性资金采购依法制定的集中采购目录以内的或者采购限额标准以上的货物、工程和服务的行为。 政府集中采购目录和采购限额标准依照本法规定的权限制定。 本法所称采购，是指以合同方式有偿取得货物、工程和服务的行为，包括购买、租赁、委托、雇用等。 本法所称货物，是指各种形态和种类的物品，包括原材料、燃料、设备、产品等。 本法所称工程，是指建设工程，包括建筑物和构筑物的新建、改建、扩建、装修、拆除、修缮等。 本法所称服务，是指除货物和工程以外的其他政府采购对象。政府采购工程进行招标投标的，适用招标投标法

采购人和采购代理机构在判断采购项目是适用《政府采购法》还是《招标投标法》时，一定要对两部法律的适用范围有着全面了解。

4. 采购方式不同

《政府采购法》中规范的采购方式，不仅包括公开招标和邀请招标两种招标采购方式，还包括询价采购、竞争性谈判采购、单一来源采购等非招标方式。除此之外，2014年出台的《政府采购竞争性磋商采购方式管理暂行办法》在原有的五种政府采购方式之外新增了竞争性磋商的采购方式；2022年出台的《政府采购框架协议采购方式管理暂行办法》又增加了框架协议采购方式。2024年4月24日，财政部以财库〔2024〕13号印发《政府采购合作创新采购方式管理暂行办法》的通知，又新增了合作创新采购方式。

而《招标投标法》仅规定了公开招标和邀请招标两种招标形式。在中国招标投标协会发布的《非招标方式采购代理服务规范》中，补充了谈判采购、询比采购、竞价采购、直接采购和框架协议等几种方式。

《招标投标法》和《政府采购法》体系下采购方式的对比如表2-2所示。

表2-2 《招标投标法》和《政府采购法》体系下采购方式的对比

对比项	《招标投标法》	《政府采购法》
采购方式	（1）公开招标：依据《招标投标法》； （2）邀请招标：依据《招标投标法》； （3）谈判采购：依据《非招标方式采购代理服务规范》（中国招标投标协会）； （4）询比采购：依据《非招标方式采购代理服务规范》（中国招标投标协会）； （5）竞价采购：依据《非招标方式采购代理服务规范》（中国招标投标协会）； （6）直接采购：依据《非招标方式采购代理服务规范》（中国招标投标协会）； （7）框架协议：依据《非招标方式采购代理服务规范》（中国招标投标协会）	（1）公开招标：依据《政府采购法》《政府采购货物和服务招标投标管理办法》（财政部令第87号）； （2）邀请招标：依据《政府采购法》《政府采购货物和服务招标投标管理办法》（财政部令第87号）； （3）竞争性谈判：依据《政府采购法》《政府采购非招标采购方式管理办法》（财政部令第74号）； （4）询价采购：依据《政府采购法》《政府采购非招标采购方式管理办法》（财政部令第74号）； （5）单一来源采购：依据《政府采购法》《政府采购非招标采购方式管理办法》（财政部令第74号）； （6）竞争性磋商：依据《政府采购竞争性磋商采购方式管理暂行办法》（财库〔2014〕214号）； （7）框架协议采购：依据《政府采购框架协议采购方式管理暂行办法》（财政部令第110号）； （8）合作创新采购：依据《政府采购合作创新采购方式管理暂行办法》（财库〔2024〕13号）

《政府采购法》有关采购文件的编制、评标方法和评标标准的制定、招标信息发布、评审专家抽取、中标信息发布、质疑和投诉处理等方面的规定均不同于《招标投标法》。在政府采购活动中，招标投标法及其实施条例，主要适用于通过招标方式采购的政府采购工程及与工程建设相关的货物、服务。政府采购工程及与工程建设相关的货物、服务通过招标方式以外的方式采购的，和与工程建设不相关的货物、服务的采购，都应适用政府采购法及其实施条例、《政府采购货物和服务招标投标管理办法》等规定。与工程建设不相关的货物和服务的采购未依照前述规定执行，而依据招标投标法执行的，属于适用法律错误，违反了《政府采购法》第二条第一款和第六十四条第一款的规定。

即使同是公开招标方式，在《政府采购法》和《招标投标法》中的程序与要求也有很大区别，我们来做如下对比，如表2-3所示。

表2-3 《招标投标法》和《政府采购法》体系下适用法律的对比

适用法律对比项	政府采购法体系	招标投标法体系
发布公告媒体	省级以上财政部门指定媒体	国务院发展改革部门依法指定的媒介
招标公告期限	5个工作日	/
提供采购文件期限	不少于5个工作日	不少于5日
投标保证金	不得超过采购项目预算金额的2%	不得超过招标项目估算价的2%
专家库	财政部门组建专家库	省级人民政府和国务院有关部门应当组建综合评审专家库
评审因素要求不同	评审因素应当细化和量化，且与相应的商务条件和采购需求对应。商务条件和采购需求指标有区间规定的，评审因素应当量化到相应区间，并设置各区间对应的不同分值	未做要求
	综合评分法中价格评审采用低价优先法，货物项目的价格分值占总分值的比重不得低于30%；服务项目的价格分值占总分值的比重不得低于10%。执行国家统一定价标准和采用固定价格采购的项目，其价格不列为评审因素	未做要求
定标及结果公布	采购代理机构应当在评标结束后2个工作日内将评标报告送采购人。采购人应当自收到评标报告之日起5个工作日内，在评标报告确定的中标候选人名单中按顺序确定中标人。采购人自行组织招标的，应当在评标结束后5个工作日内确定中标人。采购人在收到评标报告5个工作日内未按评标报告推荐的中标候选人顺序确定中标人，又不能说明合法理由的，视同按评标报告推荐的顺序确定排名第一的中标候选人为中标人。	评标完成后，评标委员会应当向招标人提交书面评标报告和中标候选人名单。依法必须进行招标的项目，招标人应当自收到评标报告之日起3日内公示中标候选人，公示期不得少于3日

适用法律对比项	政府采购法体系	招标投标法体系
定标及结果公布	采购人或者采购代理机构应当自中标人确定之日起2个工作日内,在省级以上财政部门指定的媒体上公告中标结果,采购文件应当随中标结果同时公告。中标公告期限为1个工作日。在公告中标结果的同时,采购人或者采购代理机构应当向中标人发出中标通知书;对未通过资格审查的供应商,应当告知其未通过的原因;采用综合评分法评审的,还应当告知未中标人本人的评审得分与排序。 项目采购采用最低评标(审)价法的,公告中标、成交结果时应当同时公告因落实政府采购政策等原因进行价格扣除后中标、成交供应商的评审报价;项目采购采用综合评分法的,公告中标、成交结果时应当同时公告中标、成交供应商的评审总得分	评标完成后,评标委员会应当向招标人提交书面评标报告和中标候选人名单。依法必须进行招标的项目,招标人应当自收到评标报告之日起3日内公示中标候选人,公示期不得少于3日
救济方式	供应商认为采购文件、采购过程、中标或者成交结果使自己的权益受到损害的,可以在知道或者应知其权益受到损害之日起7个工作日内,以书面形式向采购人、采购代理机构提出质疑。质疑供应商对采购人、采购代理机构的答复不满意,或者采购人、采购代理机构未在规定时间内作出答复的,可以在答复期满后15个工作日内向《政府采购质疑和投诉办法》第六条规定的财政部门提起投诉	潜在供应商或者其他利害关系人对资格预审文件有异议的,应当在提交资格预审申请文件截止时间2日前提出;对采购文件有异议的,应当在投标截止时间10日前提出。招标人应当自收到异议之日起3日内作出答复;作出答复前,应当暂停招标投标活动。 供应商或者其他利害关系人对依法必须进行招标的项目的评标结果有异议的,应当在中标候选人公示期间提出。招标人应当自收到异议之日起3日内作出答复;作出答复前,应当暂停招标投标活动。 供应商或者其他利害关系人认为招标投标活动不符合法律、行政法规规定的,可以自知道或者应当知道之日起10日内向有关行政监督部门投诉。投诉应当有明确的请求和必要的证明材料。 就《招标投标法实施条例》第二十二条、第四十四条、第五十四条规定事项投诉的,应当先向招标人提出异议,异议答复期间不计算在前款规定的期限内

二、两法的衔接

《政府采购法》第四条规定，政府采购工程进行招标投标的，适用招标投标法。第二条规定，本法所称工程，是指建设工程，包括建筑物和构筑物的新建、改建、扩建、装修、拆除、修缮等。也就是说，即使采购主体是各级国家机关、事业单位和团体组织，使用财政性资金，当对政府采购工程项目进行公开招标或邀请招标时，也不再适用政府采购法，而是适用招标投标法。

按照中华人民共和国国家发展和改革委员会令（以下简称"国家发改委"）《必须招标的工程项目规定》（发改委〔2018〕第16号令，自2018年6月1日起施行）要求，对规定范围内的项目，其勘察、设计、施工、监理以及与工程建设有关的重要设备、材料等的采购达到限额标准的，必须招标。

一是全部或者部分使用国有资金投资或者国家融资的项目，包括以下两方面：

（1）使用预算资金200万元人民币以上，并且该资金占投资额10%以上的项目。

（2）使用国有企业事业单位资金，并且该资金占控股或者主导地位的项目。

二是使用国际组织或者外国政府贷款、援助资金的项目，包括以下两方面：

（1）使用世界银行、亚洲开发银行等国际组织贷款、援助资金的项目。

（2）使用外国政府及其机构贷款、援助资金的项目。

三是不属于上述情形的大型基础设施、公用事业等关系社会公共利益、公众安全的项目，必须招标的具体范围由国务院发展改革部门会同国务院有关部门按照确有必要、严格限定的原则制订，报国务院批准。

规定范围内的项目，其勘察、设计、施工、监理以及与工程建设有关的重要设备、材料等的采购达到下列标准之一的，必须招标。

（1）施工单项合同估算价在400万元人民币以上。

（2）重要设备、材料等货物的采购，单项合同估算价在200万元人民币以上。

（3）勘察、设计、监理等服务的采购，单项合同估算价在100万元人民币以上。

同一项目中可以合并进行的勘察、设计、施工、监理以及与工程建设有关的重要设备、材料等的采购，合同估算价合计达到前款规定标准的，必须招标。

从《政府采购品目分类目录》来看，政府采购工程包含了B01房屋施工、B02构筑物施工、B03施工工程准备、B04预制构件组装和装配、B05专业施工、B06安装工程、B07装修工程、B08修缮工程、B09工程设备租赁（带操作员）和B99其他建筑工程。从分类情况来看，并非所有的政府采购工程都属于建筑物和构筑物的新建、改建、扩建、装修、拆除、修缮工程。按照中央预算单位政府集中采购目录及标准，分散采购限额以上的，适用于招标投标法的建设工程项目以外的以及与建筑物、构筑物新建、改建、扩建无关的装修、拆除和修缮工程仍然执行政府采购程序。

财政部国库司在《关于政府采购工程项目有关法律适用问题的复函》（财库便函〔2020〕385号）中提出，根据《政府采购法》及其实施条例有关规定，工程招标限额标准以上，与建筑物和构筑物新建、改建、扩建项目无关的单独的装修、拆除、修缮项目，以及政府集中采购目录以内或者政府采购工程限额标准以上、工程招标限额标准以下的政府采购工程项目，不属于依法必须进行招标的项目，政府采购此类项目时，应当按照《政府采购法实施条例》第二十五条的规定，采用竞争性谈判、竞争性磋商或者单一来源方式进行采购。

值得注意的是，询价采购方式不适用工程类项目。

三、政府采购常用法律法规和招标投标常用法律法规

1.政府采购常用法律法规

《中华人民共和国政府采购法》（主席令第68号）

《中华人民共和国政府采购法实施条例》（国务院令第658号）

《中华人民共和国预算法》（2018年修正）

《政府采购非招标采购方式管理办法》（财政部令第74号）

《政府采购货物和服务招标投标管理办法》（财政部令第87号）

《政府采购质疑和投诉办法》（财政部令第94号）

《政府采购信息发布管理办法》（财政部令第101号）

《政府购买服务管理办法》（财政部令第102号）

《政府采购竞争性磋商采购方式管理暂行办法》（财库〔2014〕214号）

《政府采购框架协议采购方式管理暂行办法》（财政部令第110号）

《政府采购合作创新采购方式管理暂行办法》（财库〔2024〕13号）

《政府采购代理机构管理暂行办法》（财库〔2018〕2号）

《政府采购评审专家管理办法》（财库〔2016〕198号）

《关于印发〈政府采购进口产品管理办法〉的通知》（财库〔2007〕119号）

《关于政府采购进口产品管理有关问题的通知》（财办库〔2008〕248号）

《中小企业划型标准规定》（工信部联企业〔2011〕300号）

《关于政府采购支持监狱企业发展有关问题的通知》（财库〔2014〕68号）

《关于推进和完善服务项目政府采购有关问题的通知》（财库〔2014〕37号）

《机电产品国际招标投标实施办法（试行）》（商务部令2014年第1号）

《关于做好政府采购信息公开工作的通知》（财库〔2015〕135号）

《关于加强政府采购活动内部控制管理的指导意见》（财库〔2016〕99号）

《关于在政府采购活动中查询及使用信用记录有关问题的通知》（财库〔2016〕125号）

《关于印发〈政府采购评审专家管理办法〉的通知》（财库〔2016〕198号）

《关于印发环境标志产品政府采购品目清单的通知》(财库〔2019〕18号)

《关于印发节能产品政府采购品目清单的通知》(财库〔2019〕19号)

《关于促进政府采购公平竞争优化营商环境的通知》(财库〔2019〕38号)

《关于印发〈涉密政府采购管理暂行办法〉的通知》(财库〔2019〕39号)

《关于印发〈政府采购需求管理办法〉的通知》(财库〔2021〕22号)

《政府采购品目分类目录》(财库〔2022〕31号)

《关于在政府采购活动中查询及使用信用记录有关问题的通知》(财库〔2016〕125号)

《关于进一步提高政府采购透明度和采购效率相关事项的通知》(财办库〔2023〕243号)

《政府采购代理机构监督检查暂行办法》(财库〔2024〕27号)

2. 招标投标常用法律法规

《中华人民共和国招标投标法》(主席令第21号)

《中华人民共和国招标投标法实施条例》(国务院令第613号)

《必须招标的工程项目规定》(发改委第16号令)

《评标委员会和评标方法暂行规定》(2001年七部委第12号令发布,2013年九部委第23号令修改)

《电子招标投标办法》(2013年八部委第20号令)

《国务院办公厅转发国家发展改革委关于深化公共资源交易平台整合共享指导意见的通知》(国办函〔2019〕41号)

《公共资源交易平台管理暂行办法》(2016年十四部委第39号令)

《关于对公共资源交易领域严重失信主体开展联合惩戒的备忘录》的通知(发改法规〔2018〕457号)

《关于印发〈必须招标的基础设施和公用事业项目范围规定〉的通知》(发改法规规〔2018〕843号)

《关于印发房屋建筑和市政基础设施项目工程总承包管理办法的通知》(建市规〔2019〕12号)

《工程建设项目施工招标投标办法》(七部委第30号令)

《工程建设项目货物招标投标办法》(七部委第27号令,2013年第23号令修改)

《招标公告和公示信息发布管理办法》(发改委第10号令)

《工程建设项目招标投标活动投诉处理办法》(国家七部委第11号令)

在线习题(第二章)

第三章
政府采购方式及流程

第一节　政府采购意向公开

一、政府采购意向公开政策要求

财政部推进政府采购意向公开是优化政府采购营商环境的重要举措。根据《深化政府采购制度改革方案》和《关于促进政府采购公平竞争优化营商环境的通知》（财库〔2019〕38号）有关要求，2020年3月财政部发布《关于开展政府采购意向公开工作的通知》（财库〔2020〕10号），旨在提高政府采购透明度，方便供应商提前了解政府采购信息，保障各类市场主体平等参与政府采购活动，提升采购绩效，抑制腐败。

《关于开展政府采购意向公开工作的通知》（财库〔2020〕10号）要求，对2020年7月1日起实施的采购项目，中央预算单位和北京市、上海市、深圳市市本级预算单位应当按规定公开采购意向。各试点地区应根据地方实际尽快推进其他各级预算单位采购意向公开。其他地区可根据地方实际确定采购意向公开时间，原则上省级预算单位2021年1月1日起实施的采购项目，省级以下各级预算单位2022年1月1日起实施的采购项目，应当按规定公开采购意向。

以湖北省为例，2020年4月28日，湖北省财政厅发布《湖北省政府采购意向公开工作方案》（鄂财函〔2020〕38号）。该方案明确提出如下要求：省级预算单位2021年1月1日起实施采购项目按规定全面实施采购意向公开；省级以下各级预算单位2022年1月1日起实施的采购项目按规定全面实施采购意向公开。公开渠道为"中国湖北政府采购网"（www.ccgp-hubei.gov.cn）。

二、政府采购意向公开基本要求

1. 政府采购意向公开的主体

采购意向由预算单位负责公开。

2. 政府采购意向公开的渠道

中央预算单位的采购意向在中国政府采购网（www.ccgp.gov.cn）中央主网公开，地方预算单位的采购意向在中国政府采购网地方分网公开，采购意向也可在省级以上财政部门指定的其他媒体同步公开。

主管预算单位可汇总本部门、本系统所属预算单位的采购意向集中公开，有条件的部门可在其部门门户网站同步公开本部门、本系统的采购意向。

3. 政府采购意向公开的具体要求

政府采购意向公开的具体要求如下：

（1）采购意向按采购项目公开。

（2）按项目实施的集中采购目录以内或采购限额标准以上的货物、工程、服务采购均应当公开采购意向。

（3）除以协议供货、定点采购方式实施的小额零星采购和由集中采购机构统一组织的批量集中采购外，按项目实施的集中采购目录以内或者采购限额标准以上的货物、工程、服务采购均应当公开采购意向。

4. 政府采购意向公开的主要内容

采购意向公开的内容应当清晰、完整，具体应包括以下几点：

（1）采购项目名称。

（2）采购需求概况。应当包括采购标的名称，采购标的需实现的主要功能或目标，采购标的数量，以及采购标的需满足的质量、服务、安全、时限等要求。

（3）预算金额。

（4）预计采购时间。

（5）其他需要说明的情况。

采购意向仅作为供应商了解各采购人初步采购安排的参考，采购项目实际的采购需求、预算金额和执行时间以采购人最终发布的采购公告和采购文件为准。

5. 政府采购意向公开的依据

部门预算批复前公开的采购意向以部门预算"二上"内容为依据，部门预算批复后公开的采购意向以部门预算为依据。预算执行中新增采购项目应当及时公开采购意向。

6. 政府采购意向公开的时间

采购意向由预算单位定期或不定期公开。采购意向公开时间应当尽量提前，原则上不得晚于采购活动开始前30日公开。因预算单位不可预见的原因急需开展的采购项目，可不公开采购意向。

值得注意的是，有些地方在财政部规定的基础上，又作了进一步要求，例如：《湖北省财政厅关于持续优化政府采购营商环境的通知》（鄂财采发〔2024〕3号）规定：预算单位应当随部门预算公开同步在"中国湖北政府采购网"上集中公开本年度政府采购意向信息，内容包括主要采购项目、采购内容及需求概况、预算金额、预计采购时间等，方便供应商提前了解政府采购信息。预算执行中新增调整采购项目应当及时公开采购意向，原则上不得晚于采购活动开始前30日。

三、政府采购意向公开操作流程

以湖北省某高校政府采购意向公开流程为例，如下：

（1）业务承办部门按照《政府采购意向公告》格式要求，填写所在部门需进行公开的采购意向。

（2）业务承办部门在每月规定的时间内将拟公开的采购意向报送采购管理部门审核。

（3）采购管理部门审核通过后，汇总当月需公开的采购意向，在湖北省预算管理一体化系统（http://www.ihbcz.gov.cn/login）中申报。

政府采购意向公告

<u>（单位名称）</u> ____年__月（至）__月政府采购意向

为便于供应商及时了解政府采购信息，根据《财政部关于开展政府采购意向公开工作的通知》（财库〔2020〕10号）等有关规定，现将<u>（单位名称）</u>____年__月（至）__月采购意向公开如下：

序号	采购项目名称	采购需求概况	预算金额/万元	预计采购时间（填写到月）	备注
	（填写具体采购项目的名称）	（填写采购标的名称，采购标的需实现的主要功能或目标，采购标的的数量，以及采购标的的需满足的质量、服务、安全、时限等要求）	（精确到万元）	（填写到月）	（其他需要说明的情况）
	……				
	……				

本次公开的采购意向是本单位政府采购工作的初步安排，具体采购项目情况以相关采购公告和采购文件为准。

（单位名称）

____年__月__日

选自财政部办公厅《关于印发〈政府采购公告和公示信息格式规范（2020年版）〉的通知》（财办库〔2020〕50号）

第二节 政府采购方式确定的原则和标准

《政府采购法》第二十六条规定，政府采购采用以下方式：

（1）公开招标。

（2）邀请招标。

（3）竞争性谈判。

（4）单一来源采购。

（5）询价。

（6）国务院政府采购监督管理部门认定的其他采购方式。

①竞争性磋商。为了深化政府采购制度改革，适应推进政府购买服务、推广政府和社会资本合作（PPP）模式等工作需要，2014年12月31日，财政部发布《政府采购竞争性磋商采购方式管理暂行办法》（财库〔2014〕214号），自发布之日起施行。

②框架协议采购。为了规范多频次、小额度采购活动，提高政府采购项目绩效，根据《政府采购法》和《政府采购法实施条例》等法律法规规定，2022年1月14日财政部发布《政府采购框架协议采购方式管理暂行办法》（财政部令第110号），自2022年3月1日起施行。

③合作创新采购。为贯彻落实党中央、国务院关于加快实施创新驱动发展战略有关要求，支持应用科技创新，根据《政府采购法》和《中华人民共和国科学技术进步法》等有关法律，2024年4月24日财政部发布《政府采购合作创新采购方式管理暂行办法》（财库〔2024〕13号），自2024年6月1日起施行。

目前，除了《政府采购法》明确的五种采购方式以外，国务院政府采购监督管理部门认定的其他采购方式包括竞争性磋商、框架协议采购、合作创新采购三种，即政府采购共有公开招标、邀请招标、竞争性谈判、询价、单一来源采购、竞争性磋商、框架协议采购和合作创新采购八种采购方式。

《政府采购法》《政府采购法实施条例》《政府采购货物和服务招标投标管理办法》《政府采购非招标采购方式管理办法》《竞争性磋商管理暂行办法》《政府采购框架协议采购方式管理暂行办法》和《政府采购合作创新采购方式管理暂行办法》对以上采购方式的适用情形进行了具体规定。采购人选择合适的采购方式应从以下两个方面考虑。

一、依据政府采购公开招标数额标准

《政府采购法》规定，采购人采购货物或者服务应当采用公开招标方式的，其具体数额标准，属于中央预算的政府采购项目，由国务院规定；属于地方预算的政府采购项目，由省、自治区、直辖市人民政府规定；因特殊情况需要采用公开招标以外的采购方式的，应当在采购活动开始前获得设区的市、自治州以上人民政府采购监督管理部门的批准。

2019年，《国务院办公厅关于印发中央预算单位政府集中采购目录及标准（2020年版）的通知》（国办发〔2019〕55号）规定：政府采购货物或服务项目，单项采购金额达到200万元以上的，必须采用公开招标方式。政府采购工程以及与工程建设有关的货物、服务公开招标数额标准按照国务院有关规定执行。

2024年，湖北省财政厅经湖北省人民政府同意，发布《关于印发湖北省政府集中采购目录及标准（2025年版）的通知》（鄂财采发〔2024〕7号）规定，政府采购货物或服务项目，省级和武汉市本级单项或批量采购金额达到400万元以上、市县级200万元以上的应当采用公开招标方式。政府采购工程项目以及与工程建设有关的货物、服务公开招标数额标准按照国家有关规定执行。

二、政府采购方式的适用条件

采购人应按照法律法规规定，根据项目特点和采购需求准确选择采购方式，这是《政府采购法》赋予采购人的权利和责任。

在确定采购方式时，采购人需注意以下几点：

（1）采购人不得将应当以公开招标方式采购的货物或者服务化整为零或者以其他任何方式规避公开招标。

（2）采购人必须按照《政府采购法》规定的采购方式和采购程序进行采购，任何单位和个人不得违反《政府采购法》规定，要求采购人或者采购工作人员向其指定的供应商进行采购。

（3）在一个财政年度内，采购人将一个预算项目下的同一品目或者类别的货物、服务采用公开招标以外的方式多次采购，累计资金数额超过公开招标数额标准的，属于以化整为零方式规避公开招标，但项目预算调整或者经批准采用公开招标以外方式采购除外。

（4）因特殊情况需要采用公开招标以外的采购方式的，应当在采购活动开始前获得设区的市、自治州以上人民政府采购监督管理部门的批准。

【小贴士】

【问】根据《政府采购法》第三十二条规定："采购的货物规格、标准统一、现货货源充足且价格变化幅度小的政府采购项目，可以依照本法采用询价方式采购"，是否可以理解为询价采购方式只适用于采购货物？

【答】根据现行政府采购法律制度规定，询价采购方式只适用于货物采购。

(信息来源：中国政府采购网)

请看以下案例。

某高校在一个财政年度内的预算项目下，就物业管理服务采用竞争性磋商采购方式分三次进行了采购，第一次采购校园内水电供应服务、门窗保养、设备运行管理及服务，预算金额为180万元，第二次采购办公场所保洁服务，预算金额为150万元，第三次采购校园内绿化养护服务，预算金额为90万元，三次总计金额为420万元。监管部门认为，该校三次采购预算总额超过了该地区公开招标数额400万元的标准，没有按照公开招标的方式进行采购，所以将该采购人的行为定性为《政府采购法实施条例》第六十七条第二款所规定的情形，即"将应当进行公开招标的项目化整为零或者以其他任何方式规避公开招标"，给予通报处理。

什么是化整为零规避公开招标采购行为呢？《政府采购法实施条例》第二十八条规定，在一个财政年度内，采购人将一个预算项目下的同一品目或者类别的货物、服务采用公开招标以外的方式多次采购，累计资金数额超过公开招标数额标准的，属于以化整为零方式规避公开招标。也就是采购人把达到公开招标数额标准的政府采购项目分割为数个小项目，使得每个项目的预算金额都未达到法定公开招标数额标准，以此规避公开招标。

根据财政部《关于印发〈政府采购品目分类目录〉的通知》（财库〔2022〕31号），该案例中校园内水电供应服务、门窗保养、设备运行管理及服务、办公场所保洁服务，以及校园内绿化养护服务，非单独的品目，均属于物业管理服务的品目，品目编码为C21040000，故属于同一品目多次采购，累计资金数额超过公开招标数额标准。

《政府采购法》规定，采购人将应当采用公开招标方式而擅自采用其他方式采购的，监管部门将责令其限期改正、给予警告，可以并处罚款，对直接负责的主管人员和其他直接责任人员由其行政主管部门或者有关机关给予处分，并予通报。

第三节　政府采购方式适用情形及流程

一、公开招标

公开招标，是指采购人依法以招标公告的方式邀请非特定的供应商参加投标的采购方式。

（一）公开招标方式的适用情形

公开招标应作为政府采购的主要采购方式。

（1）按照依法确定的公开招标数额标准执行，达到公开招标数额标准的，应当采用公开招标方式。

（2）达到公开招标数额标准的政府采购项目，因特殊情况需要采用公开招标以外的采购方式的，应当在采购活动开始前获得设区的市、自治州以上人民政府采购监督管理部门的批准。

（二）公开招标流程

1.编制招标文件

采购人、采购代理机构应当根据采购项目的特点和采购需求编制招标文件。招标文件应当包括以下主要内容：

（1）投标邀请。

（2）供应商须知（包括投标文件的密封、签署、盖章要求等）。

（3）供应商应当提交的资格、资信证明文件。

（4）为落实政府采购政策，采购标的需满足的要求，以及供应商需提供的证明材料。

（5）投标文件编制要求、投标报价要求和投标保证金交纳、退还方式以及不予退还投标保证金的情形。

（6）采购项目预算金额，设定最高限价的，还应当公开最高限价。

（7）采购项目的技术规格、数量、服务标准、验收等要求，包括附件、图纸等。

（8）拟签订的合同文本。

（9）货物、服务提供的时间、地点、方式。

（10）采购资金的支付方式、时间、条件。

（11）评标方法、评标标准和投标无效情形。

（12）投标有效期。

（13）投标截止时间，开标时间及地点。

（14）采购代理机构代理费用的收取标准和方式。

（15）供应商信用信息查询渠道及截止时点、信用信息查询记录和证据留存的具体方式、信用信息的使用规则等。

（16）省级以上财政部门规定的其他事项。

对于不允许偏离的实质性要求和条件，采购人或者采购代理机构应当在招标文件中规定，并以醒目的方式标明。

2. 发布招标公告

1）公告发布媒体

中央预算单位的政府采购信息应当在财政部门指定的媒体上公开，地方预算单位的政府采购信息应当在省级（含计划单列市）财政部门指定的媒体上公开。财政部门指定的政府采购信息发布媒体主要为中国政府采购网（www.ccgp.gov.cn）。中国政府采购网地方分网为本地区指定的政府采购信息发布媒体。

为加强全国政府采购数据共享共用，进一步提高政府采购信息查询使用便利度，财政部办公厅于2024年2月4日发布了《关于进一步提高政府采购信息查询使用便利度的通知》（财办库〔2024〕30号）。该通知规定：（1）自2024年4月1日起，中国政府采购网地方分网（以下简称地方分网）应当将本地区全部政府采购项目（含低于500万元的项目）的各类公告和公示信息推送至中国政府采购网中央主网（以下简称中央主网）发布。中央主网提供全国政府采购项目信息的"一站式"查询服务。（2）中央主网开通政府采购代理机构登记信息共享接口。自2024年4月1日起，地方分网可通过接口获取在中央主网登记的政府采购代理机构登记信息。（3）中央主网开设"数据标准及规范"专栏，发布相关数据接口规范。请各地方分网根据数据接口规范组织完成相关信息系统的接口调试工作，确保政府采购数据共享渠道畅通。

政府采购其他采购方式的公告发布媒体同公开招标。

2）招标公告的内容

政府采购相关规定中，按日计算期间的，开始当天不计入，从次日开始计算。期限的最后一日是国家法定节假日的，顺延到节假日后的次日为期限的最后一日。此项规定适用于所有采购方式。

招标公告期限为5个工作日。公告内容应当以省级以上财政部门指定媒体发布的公告为准。公告期限自省级以上财政部门指定媒体最先发布公告之日起算。

招标公告应当包括以下主要内容：

（1）采购人及其委托的采购代理机构的名称、地址和联系方式。

（2）采购项目的名称、预算金额，设定最高限价的，还应当公开最高限价。

（3）采购人的采购需求。

（4）供应商的资格要求。

（5）获取招标文件的时间期限、地点、方式及采购文件售价。

（6）公告期限。

（7）投标截止时间，开标时间及地点。

（8）采购项目联系人姓名和电话。

采购人或者采购代理机构应当根据采购项目的实施要求，在招标公告中载明是否接受联合体投标。如未载明，不得拒绝联合体投标。

招标公告

    （采购标的）   招标项目的潜在供应商应在____（地址）____获取招标文件，并于_____年__月__日__点__分（北京时间）前递交投标文件。

一、项目基本情况

项目编号（或招标编号、政府采购计划编号、采购计划备案文号等，如有）：

项目名称：

预算金额：

最高限价（如有）：

采购需求（包括但不限于标的的名称、数量、简要技术需求或服务要求等）：

合同履行期限：

本项目（是/否）接受联合体投标。

二、申请人的资格要求

（1）满足《中华人民共和国政府采购法》第二十二条规定。

（2）落实政府采购政策需满足的资格要求（如属于专门面向中小企业采购的项目，供应商应为中小微企业、监狱企业、残疾人福利性单位）。

（3）本项目的特定资格要求（如项目接受联合体投标，对联合体应提出相关资格要求；如属于特定行业项目，供应商应当具备特定行业法定准入要求）。

三、获取招标文件

时间：_____年__月__日至_____年__月__日（提供期限自本公告发布之日起不得少于5个工作日），每天上午_____至_____，下午_____至_____（北京时间，法定节假日除外）

地点：

方式：

售价：

四、提交投标文件截止时间，开标时间和地点

_____年__月__日__点__分（北京时间）（自招标文件开始发出之日起至供应商提交投标文件截止之日止，不得少于20日）

地点：

五、公告期限

自本公告发布之日起5个工作日。

六、其他补充事宜

七、凡对本次招标提出询问，请按以下方式联系。

1.采购人信息

名称：

地址：

联系方式：

2.采购代理机构信息（如有）

名称：

地址：

联系方式：

3.项目联系方式

项目联系人（组织本项目采购活动的具体工作人员姓名）：

电话：

选自财政部办公厅《关于印发〈政府采购公告和公示信息格式规范（2020年版）〉的通知》（财办库〔2020〕50号）

3.发出招标文件

采购人或者采购代理机构应当按照招标公告规定的时间、地点提供招标文件或者资格预审文件，提供期限自招标公告、资格预审公告发布之日起计算不得少于5个工作日。提供期限届满后，获取招标文件或者资格预审文件的潜在供应商不足3家的，可以顺延提供期限，并予公告。

招标文件开始发出之日起至供应商提交投标文件截止之日止，不得少于20日。

公开招标进行资格预审的，招标公告和资格预审公告可以合并发布，招标文件应当向所有通过资格预审的供应商提供。

【小贴士】

【问】《政府采购法》第三十五条规定,货物和服务项目实行招标方式采购的,自招标文件开始发出之日起至投标人提交投标文件截止之日止,不得少于20日。具体如何计算?

【答】根据《政府采购货物和服务招标投标管理办法》(财政部令第87号)第八十五条规定,按日计算期间的,开始当天不计入,从次日开始计算。不得少于20日的期间应当不少于20个完整自然日。

(信息来源:中国政府采购网)

4.答疑、招标文件澄清及修改

采购人或采购代理机构根据招标项目的具体情况,在招标文件提供期限截止后,组织现场考察或召开答疑会的,应当在招标文件中载明,或者在招标文件提供期限截止后以书面形式通知所有获取招标文件的潜在投标人,组织已获取招标文件的潜在投标人现场考察或者召开开标前答疑会。

采购人或采购代理机构对已发出的招标文件进行必要澄清或者修改的,澄清或者修改的内容可能影响投标文件编制的,采购人或者采购代理机构应当在投标截止时间至少15日前,以书面形式通知所有获取招标文件的潜在供应商;不足15日的,采购人或者采购代理机构应当顺延提交投标文件的截止时间。

5.投标

投标人应当在招标文件要求提交投标文件的截止时间前,将投标文件密封送达投标地点(采用电子标的,详见"开标"部分)。采购人或者采购代理机构收到投标文件后,应当如实记载投标文件的送达时间和密封情况,签收保存,并向供应商出具签收回执。任何单位和个人不得在开标前开启投标文件。

投标人在投标截止时间前,可以对所递交的投标文件进行补充、修改或者撤回,并书面通知采购人或者采购代理机构。补充、修改的内容应当按照招标文件要求签署、盖章、密封后,作为投标文件的组成部分。

【小贴士】

【问】评审结束后,中标结果公告前,投标人撤销投标文件,若剩下不足3家供应商,是否废标?

【答】为维护国家利益和社会公共利益,应确保政府采购市场公平竞争的良好秩序。供应商一旦决定参与政府采购活动,应当按照审慎的原则,规范自己的投标行为。供应商在投标时已经确定了投标有效期,且项目已经进入了开标、评标程序。因此，供应商不得撤销投标，其撤销投标的行为不影响评审活动和后续采购活动的可以进行。

（信息来源：中国政府采购网）

6.开标

开标应当在招标文件确定的提交投标文件截止时间的同一时间进行。开标地点应当为招标文件中预先确定的地点。开标时，应当由供应商或者其推选的代表检查投标文件的密封情况；经确认无误后，由采购人或者采购代理机构工作人员当众拆封，宣布供应商名称、投标价格和采购文件规定的需要宣布的其他内容。

供应商不足3家的，不得开标。开标过程应当由采购人或者采购代理机构负责记录，由参加开标的各供应商代表和相关工作人员签字确认后随采购文件一并存档。供应商代表对开标过程和开标记录有疑义，以及认为采购人、采购代理机构相关工作人员有需要回避的情形的，应当场提出询问或者回避申请。采购人、采购代理机构对供应商代表提出的询问或者回避申请应当及时处理。供应商未派代表参加开标的，视同认可开标结果。

随着信息化的不断发展，电子交易系统的普遍使用，电子标开标在开标程序上与传统模式有所不同，其程序一般如下：

（1）提交投标文件截止时间前，投标人应当使用加密其投标文件的CA数字证书登录电子采购平台，进入"开标大厅"选择所投项目（或采购包）完成项目签到工作。

（2）在"投标邀请"约定的投标截止时间、开标时间及地点，采购代理机构通过互联网在电子采购平台"开标大厅"公开组织开标工作。

（3）投标人应当在能够保证设施设备可靠、互联网畅通的任意地点，使用加密其投标文件的CA数字证书登录电子采购平台，进入"开标大厅"，按时参加项目开标工作，并实时关注开标直播情况，按照工作人员提示进行相关操作。

（4）提交投标文件截止时间到后，工作人员开启解密指令，投标人应当按照"投标人须知"附表规定及时进行投标文件解密。

在"投标人须知"规定的时间内，投标人非因电子采购平台原因造成投标文件未解密的，视为撤回投标文件。停止解密后，在部分投标文件未解密的情况下，已解密的投标文件不足3家的，不得开标，项目应当按照规定作废标处理。工作人员在电子采购平台上组织开标、唱标，形成开标一览表。投标人应当及时关注开标过程，认真核实开标结果并在开标一览表上进行签署确认（使用CA数字证书中的电子印章进行签署）。未在规定时间内对开标一览表签署确认的，将视同其认可开标结果。投标人或其授权代表对开标过程和开标记录有疑义，以及认为采购人、采购代理机构相关工作人员有需要回避的情形的，应当在开标过程中提出；工作人员当场对疑义作出答复。疑义与答复可以通过电子采购平台"开标大厅"互动窗口在线进行。

【小贴士】

【问】政府采购项目开标评标过程中可以请公证机构参加吗？

【答】根据《政府采购货物和服务招标投标管理办法》（财政部令第87号）第六十六条规定，除采购人代表、评标现场组织人员外，采购人的其他工作人员以及与评标工作无关的人员不得进入评标现场。公证人员也不得进入评标现场。

（信息来源：中国政府采购网）

7. 组建评标委员会

评标委员会由采购人代表和评审专家组成，成员人数应当为5人以上单数，其中评审专家不得少于成员总数的2/3。对于预算金额在1000万元以上、技术复杂、社会影响较大的项目，评标委员会成员人数应当为7人以上单数。采购人或采购代理机构应当从省级以上财政部门设立的政府采购评审专家库中通过随机抽取方式抽取评审专家。对于技术复杂、专业性强的采购项目，通过随机抽取方式难以确定合适评审专家的，经主管预算单位同意，采购人可以自行选定相应专业领域的评审专家。依法组建评标委员会，评审专家抽取的开始时间原则上不得早于评审活动开始前2个工作日。

评标委员会成员名单在评标结果公告前应当保密。

【小贴士】

【问】根据财政部令第87号第四十七条的规定，采购项目符合下列情形之一的，评标委员会成员人数应当为7人以上单数：（1）采购预算金额在1000万元以上；（2）技术复杂；（3）社会影响较大。某项目预算金额为3000万元，分5个标包，每个标包600万元，请问评标委员会的成员人数应该为7人还是5人？

【答】根据《政府采购货物和服务招标投标管理办法》（财政部令第87号）规定，项目采购预算金额在1000万元以上的项目，评标委员会应当为7人以上单数。此为财政部令第87号关于评标委员会的原则性规定。实践中，留言所述5个标包若使用同一组专家，则需由7人以上单数组成评标委员会；若每个标包使用不同的专家，则可由5人以上单数组成评标委员会。

（信息来源：中国政府采购网）

8. 资格审查

公开招标项目开标结束后，采购人或者采购代理机构应当依法对投标人的资格进行审查。合格投标人不足3家的，不得评标。

9. 评标

采购人或者采购代理机构负责组织评标工作。在评审前，应核对评审专家身份和采购人代表授权函；宣布评标纪律，公布投标人名单，告知评审专家应当回避的情形；组织评标委员会推选评标组长（采购人代表不得担任组长）；在评标期间采取必要的通信管理措施，保证评标活动不受外界干扰。

评标委员会应当对符合资格的投标人的投标文件进行符合性检查，以确定其是否满足招标文件的实质性要求，对招标文件作实质响应的投标人不足3家的，应予废标。废标后，采购人应当将废标理由通知所有投标人，除采购任务取消情形外，应当重新组织招标；需要采取其他方式采购的，应当在采购活动开始前获得设区的市、自治州以上人民政府采购监督管理部门或者政府有关部门批准。

对于投标文件中含义不明确、同类问题表述不一致或者有明显文字和计算错误的内容，评标委员会应当以书面形式要求投标人作出必要的澄清、说明或者补正。

投标人的澄清、说明或者补正应当采用书面形式，并加盖公章，或者由法定代表人或其授权的代表签字。投标人的澄清、说明或者补正不得超出投标文件的范围或者改变投标文件的实质性内容。

评标委员会应当按照招标文件中规定的评标方法和标准，对符合性检查合格的投标文件进行商务和技术评估、综合比较与评价。

评标方法分为最低评标价法和综合评分法。

采用最低评标价法的，评标结果按投标报价由低到高的顺序排列。投标报价相同的并列。投标文件满足招标文件全部实质性要求且投标报价最低的投标人为排名第一的中标候选人。

采用综合评分法的，评标结果按评审后得分由高到低的顺序排列。得分相同的，按投标报价由低到高的顺序排列。得分相同且投标报价相同的并列。投标文件满足采购文件全部实质性要求，且按照评审因素的量化指标评审得分最高的投标人为排名第一的中标候选人。

10. 定标

采购代理机构应当在评标结束后2个工作日内将评标报告送采购人。

采购人应当自收到评标报告之日起5个工作日内，在评标报告确定的中标候选人名单中按顺序确定中标人。中标候选人并列的，由采购人或者采购人委托评标委员会按照招标文件规定的方式确定中标人；招标文件未规定的，采取随机抽取的方式确定。

采购人自行组织招标的，应当在评标结束后5个工作日内确定中标人。

采购人在收到评标报告5个工作日内未按评标报告推荐的中标候选人顺序确定中标人，又不能说明合法理由的，视同按评标报告推荐的顺序确定排名第一的中标候选人为中标人。

11. 发布中标公告、发出中标通知书

采购人或者采购代理机构应当自中标人确定之日起2个工作日内，在省级以上财政部门指定的媒体上公告中标结果，招标文件应当随中标结果同时公告。中标公告期限为1个工作日。

《关于进一步提高政府采购透明度和采购效率相关事项的通知》（财办库〔2023〕243号）规定，项目采购采用最低评标（审）价法的，公告中标、成交结果时应当同时公告因落实政府采购政策等原因进行价格扣除后中标、成交供应商的评审报价；项目采购采用综合评分法的，公告中标、成交结果时应当同时公告中标、成交供应商的评审总得分。

在公告中标结果的同时，采购人或者采购代理机构应当向中标人发出中标通知书；对未通过资格审查的投标人，应当告知其未通过的原因；采用综合评分法评审的，还应当告知未中标人本人的评审得分与排序。

中标通知书发出后，采购人不得违法改变中标结果，中标人无正当理由不得放弃中标。

12. 合同签订

采购人应当自中标通知书发出之日起30日内，按照招标文件和中标人投标文件的规定，与中标人签订书面合同。所签订的合同不得对招标文件确定的事项和中标人的投标文件作实质性修改。

13. 合同公告

根据《政府采购法实施条例》第五十条规定，采购人应当自政府采购合同签订之日起2个工作日内，将政府采购合同在省级以上人民政府财政部门指定的媒体上公告，但政府采购合同中涉及国家秘密、商业秘密的内容除外。

《关于进一步提高政府采购透明度和采购效率相关事项的通知》（财办库〔2023〕243号）规定，政府采购合同的双方当事人不得擅自变更合同，依照政府采购法确需变更政府采购合同内容的，采购人应当自合同变更之日起2个工作日内在省级以上财政部门指定的媒体上发布政府采购合同变更公告，但涉及国家秘密、商业秘密的信息和其他依法不得公开的信息除外。政府采购合同变更公告应当包括原合同编号、名称和文本，原合同变更的条款号，变更后作为原合同组成部分的补充合同文本，合同变更时间，变更公告日期等。

合同公告

一、合同编号

二、合同名称

三、项目编号（或招标编号、政府采购计划编号、采购计划备案文号等，如有）

四、项目名称

五、合同主体

采购人（甲方）：

地址：

联系方式：

供应商（乙方）：

地址：

联系方式：

六、合同主要信息

主要标的名称：

规格型号（或服务要求）：

主要标的数量：

主要标的单价：

合同金额：

履约期限、地点等简要信息：

采购方式：公开招标

七、合同签订日期

八、合同公告日期

九、其他补充事宜

附件：上传合同（采购人应当按照《政府采购法实施条例》有关要求，将政府采购合同中涉及国家秘密、商业秘密的内容删除后予以公开）

选自财政部办公厅《关于印发〈政府采购公告和公示信息格式规范（2020年版）〉的通知》（财办库〔2020〕50号）

14. 合同履约及验收

采购人与中标人应当根据合同的约定依法履行合同义务。采购人应当及时对采购项目进行验收。采购人可以邀请参加本项目的其他供应商或者第三方机构参与验收。参与验收的供应商或者第三方机构的意见作为验收书的参考资料一并存档。

15. 采购资金支付

采购人应当加强对中标人的履约管理，并按照采购合同约定，及时向中标人支付采购资金。对于中标人违反采购合同约定的行为，采购人应当及时处理，依法追究其违约责任。

《关于进一步提高政府采购透明度和采购效率相关事项的通知》（财办库〔2023〕243号）规定，采购人要进一步落实《关于促进政府采购公平竞争优化营商环境的通知》（财库〔2019〕38号）有关要求，在政府采购合同中约定资金支付的方式、时间和条件，明确逾期支付资金的违约责任。对于有预付安排的合同，鼓励采购人将合同预付款比例提高到30％以上。对于满足合同约定支付条件的，采购人原则上应当自收到发票后10个工作日内将资金支付到合同约定的供应商账户，鼓励采购人完善内部流程，自收到发票后1个工作日内完成资金支付事宜。采购人和供应商对资金支付产生争议的，应当按照法律规定和合同约定及时解决，保证资金支付效率。

公开招标流程如图3-1所示。

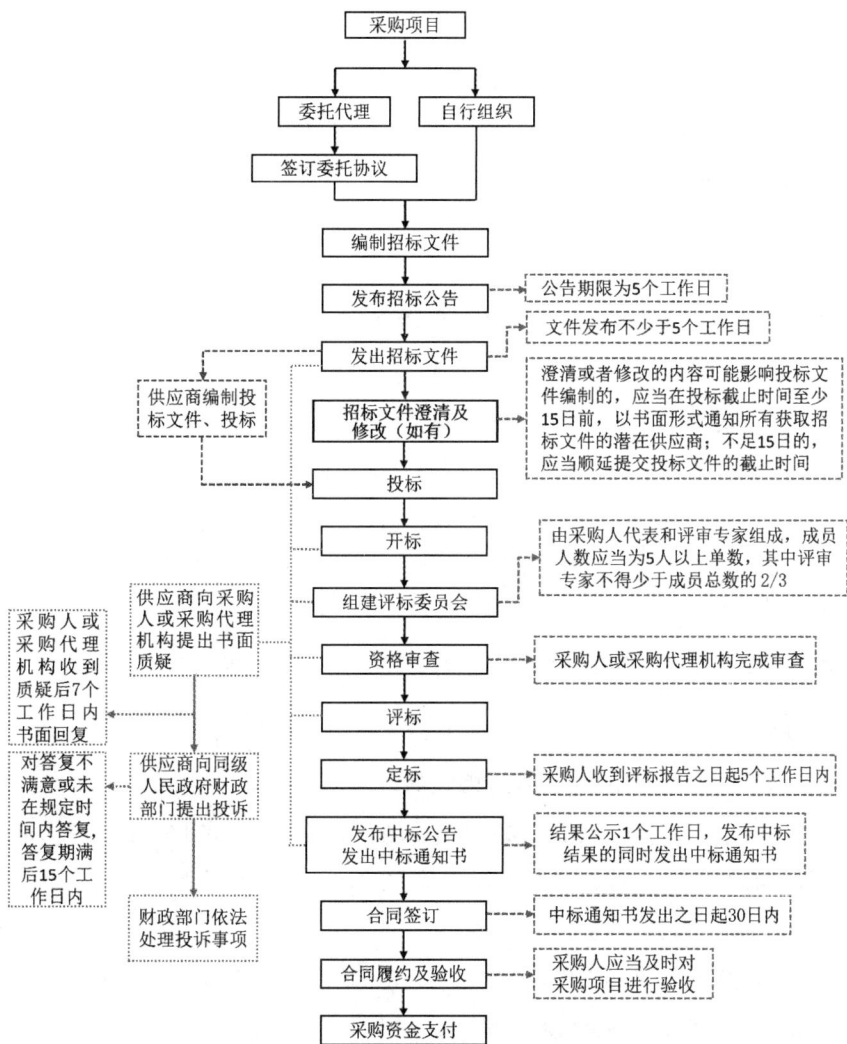

图3-1 公开招标流程图

二、邀请招标

邀请招标，是指采购人依法从符合相应资格条件的供应商中随机抽取3家以上供应商，并以投标邀请书的方式邀请其参加投标的采购方式。

（一）邀请招标方式的适用情形

符合下列情形之一的货物和服务，可以采用邀请招标方式采购：

（1）具有特殊性，只能从有限范围的供应商处采购的。

（2）采用公开招标方式的费用占政府采购项目总价值的比例过大的。

（二）邀请招标流程

1. 供应商的产生

采用邀请招标方式的，采购人或者采购代理机构应当通过以下方式产生符合资格条件的供应商名单，并从中随机抽取3家以上供应商向其发出投标邀请书：

（1）发布资格预审公告征集。

（2）从省级以上人民政府财政部门建立的供应商库中选取。

（3）采购人书面推荐。

采用第（1）种方式产生符合资格条件供应商名单的，采购人或者采购代理机构应当按照资格预审文件载明的标准和方法对潜在投标人进行资格预审。

采用第（2）种或第（3）种方式产生符合资格条件供应商名单的，备选的符合资格条件的供应商总数不得少于拟随机抽取供应商总数的两倍。

随机抽取是指通过抽签等能够保证所有符合资格条件供应商机会均等的方式选定供应商。随机抽取供应商时，应当有不少于2名采购人工作人员在场监督，并形成书面记录，书面记录随采购文件一并存档。

投标邀请书应当同时向所有受邀请的供应商发出。

2. 发布资格预审公告

采购人或采购代理机构在财政部门指定的政府采购信息发布媒体上发布资格预审公告，公告期限为5个工作日。公告内容应当以省级以上财政部门指定媒体发布的公告为准。公告期限自省级以上财政部门指定媒体最先发布公告之日起算。

资格预审公告应当包括以下主要内容：

（1）采购人及其委托的采购代理机构的名称、地址和联系方式。

（2）采购项目的名称、预算金额，设定最高限价的，还应当公开最高限价。

（3）采购人的采购需求。

（4）供应商的资格要求。

（5）获取资格预审文件的时间期限、地点、方式。

（6）公告期限。

（7）提交资格预审申请文件的截止时间、地点及资格预审日期。

（8）采购项目联系人的姓名和电话。

采购人或者采购代理机构应当根据采购项目的实施要求，在资格预审公告或者投标邀请书中载明是否接受联合体投标。如未载明，不得拒绝联合体投标。

资格预审公告

____（采购标的）____招标项目的潜在资格预审申请人应在___（地址）___领取资格预审文件，并于_____年___月___日___点___分（北京时间）前提交申请文件。

一、项目基本情况

项目编号（或招标编号、政府采购计划编号、采购计划备案文号等，如有）：

项目名称：

采购方式：□公开招标　　□邀请招标

预算金额：

最高限价（如有）：

采购需求（包括但不限于标的的名称、数量、简要技术需求或服务要求等）：

合同履行期限：

本项目_（是/否）_接受联合体投标。

二、申请人的资格要求

（1）满足《中华人民共和国政府采购法》第二十二条要求。

（2）落实政府采购政策需满足的资格要求（如属于专门面向中小企业采购的项目，供应商应为中小微企业、监狱企业、残疾人福利性单位）。

（3）本项目的特定资格要求（如项目接受联合体投标，对联合体应提出相关资格要求；如属于特定行业项目，供应商应当具备特定行业法定准入要求）。

三、领取资格预审文件

时间：_____年___月___日至_____年___月___日（提供期限自本公告发布之日起不得少于5个工作日），每天上午___至___，下午___至___（北京时间，法定节假日除外）

地点：

方式：

四、资格预审申请文件的组成及格式

（可详见附件）

五、资格预审的审查标准及方法

六、拟邀请参加投标的供应商数量

□采用随机抽取的方式邀请＿＿＿家供应商参加投标。如通过资格预审的供应商数量少于拟邀请的供应商数量，采用下列方式（□1或□2）。（适用于邀请招标）

（1）如果通过资格预审的供应商数量少于拟邀请的供应商数量，但不少于3家，则邀请全部通过资格预审的供应商参加投标。

（2）如果通过资格预审的供应商数量少于拟邀请的供应商数量，则重新组织招标活动。

□邀请全部通过资格预审的供应商参加投标。（适用于公开招标）

七、申请文件提交

应在＿＿＿＿＿＿年＿＿月＿＿日＿＿点＿＿分（北京时间）前，将申请文件提交至＿＿＿＿＿＿＿＿＿＿。

八、资格预审日期

资格预审日期为申请文件提交截止时间至＿＿＿＿＿＿年＿＿月＿＿日前。

九、公告期限

自本公告发布之日起5个工作日。

十、其他补充事宜

十一、凡对本次资格预审提出询问，请按以下方式联系

1.采购人信息

名称：

地址：

联系方式：

2.采购代理机构信息（如有）

名称：

地址：

联系方式：

3.项目联系方式

项目联系人（组织本项目采购活动的具体工作人员姓名）：

电话：

（说明：采用竞争性谈判、竞争性磋商、询价等非招标方式采购过程中如需要使用资格预审的，可参照上述格式发布公告。）

选自财政部办公厅《关于印发〈政府采购公告和公示信息格式规范（2020年版）〉的通知》（财办库〔2020〕50号）

3.发出资格预审文件

采购人或者采购代理机构应当根据采购项目的特点和采购需求编制资格预审文件。

资格预审文件应当包括以下主要内容：

（1）资格预审邀请。

（2）申请人须知。

（3）申请人的资格要求。

（4）资格审核标准和方法。

（5）申请人应当提供的资格预审申请文件的内容和格式。

（6）提交资格预审申请文件的方式、截止时间、地点及资格审核日期。

（7）申请人信用信息查询渠道及截止时点、信用信息查询记录和证据留存的具体方式、信用信息的使用规则等内容。

（8）省级以上财政部门规定的其他事项。

采购人或者采购代理机构应当按照资格预审公告或者投标邀请书规定的时间、地点提供资格预审文件，提供期限自资格预审公告发布之日起计算不得少于5个工作日。提供期限届满后，获取资格预审文件的潜在供应商不足3家的，可以顺延提供期限，并予公告。

4.资格预审、邀请合格供应商

获取资格预审文件的供应商应当按照资格预审公告规定的时间、地点提交资格预审申请文件。按照资格预审公告和采购文件规定的程序、方法和标准进行资格预审，向通过资格预审的合格供应商发出投标邀请。

5.编制和发出招标文件

采购人或者采购代理机构应当根据采购项目的特点和采购需求编制招标文件。招标文件自发出之日起至投标人提交投标文件截止之日止，不得少于20日。

邀请招标答疑、招标文件澄清及修改、投标、开标、组建评标委员会、评标、定标、发布中标公告、发出中标通知书、合同签订、合同公告、合同履约及验收、采购资金支付等环节的规定及要求同公开招标，具体详见本节"公开招标"的相应内容，在此不赘述。

邀请招标流程如图3-2所示。

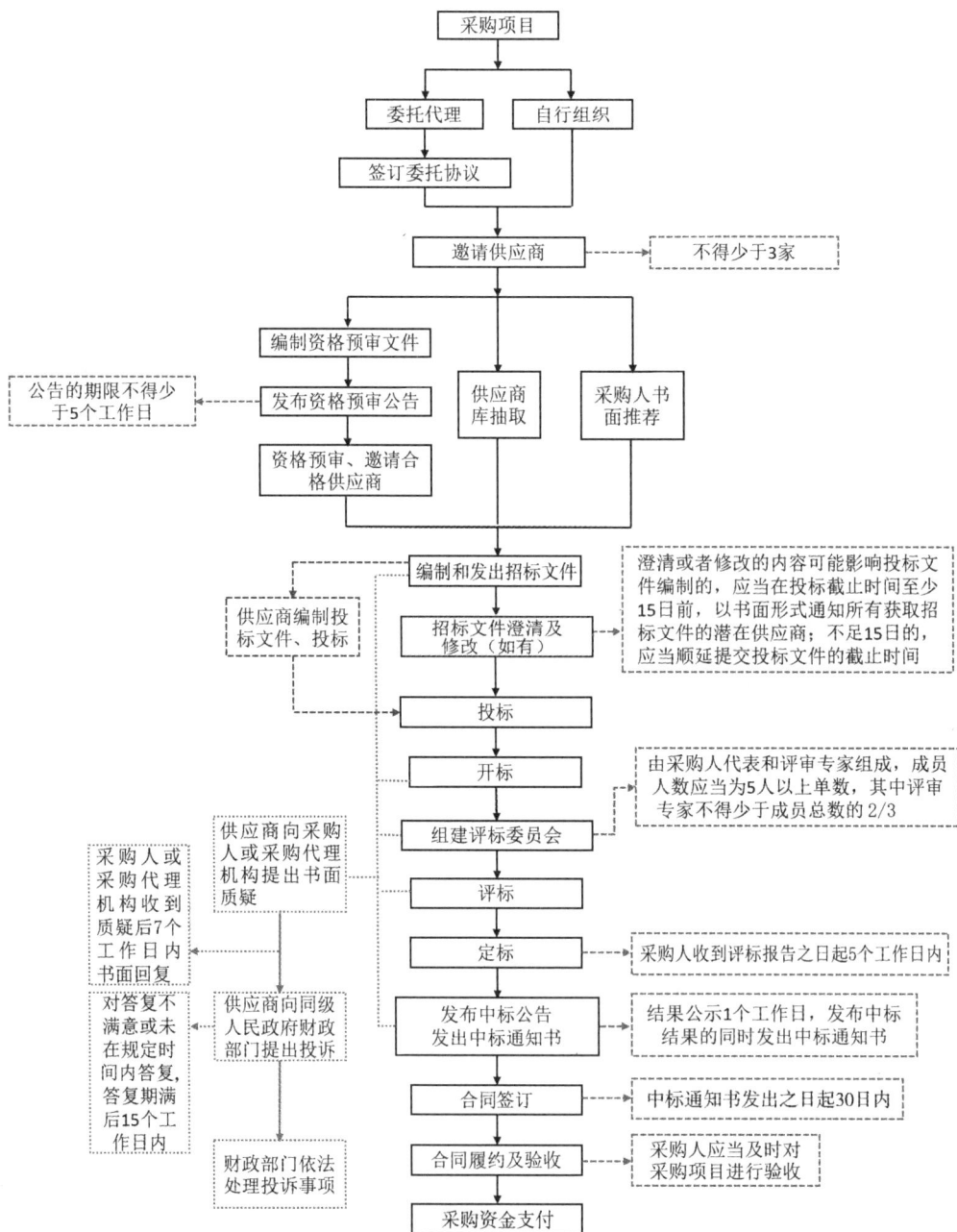

图3-2 邀请招标流程图

三、竞争性谈判

竞争性谈判是指谈判小组与符合资格条件的供应商就采购货物、工程和服务事宜进行谈判，供应商按照谈判文件的要求提交响应文件和最后报价，采购人从谈判小组提出的成交候选人中确定成交供应商的采购方式。

（一）竞争性谈判采购方式的适用情形

符合下列情形之一的采购项目，可以采用竞争性谈判方式采购：

（1）招标后没有供应商投标或者没有合格标的或者重新招标未能成立的。

（2）技术复杂或者性质特殊，不能确定详细规格或者具体要求的。

（3）非采购人预见或拖延造成招标采购所需时间不能满足用户紧急需要的。

（4）因艺术品采购、专利、专有技术或者服务的时间、数量事先不能确定等原因不能事先计算出价格总额的。

（5）按照招标投标法及其实施条例必须进行招标的工程建设项目以外的政府采购工程。

（二）竞争性谈判流程

采用竞争性谈判方式采购的，应当遵循下列程序。

1.成立谈判小组

竞争性谈判小组由采购人代表和评审专家共3人以上单数组成，其中评审专家人数不得少于竞争性谈判小组成员总数的2/3。采购人不得以评审专家身份参加本部门或本单位采购项目的评审。采购代理机构人员不得参加本机构代理的采购项目的评审。达到公开招标数额标准的货物或者服务采购项目，或者达到招标规模标准的政府采购工程，竞争性谈判小组应当由5人以上单数组成。

采用竞争性谈判方式采购的政府采购项目，评审专家应当从政府采购评审专家库内相关专业的专家名单中随机抽取。技术复杂、专业性强的竞争性谈判采购项目，通过随机方式难以确定合适的评审专家的，经主管预算单位同意，可以自行选定评审专家。技术复杂、专业性强的竞争性谈判采购项目，评审专家中应当包含1名法律专家。

2.制定谈判文件

谈判文件应当包括供应商资格条件、采购邀请、采购方式、采购预算、采购需求、采购程序、价格构成或者报价要求、响应文件编制要求、提交响应文件的截止时间及地点、保证金交纳数额和形式、评定成交的标准等。

谈判文件还应当明确谈判小组根据与供应商谈判情况可能实质性变动的内容，包括采购需求中的技术、服务要求以及合同草案条款。

谈判文件不得要求或者标明供应商名称或者特定货物的品牌，不得含有指向特定供应商的技术、服务等条件。

3.确定邀请参加谈判的供应商名单

采购人、采购代理机构应当通过发布公告、从省级以上财政部门建立的供应商库中随机抽取或者采购人和评审专家分别以书面推荐的方式邀请不少于3家符合相应资格条件的供应商参与竞争性谈判采购活动。

符合《政府采购法》第二十二条第一款规定条件的供应商可以在采购活动开始前加入供应商库。财政部门不得对供应商申请入库收取任何费用，不得利用供应商库进行地区和行业封锁。

采取采购人和评审专家书面推荐方式选择供应商的，采购人和评审专家应当各自出具书面推荐意见。采购人推荐供应商的比例不得高于推荐供应商总数的50％。

谈判小组从符合相应资格条件的供应商名单中确定不少于3家的供应商参加谈判，并向其提供谈判文件。

竞争性谈判采购公告

项目概况

____（采购标的）____采购项目的潜在供应商应在 ___（地址）___ 获取采购文件，并于 _____年___月___日___点___分（北京时间）前提交响应文件。

一、项目基本情况

项目编号（或招标编号、政府采购计划编号、采购计划备案文号等，如有）：

项目名称：

采购方式：竞争性谈判

预算金额：

最高限价（如有）：

采购需求（包括但不限于标的的名称、数量、简要技术需求或服务要求等）：

合同履行期限：

本项目 _(是/否)_ 接受联合体。

二、申请人的资格要求

（1）满足《中华人民共和国政府采购法》第二十二条规定。

（2）落实政府采购政策需满足的资格要求（如属于专门面向中小企业采购

的项目，供应商应为中小微企业、监狱企业、残疾人福利性单位）。

（3）本项目的特定资格要求（如项目接受联合体投标，对联合体应提出相关资格要求；如属于特定行业项目，供应商应当具备特定行业法定准入要求）。

三、获取采购文件

时间：＿＿＿年＿＿月＿＿日至＿＿＿年＿＿月＿＿日，每天上午＿＿至＿＿，下午＿＿至＿＿（北京时间，法定节假日除外）

地点：

方式：

售价：

四、响应文件提交

截止时间：＿＿＿年＿＿月＿＿日＿＿点＿＿分（北京时间）（从谈判文件开始发出之日起至供应商提交首次响应文件截止之日止不得少于3个工作日）

地点：

五、开启

时间：＿＿＿年＿＿月＿＿日＿＿点＿＿分（北京时间）

地点：

六、公告期限

自本公告发布之日起3个工作日。

七、其他补充事宜

八、凡对本次采购提出询问，请按以下方式联系

1.采购人信息

名称：

地址：

联系方式：

2.采购代理机构信息（如有）

名称：

地址：

联系方式：

3.项目联系方式

项目联系人（组织本项目采购活动的具体工作人员姓名）：

电话：

选自财政部办公厅《关于印发〈政府采购公告和公示信息格式规范（2020年版）〉的通知》（财办库〔2020〕50号）

4. 发出谈判文件

从谈判文件发出之日起至供应商提交首次响应文件截止之日止不得少于3个工作日。提交首次响应文件截止之日前，采购人、采购代理机构或者谈判小组可以对已发出的谈判文件进行必要的澄清或者修改，澄清或者修改的内容作为谈判文件的组成部分。澄清或者修改的内容可能影响响应文件编制的，采购人、采购代理机构或者谈判小组应当在提交首次响应文件截止之日3个工作日前，以书面形式通知所有接收谈判文件的供应商，不足3个工作日的，应当顺延提交首次响应文件截止之日。

5. 递交响应文件

供应商应当在谈判文件要求的截止时间前，将响应文件密封送达指定地点。在截止时间后送达的响应文件为无效文件，采购人、采购代理机构或者谈判小组应当拒收。

供应商在提交响应文件截止时间前，可以对所提交的响应文件进行补充、修改或者撤回，并书面通知采购人、采购代理机构。补充、修改的内容作为响应文件的组成部分。补充、修改的内容与响应文件不一致的，以补充、修改的内容为准。

6. 谈判、评审及推荐成交候选人

供应商应当按照谈判文件的要求编制响应文件，并对其提交的响应文件的真实性、合法性承担法律责任。

谈判小组在对响应文件的有效性、完整性和响应程度进行审查时，可以要求供应商对响应文件中含义不明确、同类问题表述不一致或者有明显文字和计算错误的内容等作出必要的澄清、说明或者更正。供应商的澄清、说明或者更正不得超出响应文件的范围或者改变响应文件的实质性内容。

谈判小组要求供应商以书面形式对响应文件作出澄清、说明或者更正。供应商的澄清、说明或者更正应当由法定代表人或其授权代表签字或者加盖公章。由授权代表签字的，应当附法定代表人授权书。供应商为自然人的，应当由本人签字并附身份证明。

谈判小组所有成员应当集中与单一供应商分别进行谈判，并给予所有参加谈判的供应商平等的谈判机会。在谈判中，谈判的任何一方不得透露与谈判有关的其他供应商的技术资料、价格和其他信息。谈判文件有实质性变动的，谈判小组应当以书面形式通知所有参加谈判的供应商。

谈判小组应当对响应文件进行评审，并根据谈判文件规定的程序、评定成交的标准等事项与实质性响应谈判文件要求的供应商进行谈判。未实质性响应谈判文件的响应文件按无效处理，谈判小组应当告知有关供应商。

在谈判过程中，谈判小组可以根据谈判文件和谈判情况实质性变动采购需求中的技术、服务要求以及合同草案条款，但不得变动谈判文件中的其他内容。实质性变动的内

容，需经采购人代表确认。

对谈判文件作出的实质性变动是谈判文件的有效组成部分，谈判小组应当及时以书面形式同时通知所有参加谈判的供应商。

供应商应当按照谈判文件的变动情况和谈判小组的要求重新提交响应文件，并由其法定代表人或授权代表签字或者加盖公章。由授权代表签字的，应当附法定代表人授权书。供应商为自然人的，应当由本人签字并附身份证明。

谈判文件能够详细列明采购标的的技术、服务要求的，谈判结束后，谈判小组应当要求所有继续参加谈判的供应商在规定时间内提交最后报价，提交最后报价的供应商不得少于3家。

谈判文件不能详细列明采购标的的技术、服务要求，需经谈判由供应商提供最终设计方案或解决方案的，谈判结束后，谈判小组应当按照少数服从多数的原则投票推荐3家以上供应商的设计方案或者解决方案，并要求其在规定时间内提交最后报价。

最后报价是供应商响应文件的有效组成部分。

公开招标的货物、服务采购项目，招标过程中提交投标文件或者经评审实质性响应招标文件要求的供应商只有2家时，采购人、采购代理机构经本级财政部门批准后可以与这2家供应商进行竞争性谈判采购。

谈判小组应当从质量和服务均能满足采购文件实质性响应要求的供应商中，按照最后报价由低到高的顺序提出3名以上成交候选人，并编写评审报告。

7. 确定成交供应商

采购代理机构应当在评审结束后2个工作日内将评审报告送采购人确认。采购人应当在收到评审报告后5个工作日内，从评审报告提出的成交候选人中根据质量和服务均能满足采购文件实质性响应要求且最后报价最低的原则确定成交供应商，也可以书面授权谈判小组直接确定成交供应商。采购人逾期未确定成交供应商且不提出异议的，视为确定评审报告提出的最后报价最低的供应商为成交供应商。

8. 发布成交结果公告，发出成交通知书

采购人或者采购代理机构应当在成交供应商确定后2个工作日内，在省级以上财政部门指定的媒体上公告成交结果，同时向成交供应商发出成交通知书，并将竞争性谈判文件随成交结果同时公告。

采用书面推荐供应商参加采购活动的，还应当公告采购人和评审专家的推荐意见。

公告成交结果时应当同时公告因落实政府采购政策等原因进行价格扣除后成交供应商的评审报价。

除不可抗力等因素外，成交通知书发出后，采购人改变成交结果或者成交供应商拒

绝签订政府采购合同的，应当承担相应的法律责任。

9. 合同签订

采购人与成交供应商应当在成交通知书发出之日起30日内，按照采购文件确定的合同文本以及采购标的、规格型号、采购金额、采购数量、技术和服务要求等事项签订政府采购合同。采购人不得向成交供应商提出超出采购文件以外的任何要求作为签订合同的条件，不得与成交供应商订立背离采购文件确定的合同文本以及采购标的、规格型号、采购金额、采购数量、技术和服务要求等实质性内容的协议。

成交供应商拒绝签订政府采购合同的，采购人可以从评审报告提出的成交候选供应商中遵照排序由高到低的原则确定其他供应商作为成交供应商并签订政府采购合同，也可以重新开展采购活动。拒绝签订政府采购合同的成交供应商不得参加该项目重新开展的采购活动。

10. 合同公告

根据《政府采购法实施条例》第五十条规定，采购人应当自政府采购合同签订之日起2个工作日内，将政府采购合同在省级以上人民政府财政部门指定的媒体上公告，但政府采购合同中涉及国家秘密、商业秘密的内容除外。

《关于进一步提高政府采购透明度和采购效率相关事项的通知》（财办库〔2023〕243号）规定，政府采购合同的双方当事人不得擅自变更合同，依照政府采购法确需变更政府采购合同内容的，采购人应当自合同变更之日起2个工作日内在省级以上财政部门指定的媒体上发布政府采购合同变更公告，但涉及国家秘密、商业秘密的信息和其他依法不得公开的信息除外。政府采购合同变更公告应当包括原合同编号、名称和文本，原合同变更的条款号，变更后作为原合同组成部分的补充合同文本，合同变更时间，变更公告日期等。

合同公告

一、合同编号

二、合同名称

三、项目编号（或招标编号、政府采购计划编号、采购计划备案文号等，如有）

四、项目名称

五、合同主体

采购人（甲方）：

地址：

联系方式：

供应商（乙方）：

地址：

联系方式：

六、合同主要信息

主要标的名称：

规格型号（或服务要求）：

主要标的数量：

主要标的单价：

合同金额：

履约期限、地点等简要信息：

采购方式：竞争性谈判

七、合同签订日期

八、合同公告日期

九、其他补充事宜

附件：上传合同（采购人应当按照《政府采购法实施条例》有关要求，将政府采购合同中涉及国家秘密、商业秘密的内容删除后予以公开）

选自财政部办公厅《关于印发〈政府采购公告和公示信息格式规范（2020年版）〉的通知》（财办库〔2020〕50号）

11. 合同履约及验收

采购人与成交供应商应当根据合同的约定依法履行合同义务。采购人应当及时对采购项目进行验收。采购人可以邀请参加本项目的其他供应商或者第三方机构参与验收。参与验收的供应商或者第三方机构的意见作为验收书的参考资料一并存档。

12. 采购资金支付

采购人应当加强对成交供应商的履约管理，并按照采购合同约定及时向成交供应商支付采购资金。对于成交供应商违反采购合同约定的行为，采购人应当及时处理，依法追究其违约责任。

《关于进一步提高政府采购透明度和采购效率相关事项的通知》（财办库〔2023〕243号）规定，采购人要进一步落实《关于促进政府采购公平竞争优化营商环境的通知》（财库〔2019〕38号）有关要求，在政府采购合同中约定资金支付的方式、时间和条件，明确逾期支付资金的违约责任。对于有预付安排的合同，鼓励采购人将合同预付款比例提高到30%以上。对于满足合同约定支付条件的，采购人原则上应当自收到发票后10个工作日内将资金支付到合同约定的供应商账户，鼓励采购人完善内部流程，自收到发票后1个工作日内完成资金支付事宜。采购人和供应商对资金支付产生争议的，应当按照法律规定和合同约定及时解决，保证资金支付效率。

竞争性谈判采购流程如图3-3所示。

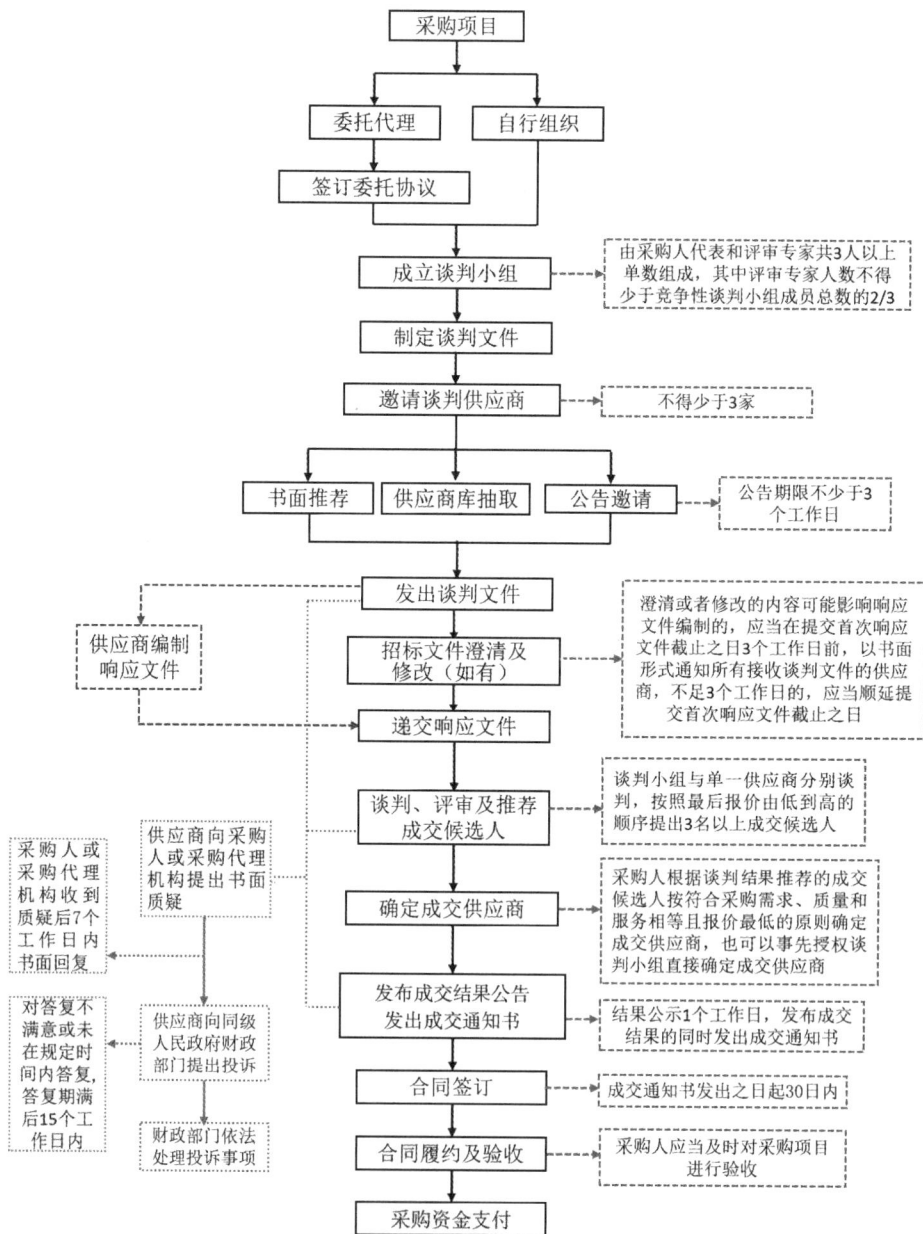

图3-3 竞争性谈判采购流程图

四、询价

询价是指询价小组向符合资格条件的供应商发出采购货物询价通知书，要求供应商一次报出不得更改的价格，采购人从询价小组提出的成交候选人中确定成交供应商的采购方式。

（一）询价采购方式的适用情形

采购的货物规格、标准统一、现货货源充足且价格变化幅度小的政府采购项目，可以依照政府采购法采用询价方式采购。

（二）询价流程

1.成立询价小组

询价小组由采购人代表和评审专家共3人以上单数组成，其中评审专家人数不得少于询价小组成员总数的2/3。采购人不得以评审专家身份参加本部门或本单位采购项目的评审。采购代理机构人员不得参加本机构代理的采购项目的评审。

达到公开招标数额标准的货物采购项目，询价小组应当由5人以上单数组成。

2.编制询价通知书

询价通知书应当根据采购项目的特点和采购人的实际需求编制，并经采购人书面同意。采购人应当以满足实际需求为原则，不得擅自提高经费预算和资产配置等采购标准。

询价通知书不得要求或者标明供应商名称或者特定货物的品牌，不得含有指向特定供应商的技术、服务等条件。询价通知书应当包括供应商资格条件、采购邀请、采购方式、采购预算、采购需求、采购程序、价格构成或者报价要求、响应文件编制要求、提交响应文件的截止时间及地点、保证金交纳数额和形式、评定成交的标准等。

3.确定邀请询价的供应商名单

采购人、采购代理机构应当通过发布公告、从省级以上财政部门建立的供应商库中随机抽取或者采购人和评审专家分别以书面推荐的方式邀请不少于3家符合相应资格条件的供应商参与询价采购活动。

采取采购人和评审专家书面推荐方式选择供应商的，采购人和评审专家应当各自出具书面推荐意见。采购人推荐供应商的比例不得高于推荐供应商总数的50％。

询价小组根据采购需求，从符合相应资格条件的供应商名单中确定不少于3家的供应商，并向其发出询价通知书。

询价采购公告

项目概况

___（采购标的）___ 采购项目的潜在供应商应在___（地址）___获取采购文件，并于_____年___月___日___点___分（北京时间）前提交响应文件。

一、项目基本情况

项目编号（或招标编号、政府采购计划编号、采购计划备案文号等，如有）：

项目名称：

采购方式：询价

预算金额：

最高限价（如有）：

采购需求（包括但不限于标的的名称、数量、简要技术需求或服务要求等）：

合同履行期限：

本项目_是/否_接受联合体。

二、申请人的资格要求

（1）满足《中华人民共和国政府采购法》第二十二条规定。

（2）落实政府采购政策需满足的资格要求（如属于专门面向中小企业采购的项目，供应商应为中小微企业、监狱企业、残疾人福利性单位）。

（3）本项目的特定资格要求（如项目接受联合体投标，对联合体应提出相关资格要求；如属于特定行业项目，供应商应当具备特定行业法定准入要求）。

三、获取采购文件

时间：_____年___月___日至_____年___月___日，每天上午___至___，下午___至___（北京时间，法定节假日除外）

地点：

方式：

售价：

四、响应文件提交

截止时间：_____年___月___日___点___分（北京时间）（从询价通知书开始发出之日起至供应商提交响应文件截止之日止不得少于3个工作日）

地点：

五、开启

时间：_____年___月___日___点___分（北京时间）

地点：

六、公告期限

自本公告发布之日起3个工作日。

七、其他补充事宜

八、凡对本次采购提出询问，请按以下方式联系。

1.采购人信息

名称：

地址：

联系方式：

2.采购代理机构信息（如有）

名称：

地址：

联系方式：

3.项目联系方式

项目联系人（组织本项目采购活动的具体工作人员姓名）：

电话：

选自财政部办公厅《关于印发〈政府采购公告和公示信息格式规范（2020年版）〉的通知》（财办库〔2020〕50号）

4.发出询价通知书

从询价通知书发出之日起至供应商提交响应文件截止之日止不得少于3个工作日。

提交响应文件截止之日前，采购人、采购代理机构或者询价小组可以对已发出的询价通知书进行必要的澄清或者修改，澄清或者修改的内容作为询价通知书的组成部分。澄清或者修改的内容可能影响响应文件编制的，采购人、采购代理机构或者询价小组应当在提交响应文件截止之日3个工作日前，以书面形式通知所有接收询价通知书的供应商，不足3个工作日的，应当顺延提交响应文件截止之日。

5. 询价、推荐成交候选人

供应商应当按照询价通知书的要求编制响应文件，并对其提交的响应文件的真实性、合法性承担法律责任。

参加询价采购活动的供应商，应当按照询价通知书的规定一次报出不得更改的价格。询价小组应当从质量和服务均能满足采购文件实质性响应要求的供应商中，按照报价由低到高的顺序提出3名以上成交候选人，并编写评审报告。

6. 确定成交供应商

采购代理机构应当在评审结束后2个工作日内将评审报告送采购人确认。采购人应当在收到评审报告后5个工作日内，从评审报告提出的成交候选人中，根据质量和服务均能满足采购文件实质性响应要求且报价最低的原则确定成交供应商，也可以书面授权询价小组直接确定成交供应商。采购人逾期未确定成交供应商且不提出异议的，视为确定评审报告提出的最后报价最低的供应商为成交供应商。

7. 发布成交结果公告，发出成交通知书

采购人或者采购代理机构应当在成交供应商确定后2个工作日内，在省级以上财政部门指定的媒体上公告成交结果，同时向成交供应商发出成交通知书，并将询价通知书随成交结果同时公告。

采用书面方式推荐供应商参加采购活动的，还应当公告采购人和评审专家的推荐意见。

公告成交结果时应当同时公告因落实政府采购政策等原因进行价格扣除后成交供应商的评审报价。

除不可抗力等因素外，成交通知书发出后，采购人改变成交结果，或者成交供应商拒绝签订政府采购合同的，应当承担相应的法律责任。

8. 合同签订

采购人应当自成交通知书发出之日起30日内，按照询价文件和成交供应商相应文件的规定，与成交供应商签订书面合同。所签订的合同不得对询价文件确定的事项和成交供应商响应文件作实质性修改。

采购人不得向成交供应商提出任何不合理的要求作为签订合同的条件。

政府采购合同应当包括采购人与成交供应商的名称和住所、标的、数量、质量、价款或者报酬、履行期限、地点和方式、验收要求、违约责任、解决争议的方法等内容。

9. 合同公告

根据《政府采购法实施条例》第五十条规定，采购人应当自政府采购合同签订之日起2个工作日内，将政府采购合同在省级以上人民政府财政部门指定的媒体上公告，但政府采购合同中涉及国家秘密、商业秘密的内容除外。

《关于进一步提高政府采购透明度和采购效率相关事项的通知》（财办库〔2023〕243号）规定，政府采购合同的双方当事人不得擅自变更合同，依照政府采购法确需变更政府采购合同内容的，采购人应当自合同变更之日起2个工作日内在省级以上财政部门指定的媒体上发布政府采购合同变更公告，但涉及国家秘密、商业秘密的信息和其他依法不得公开的信息除外。政府采购合同变更公告应当包括原合同编号、名称和文本，原合同变更的条款号，变更后作为原合同组成部分的补充合同文本，合同变更时间，变更公告日期等。

合同公告

一、合同编号

二、合同名称

三、项目编号（或招标编号、政府采购计划编号、采购计划备案文号等，如有）

四、项目名称

五、合同主体

采购人（甲方）：

地址：

联系方式：

供应商（乙方）：

地址：

联系方式：

六、合同主要信息

主要标的名称：

规格型号（或服务要求）：

主要标的数量：

主要标的单价：

合同金额：

履约期限、地点等简要信息：

采购方式：询价采购

七、合同签订日期

八、合同公告日期

九、其他补充事宜

附件：上传合同（采购人应当按照《政府采购法实施条例》有关要求，将政府采购合同中涉及国家秘密、商业秘密的内容删除后予以公开）

选自财政部办公厅《关于印发〈政府采购公告和公示信息格式规范（2020年版）〉的通知》（财办库〔2020〕50号）

10. 合同履约及验收

采购人与成交供应商应当根据合同的约定依法履行合同义务。采购人应当及时对采购项目进行验收。采购人可以邀请参加本项目的其他供应商或者第三方机构参与验收。参与验收的供应商或者第三方机构的意见作为验收书的参考资料一并存档。

11. 采购资金支付

采购人应当加强对成交供应商的履约管理，并按照采购合同约定，及时向成交供应商支付采购资金。对于成交供应商违反采购合同约定的行为，采购人应当及时处理，依法追究其违约责任。

《关于进一步提高政府采购透明度和采购效率相关事项的通知》（财办库〔2023〕243号）规定，采购人要进一步落实《关于促进政府采购公平竞争优化营商环境的通知》（财库〔2019〕38号）有关要求，在政府采购合同中约定资金支付的方式、时间和条件，明确逾期支付资金的违约责任。对于有预付安排的合同，鼓励采购人将合同预付款比例提高到30%以上。对于满足合同约定支付条件的，采购人原则上应当自收到发票后10个工作日内将资金支付到合同约定的供应商账户，鼓励采购人完善内部流程，自收到发票后1个工作日内完成资金支付事宜。采购人和供应商对资金支付产生争议的，应当按照法律规定和合同约定及时解决，保证资金支付效率。

询价采购流程如图3-4所示。

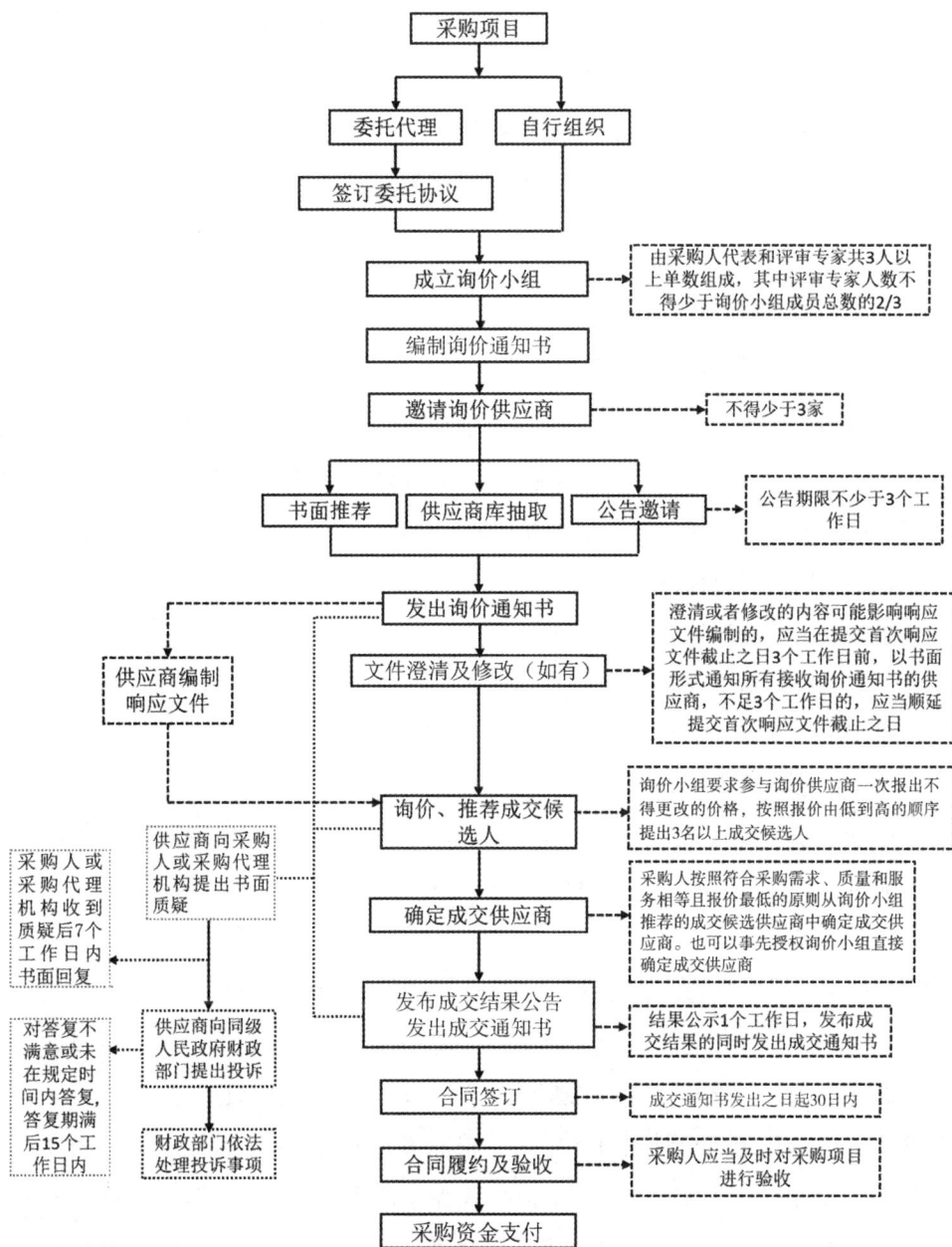

图 3-4 询价采购流程图

五、单一来源采购

单一来源采购是指采购人从某一特定供应商处采购货物、工程和服务的采购方式。

（一）单一来源采购方式的适用情形

符合下列情形之一的货物或者服务，可以依照政府采购法采用单一来源采购方式采购：

（1）只能从唯一供应商处采购的（是指因货物或者服务使用不可替代的专利、专有技术，或者公共服务项目具有特殊要求，导致只能从某一特定供应商处采购）。

（2）发生了不可预见的紧急情况不能从其他供应商处采购的。

（3）必须保证原有采购项目一致性或者服务配套的要求，需要继续从原供应商处添购，添购总额不超过原合同采购金额百分之十的。

（二）单一来源采购流程

1. 单一来源采购方式的确定

属于《政府采购法》第三十一条第一项情形，且达到公开招标数额的货物、服务项目，拟采用单一来源采购方式的，采购人、采购代理机构在报财政部门批准之前，应当在省级以上财政部门指定媒体上公示，并将公示情况一并报财政部门。公示期不得少于5个工作日，公示内容应当包括以下几点：

（1）采购人、采购项目名称和内容。

（2）拟采购的货物或者服务的说明。

（3）采用单一来源采购方式的原因及相关说明。

（4）拟定的唯一供应商名称、地址。

（5）专业人员对相关供应商因专利、专有技术等原因具有唯一性的具体论证意见，以及专业人员的姓名、工作单位和职称。

（6）公示的期限。

（7）采购人、采购代理机构、财政部门的联系地址、联系人和联系电话。

任何供应商、单位或者个人对采用单一来源采购方式公示有异议的，可以在公示期内将书面意见反馈给采购人、采购代理机构，并同时抄送相关财政部门。

采购人、采购代理机构收到对采用单一来源采购方式公示的异议后，应当在公示期满后5个工作日内，组织补充论证，论证后认为异议成立的，应当依法采取其他采购方式；论证后认为异议不成立的，应当将异议意见、论证意见与公示情况一并报相关财政部门。

采购人、采购代理机构应当将补充论证的结论告知提出异议的供应商、单位或个人。未达到公开招标数额标准且符合《政府采购法》第三十一条第一项规定的情形只能从唯一供应商处采购的政府采购项目，可以依法采用单一来源采购方式。此类项目在采购活动开始前，无需获得设区的市、自治州以上人民政府采购监督管理部门的批准，也不用按照《政府采购法实施条例》第三十八条的规定在省级以上财政部门指定媒体上公示。

单一来源采购公示

一、项目信息

采购人：

项目名称：

拟采购的货物或服务的说明：

拟采购的货物或服务的预算金额：

采用单一来源采购方式的原因及说明：

二、拟定供应商信息

名称：

地址：

三、公示期限

_____年___月___日至_____年___月___日（公示期限不得少于5个工作日）

四、其他补充事宜

五、联系方式

1.采购人

联系人：

联系地址：

联系电话：

2.财政部门

联系人：

联系地址：

联系电话：

3.采购代理机构（如有）

联系人：

联系地址：

联系电话：

六、附件

单一来源采购方式专业人员论证意见（格式见附件）

附件

单一来源采购方式专业人员论证意见

专业人员信息	姓名：	
	职称：	
	工作单位：	
项目信息	项目名称：	
	供应商名称：	
专业人员论证意见	（专业人员论证意见应当完整、清晰和明确表达从唯一供应商处采购的理由）	
专业人员签字		日期　　年　月　日

注：本表中专业人员论证意见由专业人员手工填写。

选自财政部办公厅《关于印发〈政府采购公告和公示信息格式规范（2020年版）〉的通知》（财办库〔2020〕50号）

【小贴士】

【问】单一来源采购是否需要在政府采购网公示公告？需要公示公告几次？每次必须公示的具体内容是什么？单一来源公示的内容不全，该依据什么法规向什么部门提出异议？采购人申请单一来源的理由不符合法定理由，但财政部门审批通过了单一来源的申请，该依据什么法规向什么部门提出异议？

【答】（1）根据《政府采购非招标采购方式管理办法》（财政部令第74号）第三十八条规定，属于政府采购法第三十一条第一项情形，且达到公开招标数额的货物、服务项目，拟采用单一来源采购方式的，采购人、采购代理机构在按照本办法第四条报财政部门批准之前，应当在省级以上财政部门指定媒体上公示，并将公示情况一并报财政部门；（2）公示的具体内容按照财政部令第74号第三十八条规定处理；（3）在合法合规的情况下，公示一次即可；（4）根据财政部令第74号第三十九条规定，任何供应商、单位或者个人对采用单一来源采购方式公示有异议的，可以在公示期内将书面意见反馈给采购人、采购代理机构，并同时抄送相关财政部门；（5）如公示期间未提出异议，经财政部门审批通过的单一来源属于不可投诉内容。

【问】供应商不对单一来源公示提出异议，而用质疑投诉方式维权是否合法？请问单一来源公示内容是否可以质疑投诉？

【答】《政府采购非招标采购方式管理办法》（财政部令第74号）规定，供应商、单位或者个人对采用单一来源采购方式公示有异议的，可以在公示期内将书面意见反馈给采购人、采购代理机构，并同时抄送相关财政部门。因此，供应商、单位或者个人可以通过上述途径保障自己的权益，单一来源采购方式公示不属于供应商质疑投诉的事项范围。

（信息来源：中国政府采购网）

2. 单一来源协商

采用单一来源采购方式采购的，采购人、采购代理机构应当组织具有相关经验的专业人员与供应商商定合理的成交价格并保证采购项目质量。

单一来源采购人员应当编写协商情况记录，主要内容包括以下几方面：

（1）依法进行公示的，公示情况说明。

（2）协商日期和地点，采购人员名单。

（3）供应商提供的采购标的成本、同类项目合同价格以及相关专利、专有技术等情况说明。

（4）合同主要条款及价格商定情况。

协商情况记录应当由采购全体人员签字认可。对记录有异议的采购人员，应当签署不同意见并说明理由。采购人员拒绝在记录上签字又不书面说明其不同意见和理由的，视为同意。

3. 发布成交结果公告，发出成交通知书

采购人或者采购代理机构应当在省级以上财政部门指定的媒体上公告成交结果，同时向成交供应商发出成交通知书，并将采购文件随成交结果同时公告。

除不可抗力等因素外，成交通知书发出后，采购人改变成交结果，或者成交供应商拒绝签订政府采购合同的，应当承担相应的法律责任。

4. 合同签订

采购人应当自成交通知书发出之日起30日内，按照单一来源文件和成交供应商相应文件的规定，与成交供应商签订书面合同。所签订的合同不得对单一来源文件确定的事项和成交供应商响应文件作实质性修改。

采购人不得向成交供应商提出任何不合理的要求作为签订合同的条件。

政府采购合同应当包括采购人与成交供应商的名称和住所、标的、数量、质量、价款或者报酬、履行期限、地点和方式、验收要求、违约责任、解决争议的方法等内容。

5. 合同公告

根据《政府采购法实施条例》第五十条规定，采购人应当自政府采购合同签订之日起2个工作日内，将政府采购合同在省级以上人民政府财政部门指定的媒体上公告，但政府采购合同中涉及国家秘密、商业秘密的内容除外。

《关于进一步提高政府采购透明度和采购效率相关事项的通知》（财办库〔2023〕243号）规定，政府采购合同的双方当事人不得擅自变更合同，依照政府采购法确需变更政府采购合同内容的，采购人应当自合同变更之日起2个工作日内在省级以上财政部门指定的媒体上发布政府采购合同变更公告，但涉及国家秘密、商业秘密的信息和其他依法不得公开的信息除外。政府采购合同变更公告应当包括原合同编号、名称和文本，原合同变更的条款号，变更后作为原合同组成部分的补充合同文本，合同变更时间，变更公告日期等。

合同公告

一、合同编号

二、合同名称

三、项目编号（或招标编号、政府采购计划编号、采购计划备案文号等，如有）

四、项目名称

五、合同主体

采购人（甲方）：

地址：

联系方式：

供应商（乙方）：

地址：

联系方式：

六、合同主要信息

主要标的名称：

规格型号（或服务要求）：

主要标的数量：

主要标的单价：

合同金额：

履约期限、地点等简要信息：

采购方式：单一来源采购

七、合同签订日期

八、合同公告日期

九、其他补充事宜

附件：上传合同（采购人应当按照《政府采购法实施条例》有关要求，将政府采购合同中涉及国家秘密、商业秘密的内容删除后予以公开）

选自财政部办公厅《关于印发〈政府采购公告和公示信息格式规范（2020年版）〉的通知》（财办库〔2020〕50号）

6. 合同履约及验收

采购人与成交供应商应当根据合同的约定依法履行合同义务。采购人应当及时对采购项目进行验收。采购人可以邀请第三方机构参与验收，参与验收的第三方机构的意见作为验收书的参考资料一并存档。

7. 采购资金支付

采购人应当加强对成交供应商的履约管理，并按照采购合同约定，及时向成交供应商支付采购资金。对于成交供应商违反采购合同约定的行为，采购人应当及时处理，依法追究其违约责任。

《关于进一步提高政府采购透明度和采购效率相关事项的通知》（财办库〔2023〕243号）规定，采购人要进一步落实《关于促进政府采购公平竞争优化营商环境的通知》（财库〔2019〕38号）有关要求，在政府采购合同中约定资金支付的方式、时间和条件，明确逾期支付资金的违约责任。对于有预付安排的合同，鼓励采购人将合同预付款比例提高到30%以上。对于满足合同约定支付条件的，采购人原则上应当自收到发票后10个工作日内将资金支付到合同约定的供应商账户，鼓励采购人完善内部流程，自收到发票后1个工作日内完成资金支付事宜。采购人和供应商对资金支付产生争议的，应当按照法律规定和合同约定及时解决，保证资金支付效率。

单一来源采购流程如图3-5所示。

六、竞争性磋商

竞争性磋商采购方式，是指采购人、采购代理机构通过组建竞争性磋商小组与符合条件的供应商就采购货物、工程和服务事宜进行磋商，供应商按照磋商文件的要求提交响应文件和报价，采购人从磋商小组评审后提出的候选供应商名单中确定成交供应商的采购方式。

（一）竞争性磋商采购方式的适用情形

符合下列情形之一的采购项目，可以采用竞争性磋商采购方式采购：

（1）政府购买服务项目。

（2）技术复杂或者性质特殊，不能确定详细规格或者具体要求的。

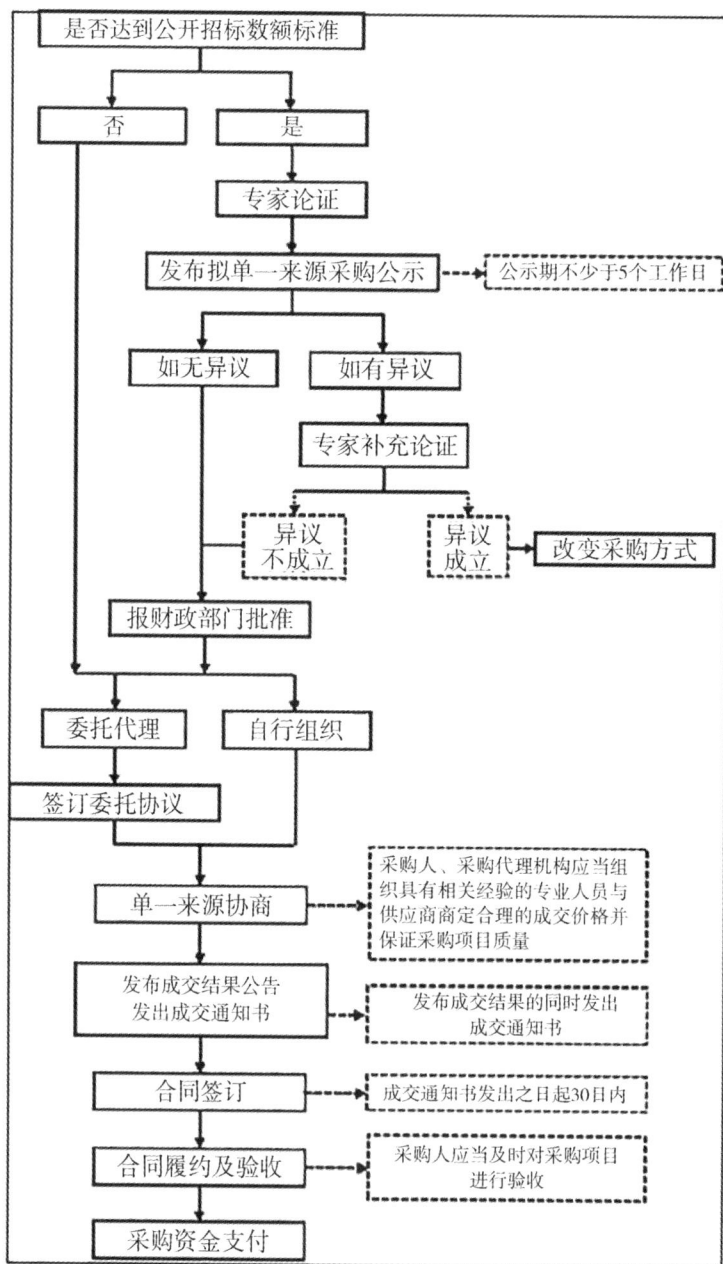

图3-5 单一来源采购流程图

（3）因艺术品采购、专利、专有技术或者服务的时间、数量事先不能确定等原因不能事先计算出价格总额的。

（4）市场竞争不充分的科研项目，以及需要扶持的科技成果转化项目。

（5）按照招标投标法及其实施条例必须进行招标的工程建设项目以外的工程建设项目。

（二）竞争性磋商流程

1.编制磋商文件

磋商文件应当根据采购项目的特点和采购人的实际需求制定，并经采购人书面同意。采购人应当以满足实际需求为原则，不得擅自提高经费预算和资产配置等采购标准。

磋商文件不得要求或者标明供应商名称或者特定货物的品牌，不得含有指向特定供应商的技术、服务等条件。

2.邀请参加磋商的供应商

采购人、采购代理机构应当通过发布公告、从省级以上财政部门建立的供应商库中随机抽取或者采购人和评审专家分别以书面推荐的方式邀请不少于3家符合相应资格条件的供应商参与竞争性磋商采购活动。

符合《政府采购法》第二十二条第一款规定条件的供应商可以在采购活动开始前加入供应商库。财政部门不得对供应商申请入库收取任何费用，不得利用供应商库进行地区和行业封锁。

采取采购人和评审专家书面推荐方式选择供应商的，采购人和评审专家应当各自出具书面推荐意见。采购人推荐供应商的比例不得高于推荐供应商总数的50％。

采用公告方式邀请供应商的，采购人、采购代理机构应当在省级以上人民政府财政部门指定的政府采购信息发布媒体发布竞争性磋商公告。竞争性磋商公告应当包括以下主要内容：

（1）采购人、采购代理机构的名称、地点和联系方法。

（2）采购项目的名称、数量、简要规格描述或项目基本概况介绍。

（3）采购项目的预算。

（4）供应商资格条件。

（5）获取磋商文件的时间、地点、方式及磋商文件售价。

（6）响应文件提交的截止时间、开启时间及地点。

（7）采购项目联系人姓名和电话。

从磋商文件发出之日起至供应商提交首次响应文件截止之日止不得少于10日。磋商文件的发售期限自开始之日起不得少于5个工作日。

提交首次响应文件截止之日前，采购人、采购代理机构或者磋商小组可以对已发出的磋商文件进行必要的澄清或者修改，澄清或者修改的内容作为磋商文件的组成部分。澄清或者修改的内容可能影响响应文件编制的，采购人、采购代理机构应当在提交首次响应文件截止时间至少5日前，以书面形式通知所有获取磋商文件的供应商；不足5日的，采购人、采购代理机构应当顺延提交首次响应文件截止时间。

竞争性磋商采购公告

项目概况

___（采购标的）___ 采购项目的潜在供应商应在__（地址）__获取采购文件，并于_____年___月___日___点___分（北京时间）前提交响应文件。

一、项目基本情况

项目编号（或招标编号、政府采购计划编号、采购计划备案文号等，如有）：

项目名称：

采购方式：竞争性磋商

预算金额：

最高限价（如有）：

采购需求（包括但不限于标的的名称、数量、简要技术需求或服务要求等）：

合同履行期限：

本项目 （是/否） 接受联合体。

二、申请人的资格要求

（1）满足《中华人民共和国政府采购法》第二十二条规定。

（2）落实政府采购政策需满足的资格要求（如属于专门面向中小企业采购的项目，供应商应为中小微企业、监狱企业、残疾人福利性单位）。

（3）本项目的特定资格要求（如项目接受联合体投标，对联合体应提出相关资格要求；如属于特定行业项目，供应商应当具备特定行业法定准入要求）。

三、获取采购文件

时间：_____年___月___日至_____年___月___日（磋商文件的发售期限自开始之日起不得少于5个工作日），每天上午___至___，下午___至___（北京时间，法定节假日除外）

地点：

方式：

售价：

四、响应文件提交

截止时间：_____年___月___日___点___分（北京时间）（从磋商文件开始发出之日起至供应商提交首次响应文件截止之日止不得少于10日）

地点：

五、开启（竞争性磋商采购方式必须填写）

时间：_____年___月___日___点___分（北京时间）

地点：

六、公告期限

自本公告发布之日起3个工作日。

七、其他补充事宜

八、凡对本次采购提出询问，请按以下方式联系

1.采购人信息

名称：

地址：

联系方式：

2.采购代理机构信息（如有）

名称：

地址：

联系方式：

3.项目联系方式

项目联系人（组织本项目采购活动的具体工作人员姓名）：

电话：

选自财政部办公厅《关于印发〈政府采购公告和公示信息格式规范（2020年版）〉的通知》（财办库〔2020〕50号）

3.发出磋商文件

磋商文件的发售期限自开始之日起不得少于5个工作日。提交首次响应文件截止之日前，采购人、采购代理机构或者磋商小组可以对已发出的磋商文件进行必要的澄清或者修改，澄清或者修改的内容作为磋商文件的组成部分。澄清或者修改的内容可能影响响应文件编制的，采购人、采购代理机构应当在提交首次响应文件截止时间至少5日前，以

书面形式通知所有获取磋商文件的供应商；不足5日的，采购人、采购代理机构应当顺延提交首次响应文件截止时间。

4. 递交响应文件

供应商应当在磋商文件要求的截止时间前，将响应文件密封送达指定地点。在截止时间后送达的响应文件为无效文件，采购人、采购代理机构或者磋商小组应当拒收。

供应商在提交响应文件截止时间前，可以对所提交的响应文件进行补充、修改或者撤回，并书面通知采购人、采购代理机构。补充、修改的内容作为响应文件的组成部分。补充、修改的内容与响应文件不一致的，以补充、修改的内容为准。

5. 成立磋商小组

磋商小组由采购人代表和评审专家共3人以上单数组成，其中评审专家人数不得少于磋商小组成员总数的2/3。采购人代表不得以评审专家身份参加本部门或本单位采购项目的评审。采购代理机构人员不得参加本机构代理的采购项目的评审。

采用竞争性磋商方式的政府采购项目，评审专家应当从政府采购评审专家库内相关专业的专家名单中随机抽取。市场竞争不充分的科研项目，需要扶持的科技成果转化项目，以及情况特殊、通过随机方式难以确定合适的评审专家的项目，经主管预算单位同意，可以自行选定评审专家。技术复杂、专业性强的采购项目，评审专家中应当包含1名法律专家。

6. 磋商、评审及推荐成交候选人

磋商小组成员应当按照客观、公正、审慎的原则，根据磋商文件规定的评审程序、评审方法和评审标准进行独立评审。未实质性响应磋商文件的响应文件按无效响应处理，磋商小组应当告知提交响应文件的供应商。

磋商小组在对响应文件的有效性、完整性和响应程度进行审查时，可以要求供应商对响应文件中含义不明确、同类问题表述不一致或者有明显文字和计算错误的内容作出必要的澄清、说明或者更正。供应商的澄清、说明或者更正不得超出响应文件的范围或者改变响应文件的实质性内容。

磋商小组要求供应商应当以书面形式作出澄清、说明或者更正响应文件。供应商的澄清、说明或者更正应当由法定代表人或其授权代表签字或者加盖公章。由授权代表签字的，应当附法定代表人授权书。供应商为自然人的，应当由本人签字并附身份证明。

磋商小组所有成员应当集中与单一供应商分别进行磋商，并给予所有参加磋商的供应商平等的磋商机会。

在磋商过程中，磋商小组可以根据磋商文件和磋商情况实质性变动采购需求中的技术、服务要求以及合同草案条款，但不得变动磋商文件中的其他内容。实质性变动的内

容，须经采购人代表确认。

对磋商文件作出的实质性变动是磋商文件的有效组成部分，磋商小组应当及时以书面形式同时通知所有参加磋商的供应商。

供应商应当按照磋商文件的变动情况和磋商小组的要求重新提交响应文件，并由其法定代表人或授权代表签字或者加盖公章。由授权代表签字的，应当附法定代表人授权书。供应商为自然人的，应当由本人签字并附身份证明。

磋商文件能够详细列明采购标的的技术、服务要求的，磋商结束后，磋商小组应当要求所有实质性响应的供应商在规定时间内提交最后报价，提交最后报价的供应商不得少于3家。

磋商文件不能详细列明采购标的的技术、服务要求，需经磋商由供应商提供最终设计方案或解决方案的，磋商结束后，磋商小组应当按照少数服从多数的原则投票推荐3家以上供应商的设计方案或者解决方案，并要求其在规定时间内提交最后报价。

最后报价是供应商响应文件的有效组成部分。市场竞争不充分的科研项目，以及需要扶持的科技成果转化项目，提交最后报价的供应商可以为2家。

采用竞争性磋商采购方式采购的政府购买服务项目（含政府和社会资本合作项目），在采购过程中符合要求的供应商（社会资本）只有2家的，竞争性磋商采购活动可以继续进行。采购过程中符合要求的供应商（社会资本）只有1家的，采购人（项目实施机构）或者采购代理机构应当终止竞争性磋商采购活动，发布项目终止公告并说明原因，重新开展采购活动。

经磋商确定最终采购需求和提交最后报价的供应商后，由磋商小组采用综合评分法对提交最后报价的供应商的响应文件和最后报价进行综合评分。

综合评分法，是指响应文件满足磋商文件全部实质性要求且按评审因素的量化指标评审得分最高的供应商为成交候选供应商的评审方法。

综合评分法评审标准中的分值设置应当与评审因素的量化指标相对应。磋商文件中没有规定的评审标准不得作为评审依据。

磋商小组应当根据综合评分情况，按照评审得分由高到低顺序推荐3家以上成交候选供应商，并编写评审报告。市场竞争不充分的科研项目，以及需要扶持的科技成果转化项目，提交最后报价的供应商为2家的，可以推荐2家成交候选供应商。评审得分相同的，按照最后报价由低到高的顺序推荐。评审得分且最后报价相同的，按照技术指标优劣顺序推荐。

7. 确定成交供应商

采购代理机构应当在评审结束后2个工作日内将评审报告送采购人确认。

采购人应当在收到评审报告后5个工作日内，从评审报告提出的成交候选供应商中，按照排序由高到低的原则确定成交供应商，也可以书面授权磋商小组直接确定成交供应商。采购人逾期未确定成交供应商且不提出异议的，视为确定评审报告提出的排序第一的供应商为成交供应商。

8.发布成交结果公告，发出成交通知书

采购人或者采购代理机构应当在成交供应商确定后2个工作日内，在省级以上财政部门指定的政府采购信息发布媒体上公告成交结果，同时向成交供应商发出成交通知书，并将磋商文件随成交结果同时公告，公告期为1个工作日。

采用书面推荐供应商参加采购活动的，还应当公告采购人和评审专家的推荐意见。公告成交结果时应当同时公告成交供应商的评审总得分。

【小贴士】

【问】采用竞争性磋商采购方式组织的政府购买服务项目，开标时递交响应文件的供应商只有2家，此情形下，能否开标，竞争性磋商采购活动能否继续进行？根据《财政部关于政府采购竞争性磋商采购方式管理暂行办法有关问题的补充通知》（财库〔2015〕124号），在采购过程中符合要求的供应商社会资本只有2家的，竞争性磋商采购活动可以继续进行。采购过程具体指哪个阶段？

【答】按照《财政部关于政府采购竞争性磋商采购方式管理暂行办法有关问题的补充通知》（财库〔2015〕124号）规定，采用竞争性磋商采购方式采购的政府购买服务项目（含政府和社会资本合作项目），在采购过程中符合要求的供应商（社会资本）只有2家的，竞争性磋商采购活动可以继续进行。这条规定的适用情形为竞争性磋商符合资格条件的供应商不少于3家，进入磋商过程中，符合采购人技术等方面要求的供应商为2家，磋商活动可以继续进行，由2家供应商提出最后报价。

（信息来源：中国政府采购网）

【小贴士】

【问】在竞争性磋商文件中，能不能明确磋商小组只推荐1家成交候选供应商？

【答】按照《政府采购竞争性磋商采购方式管理暂行办法》（财库〔2014〕214号）第二十五条要求，磋商小组应根据综合评分情况，按照评审得分由高到低顺序推荐3家以上成交候选供应商。符合214号文第二十一条第三款情形的，可以推荐2家成交候选供应商。

（信息来源：中国政府采购网）

9. 合同签订

采购人与成交供应商应当在成交通知书发出之日起30日内，按照磋商文件确定的合同文本以及采购标的、规格型号、采购金额、采购数量、技术和服务要求等事项签订政府采购合同。

采购人不得向成交供应商提出超出磋商文件以外的任何要求作为签订合同的条件，不得与成交供应商订立背离磋商文件确定的合同文本以及采购标的、规格型号、采购金额、采购数量、技术和服务要求等实质性内容的协议。

成交供应商拒绝签订政府采购合同的，采购人可以从评审报告提出的成交候选供应商中，按照排序由高到低的原则确定其他供应商作为成交供应商并签订政府采购合同，也可以重新开展采购活动。拒绝签订政府采购合同的成交供应商不得参加对该项目重新开展的采购活动。

10. 合同公告

根据《政府采购法实施条例》第五十条规定，采购人应当自政府采购合同签订之日起2个工作日内，将政府采购合同在省级以上人民政府财政部门指定的媒体上公告，但政府采购合同中涉及国家秘密、商业秘密的内容除外。

《关于进一步提高政府采购透明度和采购效率相关事项的通知》（财办库〔2023〕243号）规定，政府采购合同的双方当事人不得擅自变更合同，依照政府采购法确需变更政府采购合同内容的，采购人应当自合同变更之日起2个工作日内在省级以上财政部门指定的媒体上发布政府采购合同变更公告，但涉及国家秘密、商业秘密的信息和其他依法不得公开的信息除外。政府采购合同变更公告应当包括原合同编号、名称和文本，原合同变更的条款号，变更后作为原合同组成部分的补充合同文本，合同变更时间，变更公告日期等。

合同公告

一、合同编号

二、合同名称

三、项目编号（或招标编号、政府采购计划编号、采购计划备案文号等，如有）

四、项目名称

五、合同主体

采购人（甲方）：

地址：

联系方式：

供应商（乙方）：

地址：

联系方式：

六、合同主要信息

主要标的名称：

规格型号（或服务要求）：

主要标的数量：

主要标的单价：

合同金额：

履约期限、地点等简要信息：

采购方式：竞争性磋商

七、合同签订日期

八、合同公告日期

九、其他补充事宜

附件：上传合同（采购人应当按照《政府采购法实施条例》有关要求，将政府采购合同中涉及国家秘密、商业秘密的内容删除后予以公开）

选自财政部办公厅《关于印发〈政府采购公告和公示信息格式规范（2020年版）〉的通知》（财办库〔2020〕50号）。

11. 合同履约及验收

采购人与成交供应商应当根据合同的约定依法履行合同义务。采购人应当及时对采购项目进行验收。采购人可以邀请参加本项目的其他供应商或者第三方机构参与验收。参与验收的供应商或者第三方机构的意见作为验收书的参考资料一并存档。

12. 采购资金支付

采购人应当加强对成交供应商的履约管理，并按照采购合同约定，及时向成交供应商支付采购资金。对于成交供应商违反采购合同约定的行为，采购人应当及时处理，依法追究其违约责任。

《关于进一步提高政府采购透明度和采购效率相关事项的通知》（财办库〔2023〕243号）规定，采购人要进一步落实《关于促进政府采购公平竞争优化营商环境的通知》（财库〔2019〕38号）有关要求，在政府采购合同中约定资金支付的方式、时间和条件，明确逾期支付资金的违约责任。对于有预付安排的合同，鼓励采购人将合同预付款比例提高到30%以上。对于满足合同约定支付条件的，采购人原则上应当自收到发票后10个工作日内将资金支付到合同约定的供应商账户，鼓励采购人完善内部流程，自收到发票后1个工作日内完成资金支付事宜。采购人和供应商对资金支付产生争议的，应当按照法律规定和合同约定及时解决，保证资金支付效率。

竞争性磋商采购流程如图3-6所示。

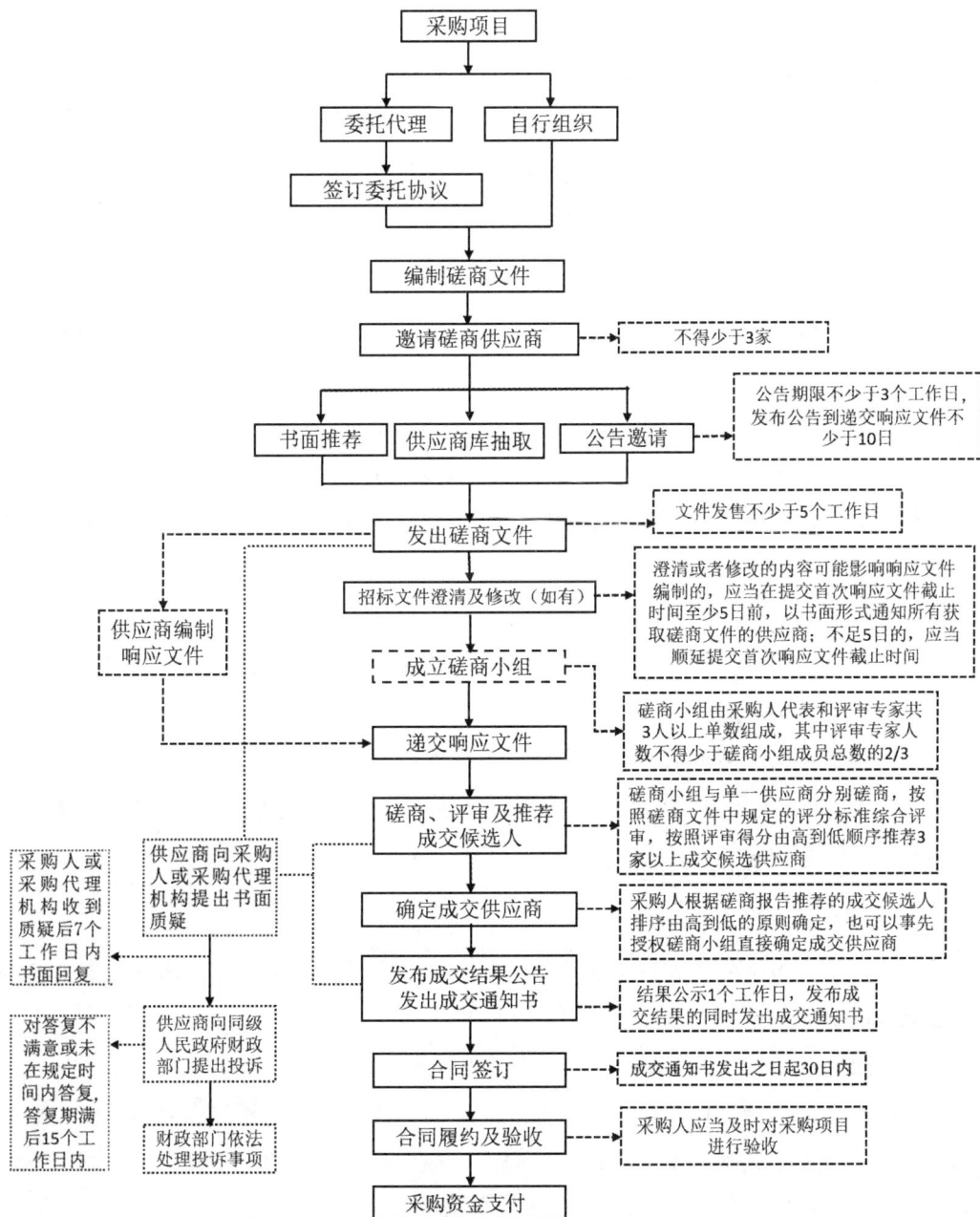

图3-6 竞争性磋商采购流程图

七、框架协议采购

为了规范多频次、小额度采购活动，提高政府采购项目绩效，2022年1月14日，财政部发布《政府采购框架协议采购方式管理暂行办法》（财政部令第110号），自2022年3月1日起施行。

框架协议采购是指集中采购机构或者主管预算单位对技术、服务等标准明确、统一，需要多次重复采购的货物和服务，通过公开征集程序，确定第一阶段入围供应商并订立框架协议，采购人或者服务对象按照框架协议约定规则，在入围供应商范围内确定第二阶段成交供应商并订立采购合同的采购方式。

1. 框架协议采购方式的适用情形

符合下列情形之一的，可以采用框架协议采购方式采购：

（1）集中采购目录以内品目，以及与之配套的必要耗材、配件等，属于小额零星采购的。

（2）集中采购目录以外，采购限额标准以上，本部门、本系统行政管理所需的法律、评估、会计、审计等鉴证咨询服务，属于小额零星采购的。

（3）集中采购目录以外，采购限额标准以上，为本部门、本系统以外的服务对象提供服务的政府购买服务项目，需要确定2家以上供应商由服务对象自主选择的。

（4）国务院财政部门规定的其他情形。

前款所称采购限额标准以上，是指同一品目或者同一类别的货物、服务年度采购预算达到采购限额标准以上。

属于本条上述第二项情形，主管预算单位能够归集需求形成单一项目进行采购，通过签订时间、地点、数量不确定的采购合同满足需求的，不得采用框架协议采购方式。

2. 框架协议采购方式的流程

1）框架协议采购方式的确定

框架协议采购包括封闭式框架协议采购和开放式框架协议采购。封闭式框架协议采购是框架协议采购的主要形式。

符合下列情形之一的，可以采用开放式框架协议采购：

（1）集中采购目录以内品目，以及与之配套的必要耗材、配件等，属于小额零星采购的；因执行政府采购政策不宜淘汰供应商的，或者受基础设施、行政许可、知识产权等限制，供应商数量在3家以下且不宜淘汰供应商的。

（2）集中采购目录以外，采购限额标准以上，为本部门、本系统以外的服务对象提供服务的政府购买服务项目，需要确定2家以上供应商由服务对象自主选择的；能够确定统一付费标准，因地域等服务便利性要求，需要接纳所有愿意接受协议条件的供应商加入框架协议，以供服务对象自主选择的。

2）框架协议采购项目委托

（1）集中采购目录以内品目以及与之配套的必要耗材、配件等，采用框架协议采购的，由集中采购机构负责征集程序和订立框架协议。

（2）集中采购目录以外品目采用框架协议采购的，由主管预算单位负责征集程序和订立框架协议。其他预算单位确有需要的，经其主管预算单位批准，可以采用框架协议采购方式采购。其他预算单位采用框架协议采购方式采购的，应当遵守《政府采购框架协议采购方式管理暂行办法》关于主管预算单位的规定。主管预算单位可以委托采购代理机构代理框架协议采购，采购代理机构应当在委托的范围内依法开展采购活动。

（3）框架协议采购应当实行电子化采购。

3. 框架协议采购项目备案

集中采购机构采用框架协议采购的，应当拟定采购方案，报本级财政部门审核后实施。主管预算单位采用框架协议采购的，应当在采购活动开始前将采购方案报本级财政部门备案。

4. 框架协议采购项目需求调查

确定框架协议采购需求应当开展需求调查，听取采购人、供应商和专家等的意见。面向采购人和供应商开展需求调查时，应当选择具有代表性的调查对象，调查对象一般各不少于3个。

5. 框架协议采购项目需求编制

框架协议采购需求应当符合以下规定：

（1）满足采购人和服务对象实际需要，符合市场供应状况和市场公允标准，在确保功能、性能和必要采购要求的情况下促进竞争。

（2）符合预算标准、资产配置标准等有关规定，厉行节约，不得超标准采购。

（3）按照《政府采购品目分类目录》，将采购标的细化到底级品目，并细分不同等次、规格或者标准的采购需求，合理设置采购包。

（4）货物项目应当明确货物的技术和商务要求，包括功能、性能、材料、结构、外观、安全、包装、交货期限、交货的地域范围、售后服务等。

（5）服务项目应当明确服务内容、服务标准、技术保障、服务人员组成、服务交付或者实施的地域范围，以及所涉及的货物的质量标准、服务工作量的计量方式等。

6. 框架协议采购项目最高限价确定

集中采购机构或者主管预算单位应当在征集公告和征集文件中确定框架协议采购的最高限制单价。征集文件中可以明确量价关系折扣，即达到一定采购数量，价格应当按照征集文件中明确的折扣降低。在开放式框架协议中，付费标准即为最高限制单价。

最高限制单价是供应商第一阶段响应报价的最高限价。入围供应商第一阶段响应报价（有量价关系折扣的，包括量价关系折扣，以下统称协议价格）是采购人或者服务对象确定第二阶段成交供应商的最高限价。

确定最高限制单价时，有政府定价的，执行政府定价；没有政府定价的，应当通过需求调查，并根据需求标准科学确定，属于《政府采购框架协议采购方式管理暂行办法》（财政部令第110号）第十条第二款第一项规定情形的采购项目，需要订立开放式框架协议的，与供应商协商确定。

货物项目单价按照台（套）等计量单位确定，其中包含售后服务等相关服务费用。服务项目单价按照单位采购标的价格或者人工单价等确定。服务项目所涉及的货物的费用，能够折算入服务项目单价的应当折入，需要按实结算的应当明确结算规则。

7. 封闭式框架协议采购

1）发布征集公告

征集公告应当包括以下主要内容：

（1）征集人的名称、地址、联系人和联系方式。

（2）采购项目名称、编号，采购需求以及最高限制单价，适用框架协议的采购人或者服务对象范围，能预估采购数量的，还应当明确预估采购数量。

（3）供应商的资格条件。

（4）框架协议的期限。

（5）获取征集文件的时间、地点和方式。

（6）响应文件的提交方式、提交截止时间和地点，开启方式、时间和地点。

（7）公告期限。

（8）省级以上财政部门规定的其他事项。

2）编制征集文件

征集文件应当包括以下主要内容：

（1）参加征集活动的邀请。

（2）供应商应当提交的资格材料。

（3）资格审查方法和标准。

（4）采购需求以及最高限制单价。

（5）政府采购政策要求以及政策执行措施。

（6）框架协议的期限。

（7）报价要求。

（8）确定第一阶段入围供应商的评审方法、评审标准，确定入围供应商的淘汰率或者入围供应商数量上限和响应文件无效情形。

（9）响应文件的编制要求，提交方式、提交截止时间和地点，开启方式、时间和地点，以及响应文件有效期。

（10）拟签订的框架协议文本和采购合同文本。

（11）确定第二阶段成交供应商的方式。

（12）采购资金的支付方式、时间和条件。

（13）入围产品升级换代规则。

（14）用户反馈和评价机制。

（15）入围供应商的清退和补充规则。

（16）供应商信用信息查询渠道及截止时点、信用信息查询记录和证据留存的具体方式、信用信息的使用规则等。

（17）采购代理机构代理费用的收取标准和方式。

（18）省级以上财政部门规定的其他事项。

3）确定第一阶段入围供应商

确定第一阶段入围供应商的评审方法包括价格优先法和质量优先法。

价格优先法是指对满足采购需求且响应报价不超过最高限制单价的货物、服务，按照响应报价从低到高排序，根据征集文件规定的淘汰率或者入围供应商数量上限，确定入围供应商的评审方法。

质量优先法是指对满足采购需求且响应报价不超过最高限制单价的货物、服务进行质量综合评分，按照质量评分从高到低排序，根据征集文件规定的淘汰率或者入围供应商数量上限，确定入围供应商的评审方法。货物项目质量因素包括采购标的的技术水平、产品配置、售后服务等，服务项目质量因素包括服务内容、服务水平、供应商的履约能力、服务经验等。质量因素中的可量化指标应当划分等次，作为评分项；质量因素中的其他指标可以作为实质性要求，不得作为评分项。

有政府定价、政府指导价的项目，以及对质量有特别要求的检测、实验等仪器设备，可以采用质量优先法，其他项目应当采用价格优先法。

对耗材使用量大的复印、打印、实验、医疗等仪器设备进行框架协议采购的，应当要求供应商同时对3年以上约定期限内的专用耗材进行报价。评审时应当考虑约定期限的专用耗材使用成本，修正仪器设备的响应报价或者质量评分。

征集人应当在征集文件、框架协议和采购合同中规定，入围供应商在约定期限内，应当以不高于其报价的价格向适用框架协议的采购人供应专用耗材。

确定第一阶段入围供应商时，提交响应文件和符合资格条件、实质性要求的供应商应当均不少于2家，淘汰比例一般不得低于20％，且至少淘汰1家供应商。

采用质量优先法的检测、实验等仪器设备采购，淘汰比例不得低于40％，且至少淘汰1家供应商。

4）发布入围结果公告

入围结果公告应当包括以下主要内容：

（1）采购项目名称、编号。

（2）征集人的名称、地址、联系人和联系方式。

（3）入围供应商名称、地址及排序。

（4）最高入围价格或者最低入围分值。

（5）入围产品名称、规格型号或者主要服务内容及服务标准，入围单价。

（6）评审小组成员名单。

（7）采购代理服务收费标准及金额。

（8）公告期限。

（9）省级以上财政部门规定的其他事项。

5）签订框架协议

集中采购机构或者主管预算单位应当在入围通知书发出之日起30日内和入围供应商签订框架协议，并在框架协议签订后7个工作日内，将框架协议副本报本级财政部门备案。

框架协议不得对征集文件确定的事项以及入围供应商的响应文件作实质性修改。

框架协议应当包括以下内容：

（1）集中采购机构或者主管预算单位以及入围供应商的名称、地址和联系方式。

（2）采购项目名称、编号。

（3）采购需求以及最高限制单价。

（4）封闭式框架协议第一阶段的入围产品详细技术规格或者服务内容、服务标准，协议价格。

（5）入围产品升级换代规则。

（6）确定第二阶段成交供应商的方式。

（7）适用框架协议的采购人或者服务对象范围，以及履行合同的地域范围。

（8）资金支付方式、时间和条件。

（9）采购合同文本，包括根据需要约定适用的简式合同或者具有合同性质的凭单、订单。

（10）框架协议期限。

（11）入围供应商清退和补充规则。

（12）协议方的权利和义务。

（13）需要约定的其他事项。

集中采购机构或者主管预算单位应当根据工作需要和采购标的市场供应及价格变化情况，科学合理确定框架协议期限。货物项目框架协议有效期一般不超过1年，服务项目框架协议有效期一般不超过2年。

6）确定第二阶段成交供应商

确定第二阶段成交供应商的方式包括直接选定方式、二次竞价方式和顺序轮候方式。

（1）直接选定方式。

直接选定方式是确定第二阶段成交供应商的主要方式。除征集人根据采购项目特点和提高绩效等要求，在征集文件中载明采用二次竞价或者顺序轮候方式外，确定第二阶段成交供应商应当由采购人或者服务对象依据入围产品价格、质量以及服务便利性、用户评价等因素，从第一阶段入围供应商中直接选定。

（2）二次竞价方式。

二次竞价方式是指以框架协议约定的入围产品、采购合同文本等为依据，以协议价格为最高限价，采购人明确第二阶段竞价需求，从入围供应商中选择所有符合竞价需求的供应商参与二次竞价，确定报价最低的为成交供应商的方式。

进行二次竞价应当给予供应商必要的响应时间。

二次竞价一般适用于采用价格优先法的采购项目。

以二次竞价或者顺序轮候方式确定成交供应商的，征集人应当在确定成交供应商后2个工作日内逐笔发布成交结果公告。

成交结果单笔公告可以在省级以上财政部门指定的媒体上发布，也可以在开展框架协议采购的电子化采购系统发布，发布成交结果公告的渠道应当在征集文件或者框架协议中告知供应商。单笔公告应当包括以下主要内容：

a.采购人的名称、地址和联系方式。

b.框架协议采购项目名称、编号。

c.成交供应商名称、地址和成交金额。

d.成交标的名称、规格型号或者主要服务内容及服务标准、数量、单价。

e.公告期限。

（3）顺序轮候方式。

顺序轮候方式是指根据征集文件中确定的轮候顺序规则，对所有入围供应商依次授予采购合同的方式。

每个入围供应商在一个顺序轮候期内，只有一次获得合同授予的机会。合同授予顺序确定后，应当书面告知所有入围供应商。除清退入围供应商和补充征集外，框架协议有效期内不得调整合同授予顺序。

7）发布成交结果汇总公告

征集人应当在框架协议有效期满后10个工作日内发布成交结果汇总公告。汇总公告应当包括前款采购人的名称、地址和联系方式，以及框架协议采购项目名称、编号和所有成交供应商的名称、地址及其成交合同总数和总金额。

8. 开放式框架协议采购

1）发布征集公告

征集公告应当包括以下主要内容：

（1）征集人的名称、地址、联系人和联系方式。

（2）采购项目名称、编号，采购需求以及最高限制单价，适用框架协议的采购人或者服务对象范围，能预估采购数量的，还应当明确预估采购数量。

（3）供应商的资格条件。

（4）框架协议的期限。

（5）供应商应当提交的资格材料。

（6）资格审查方法和标准。

（7）入围产品升级换代规则。

（8）用户反馈和评价机制。

（9）入围供应商的清退和补充规则。

（10）供应商信用信息查询渠道及截止时点、信用信息查询记录和证据留存的具体方式、信用信息的使用规则等。

（11）订立开放式框架协议的邀请。

（12）供应商提交加入框架协议申请的方式、地点，以及对申请文件的要求。

（13）履行合同的地域范围、协议方的权利和义务、入围供应商的清退机制等框架协议内容。

（14）采购合同文本。

（15）付费标准，费用结算及支付方式。

（16）省级以上财政部门规定的其他事项。

2）提交加入框架协议的申请

征集公告发布后至框架协议期满前，供应商可以按照征集公告要求，随时提交加入框架协议的申请。征集人应当在收到供应商申请后7个工作日内完成审核，并将审核结果书面通知申请供应商。

3）发布入围结果公告

征集人应当在审核通过后2个工作日内，发布入围结果公告，公告入围供应商名称、地址、联系方式及付费标准，并动态更新入围供应商信息。

征集人应当确保征集公告和入围结果公告在整个框架协议有效期内随时可供公众查阅。

征集人可以根据采购项目特点，在征集公告中申明是否与供应商另行签订书面框架协议。申明不再签订书面框架协议的，发布入围结果公告，视为签订框架协议。

4）第二阶段成交供应商

第二阶段成交供应商由采购人或者服务对象从第一阶段入围供应商中直接选定。

供应商履行合同后，依据框架协议约定的凭单、订单以及结算方式，与采购人进行费用结算。

八、合作创新采购

为贯彻落实《深化政府采购制度改革方案》，完善政府采购支持科技创新制度，2024年4月24日，财政部发布《政府采购合作创新采购方式管理暂行办法》（财库〔2024〕13号），自2024年6月1日起施行。

合作创新采购是指采购人邀请供应商合作研发，共担研发风险，并按研发合同约定的数量或者金额购买研发成功的创新产品的采购方式。

合作创新采购方式分为订购和首购两个阶段。

订购是指采购人提出研发目标，与供应商合作研发创新产品并共担研发风险的活动。

首购是指采购人对于研发成功的创新产品，按照研发合同约定采购一定数量或者一定金额相应产品的活动。

所称创新产品，应当具有实质性的技术创新，包含新的技术原理、技术思想或者技术方法。对现有产品的改型以及对既有技术成果的验证、测试和使用等没有实质性技术创新的，不属于创新产品范围。

（一）合作创新采购方式的适用情形

采购项目符合国家科技和相关产业发展规划，有利于落实国家重大战略目标任务，并且具有下列情形之一的，可以采用合作创新采购方式采购：

（1）市场现有产品或者技术不能满足要求，需要进行技术突破的。

（2）以研发创新产品为基础，形成新范式或者新的解决方案，能够显著改善功能性能，明显提高绩效的。

（3）国务院财政部门规定的其他情形。

（二）合作创新采购方式的流程

合作创新采购方式分为订购和首购两个阶段，合作创新具体流程如下。

1. 编制采购方案

采购人、采购代理机构应当根据采购项目的特点和采购需求编制采购方案。采购方案应当包括以下主要内容：

（1）创新产品的最低研发目标、最高研发费用、应用场景和研发期限。

（2）供应商邀请方式。

（3）谈判小组组成，评审专家选取办法，评审方法以及初步的评审标准。

（4）给予研发成本补偿的成本范围及该项目用于研发成本补偿的费用限额。

（5）是否开展研发中期谈判。

（6）关于知识产权权属、利益分配、使用方式的初步意见。

（7）创新产品的迭代升级服务要求。

（8）研发合同应当包括的主要条款。

（9）研发风险分析和风险管控措施。

（10）需要确定的其他事项。

采购人应当对采购方案的科学性、可行性、合规性等开展咨询论证，并按照《政府采购需求管理办法》有关规定履行内部审查、核准程序后实施。

2. 订购程序

1）组建谈判小组

谈判小组由采购人代表和评审专家共5人以上单数组成。采购人应当自行选定相应专业领域的评审专家。评审专家中应当包含1名法律专家和1名经济专家。谈判小组具体人员组成比例，评审专家选取办法及采购过程中的人员调整程序按照采购人内部控制管理制度确定。谈判小组负责供应商资格审查、创新概念交流、研发竞争谈判、研发中期谈判和首购评审等工作。

2）发布采购公告

以公告形式邀请供应商的，公告期限不得少于5个工作日。合作创新采购公告、合作创新采购邀请书应当包括以下内容：

（1）采购人和采购项目名称。

（2）创新产品的最低研发目标、最高研发费用（应明确最低研发目标、最高研发费用可能根据创新概念交流情况进行实质性调整）。

（3）创新产品的应用场景及研发期限。

（4）对供应商的资格要求。

（5）供应商提交参与合作创新采购申请文件的时间和地点等。

（6）是否接受联合体参与（如未载明，不得拒绝联合体参与）。

提交参与合作创新采购申请文件的时间自采购公告、邀请书发出之日起不得少于20个工作日。

3）资格审查

谈判小组依法对供应商的资格进行审查。提交申请文件或者通过资格审查的供应商只有2家或者1家的，可以按照《政府采购合作创新采购方式管理暂行办法》规定继续开展采购活动。

4）创新概念交流

谈判小组集中与所有通过资格审查的供应商共同进行创新概念交流，交流内容包括创新产品的最低研发目标、最高研发费用、应用场景及采购方案的其他相关内容。

创新概念交流中，谈判小组应当全面、及时回答供应商提问。必要时，采购人或者其授权的谈判小组可以组织供应商进行集中答疑和现场考察。

采购人根据创新概念交流情况，对采购方案内容进行实质性调整的，应当按照内部控制管理制度有关规定，履行必要的内部审查、核准程序职责。

5）形成研发谈判文件

采购人根据创新概念交流结果，形成研发谈判文件。研发谈判文件主要包括以下内容：

（1）创新产品的最低研发目标、最高研发费用、应用场景、研发期限及有关情况说明。

（2）研发供应商数量。

（3）给予单个研发供应商的研发成本补偿的成本范围和限额，另设激励费用的，明确激励费用的金额。

（4）创新产品首购数量或者金额。

（5）评审方法与评审标准，在谈判过程中不得更改的主要评审因素（主要包括供应商研发方案、供应商提出的研发成本补偿金额和首购产品金额的报价、研发完成时间、创新产品的售后服务方案等）及其权重（供应商研发方案的分值占总分值的比重不得低于百分之五十），以及是否采用两阶段评审。

（6）对研发进度安排及相应的研发中期谈判阶段划分的响应要求。

（7）各阶段研发成本补偿的成本范围和金额、标志性成果（包括形成创新产品的详细设计方案、技术原理在实验室验证通过、创新产品的关键部件研制成功、生产出符合要求的模型样机以及创新产品通过采购人试用和履约验收等）的响应要求。

（8）研发成本补偿费用的支付方式、时间和条件。

（9）创新产品的验收方法与验收标准。

（10）首购产品的评审标准。

（11）关于知识产权权属、利益分配、使用方式等的响应要求。

（12）落实支持中小企业发展等政策的要求。

（13）创新产品的迭代升级服务要求。

（14）研发合同的主要条款。

（15）响应文件编制要求，提交方式、提交截止时间和地点，以及响应文件有效期。

（16）省级以上财政部门规定的其他事项。

6）发出研发谈判文件

采购人应当向所有参与创新概念交流的供应商提供研发谈判文件，邀请其参与研发竞争谈判。

从研发谈判文件发出之日起至供应商提交首次响应文件截止之日止不得少于十个工作日。

采购人可以对已发出的研发谈判文件进行必要的澄清或者修改，但不得改变采购标的和资格条件。澄清或者修改的内容可能影响响应文件编制，导致供应商准备时间不足的，采购人按照研发谈判文件规定，顺延提交响应文件的时间。

7）供应商编制响应文件

供应商应当根据研发谈判文件编制响应文件，对研发谈判文件的要求作出实质性响应。响应文件包括以下内容：

（1）供应商的研发方案（包括研发产品预计能实现的功能、性能，服务内容、服务标准及其他产出目标；研发拟采用的技术路线及其优势；可能出现的影响研发的风险及其管控措施；研发团队组成、团队成员的专业能力和经验；研发进度安排和各阶段标志性成果说明等）。

（2）研发完成时间。

（3）响应报价，供应商应当对研发成本补偿金额和首购产品金额分别报价，且各自不得高于研发谈判文件规定的给予单个研发供应商的研发成本补偿限额和首购费用。首购产品金额除创新产品本身的购买费用以外，还包括创新产品未来一定期限内的运行维护等费用。

（4）各阶段的研发成本补偿的成本范围和金额。

（5）创新产品的验收方法与验收标准。

（6）创新产品的售后服务方案。

（7）知识产权权属、利益分配、使用方式等。

（8）创新产品的迭代升级服务方案。

（9）落实支持中小企业发展等政策要求的响应内容。

（10）其他需要响应的内容。

8）组织谈判

谈判小组集中与单一供应商分别进行谈判，对相关内容进行细化调整。谈判主要内容包括：

（1）创新产品的最低研发目标、验收方法与验收标准。

（2）供应商的研发方案。

（3）研发完成时间。

（4）研发成本补偿的成本范围和金额，以及首购产品金额。

（5）研发竞争谈判的评审标准。

（6）各阶段研发成本补偿的成本范围和金额。

（7）首购产品的评审标准。

（8）知识产权权属、利益分配、使用方式等。

（9）创新产品的迭代升级服务方案。

（10）研发合同履行中可能出现的风险及其管控措施。

在谈判中，谈判小组可以根据谈判情况实质性变动谈判文件有关内容，但不得降低最低研发目标、提高最高研发费用，也不得改变谈判文件中的主要评审因素及其权重。

9）形成最终谈判文件，提交最终响应文件

谈判小组根据谈判结果，确定最终的谈判文件，并以书面形式同时通知所有参加谈判的供应商。供应商按要求提交最终响应文件，谈判小组给予供应商的响应时间应当不少于五个工作日。

10）评审及推荐成交候选人

谈判小组对响应文件满足研发谈判文件全部实质性要求的供应商开展评审，按照评审得分从高到低排序，推荐成交候选人。

谈判小组根据谈判文件规定，可以对供应商响应文件的研发方案部分和其他部分采取两阶段评审，先评审研发方案部分，对研发方案得分达到规定名次的，再综合评审其他部分，按照总得分从高到低排序，确定成交候选人。

11）确定成交供应商

采购人根据谈判文件规定的研发供应商数量和谈判小组推荐的成交候选人顺序，确定研发供应商，也可以书面授权谈判小组直接确定研发供应商。研发供应商数量最多不得超过三家。成交候选人数量少于谈判文件规定的研发供应商数量的，采购人可以确定所有成交候选人为研发供应商，也可以重新开展政府采购活动。

12）签订研发合同

采购人应当根据研发谈判文件的所有实质性要求以及研发供应商的响应文件签订研发合同。研发合同应当包括以下内容：

（1）采购人以及研发供应商的名称、地址和联系方式。

（2）采购项目名称、编号。

（3）创新产品的功能、性能，服务内容、服务标准及其他产出目标。

（4）研发成本补偿的成本范围和金额，另设激励费用的，激励费用的金额。

（5）创新产品首购的数量、单价和总金额。

（6）研发进度安排及相应的研发中期谈判阶段划分。

（7）各阶段研发成本补偿的成本范围和金额、标志性成果。

（8）研发成本补偿费用的支付方式、时间和条件。

（9）创新产品验收方法与验收标准。

（10）首购产品评审标准。

（11）创新产品的售后服务和迭代升级服务方案。

（12）知识产权权属约定、利益分配、使用方式等。

（13）落实支持中小企业发展等政策的要求。

（14）研发合同期限。

（15）合同履行中可能出现的风险及其管控措施。

（16）技术信息和资料的保密。

（17）合同解除情形。

（18）违约责任。

（19）争议解决方式。

（20）需要约定的其他事项。

研发合同约定的各阶段补偿成本范围和金额、标志性成果，在研发中期谈判中作出细化调整的，采购人应当就变更事项与研发供应商签订补充协议。

只能从唯一供应商处采购的，采购人与供应商应当遵照《政府采购合作创新采购方式管理暂行办法》规定的原则，根据研发成本和可参照的同类项目合同价格协商确定合理价格，明确创新产品的功能、性能，研发完成时间，研发成本补偿的成本范围和金额，首购产品金额，研发进度安排及相应的研发中期谈判阶段划分等合同条件。

13）研发中期谈判

采购人根据研发合同约定，组织谈判小组与研发供应商在研发不同阶段就研发进度、标志性成果及其验收方法与标准、研发成本补偿的成本范围和金额等问题进行研发中期谈判，根据研发进展情况对相关内容细化调整，但每个研发供应商各阶段补偿成本范围不得超过研发合同约定的研发成本补偿的成本范围，且各阶段成本补偿金额之和不得超过研发合同约定的研发成本补偿金额。研发中期谈判应当在每一阶段开始前完成。

每一阶段约定期限到期后，研发供应商应当提交成果报告和成本说明，采购人根据研发合同约定和研发中期谈判结果支付研发成本补偿费用。研发供应商提供的标志性成果满足要求的，进入下一研发阶段；研发供应商未按照约定完成标志性成果的，予以淘汰并终止研发合同。

14）创新产品的验收

对于研发供应商提交的最终定型的创新产品和符合条件的样品，采购人应当按照研发合同约定的验收方法与验收标准开展验收，验收时可以邀请谈判小组成员参与。

3.首购程序

1）确定首购产品

（1）只有一家研发供应商研制的创新产品通过验收的，采购人直接确定其为首购产品。

（2）有两家以上研发供应商研制的创新产品通过验收的，采购人应当组织谈判小组评审，根据研发合同约定的评审标准确定一家研发供应商的创新产品为首购产品。首购评审综合考虑创新产品的功能、性能、价格、售后服务方案等，按照性价比最优的原则确定首购产品。此时研发供应商对首购产品金额的报价不得高于研发谈判文件规定的首购费用。

2）首购产品公告

采购人应当在确定首购产品后十个工作日内在省级以上人民政府财政部门指定的媒体上发布首购产品信息。

3）签订首购协议

采购人按照研发合同约定的创新产品首购数量或者金额，与首购产品供应商签订创新产品首购协议，明确首购产品的功能、性能，服务内容和服务标准，首购的数量、单价和总金额，首购产品交付时间，资金支付方式和条件等内容，作为研发合同的补充协议。

常用的政府采购方式的对比如下表表示。

常用政府采购方式的对比

比较因素	采购方式							
	公开招标	邀请招标	竞争性谈判	竞争性磋商	询价采购	单一来源采购	框架协议采购	合作创新采购
是否需要批准	不需要批准	需经政府采购监督管理部门批准	未达到公开招标数额标准的,不需要批准,直接申报;达到公开招标数额标准的,需经政府采购监督管理部门批准				集中采购目录以外品目采用框架协议采购的,由主管预算单位负责。其他预算单位经集中采购程序和订立框架协议确有需要的,可以采用框架协议采购方式。集中采购机构采用框架协议采购的,应当拟定采购方案,报本级财政部门审核后实施。主管预算单位采用框架协议采购的,应当在采购活动开始前将采购方案报本级财政部门备案	中央和省级主管预算单位可以开展合作创新采购,也可以授权所属预算单位开展采购。设区的市级省级主管预算单位经省级主管预算部门批准,可以采用合作创新采购方式
供应商产生的方式	采购人、采购代理机构通过发布资格预审公告,从省级以上人民政府财政部门建立的供应商库中选取的供应商或者采用书面推荐的方式中选取的供应商,采购人面向或者采用书面推荐的方式,随机抽取3家以上供应商向其发出投标邀请书		采购人、采购代理机构应当通过发布公告,从省级以上财政部门建立的供应商库中随机抽取或者采购人和评审专家分别书面推荐的方式推荐符合相应资格条件的供应商参与竞争性磋商/竞争性谈判/询价采购活动			特定供应商	征集人应当发布征集公告	采购人应当发布供应商邀请公告,但在基础设施、行政许可等限制,或者确需使用不可替代的知识产权或者有专有技术等,只能从有限范围或者唯一供应商处采购,采购人可以直接向所有符合合作创新采购条件的供应商发出合作创新采购邀请书

续表

比较因素	采购方式							
	公开招标（招标）	邀请招标	竞争性磋商	竞争性谈判	询价采购	单一来源采购	框架协议采购	合作创新采购
公告期限	招标公告期限为5个工作日	资格预审公告期限为5个工作日	竞争性谈判公告、竞争性磋商公告和询价公告的公告期限为3个工作日			公示期限不得少于5个工作日	公告期限为5个工作日	以公告形式邀请供应商的，公告期限不得少于5个工作日
发出采购文件至投标（响应）文件提交截止时间	自招标文件开始发出之日起至投标文件提交截止之日止，不得少于20日。招标文件的提供期限自招标文件开始发出之日起不得少于5个工作日		从磋商文件发出之日起至供应商提交首次响应文件截止之日止，不得少于10日。磋商文件提供期限自发出之日起不得少于5个工作日	从谈判文件发出之日起至供应商提交首次响应文件截止之日止，不得少于3个工作日		—	自征集文件开始发出之日起至供应商提交响应文件截止之日止，不得少于20日。征集文件的提供期限自发出之日起不得少于5个工作日	提交参与合作创新采购申请的时间自采购公告发出之日起不得少于20个工作日。采购人应当向所有参与提供研发概念交流文件的供应商，邀请其参与研发竞争谈判。从发出研发文件之日起至供应商提交首次响应文件截止之日止不得少于10个工作日。谈判结束后，谈判小组根据谈判结果确定最终供应商，并以书面形式通知所有参加谈判的供应商，供应商按要求提交给最终供应商的响应时间应当不少于5个工作日

续表

比较因素	采购方式							
	公开招标	邀请招标	竞争性磋商	竞争性谈判	询价采购	单一来源采购	框架协议采购	合作创新采购
采购文件修改的时间及要求	对已发出的招标文件、资格预审文件进行必要澄清或者修改的，应当以书面形式通知所有获取招标文件、资格预审文件的潜在投标人或在原发布媒体上发布招标公告。澄清或者修改的内容可能影响投标文件编制的，应当在投标截止时间至少15日前，以书面形式通知所有获取招标文件的潜在投标人，不足15日的，应当顺延提交投标文件的截止时间。澄清或者修改的内容可能影响资格预审申请文件编制的，应当在提交资格预审申请文件截止时间至少3日前，以书面形式通知所有获取资格预审文件的潜在投标人；不足3日的，应当顺延提交资格预审申请文件的截止时间。	对已发出的招标文件进行必要澄清或者修改的，应当以书面形式通知所有获取招标文件的潜在投标人，不足15日的，应当顺延提交投标文件的截止时间。	澄清或者修改的内容可能影响响应文件编制的，采购人、采购代理机构应当在提交首次响应文件截止时间至少5日前，以书面形式通知所有获取磋商文件的供应商，不足5日的，采购人、采购代理机构应当顺延提交首次响应文件截止时间	澄清或者修改的内容可能影响响应文件编制的，采购人、采购代理机构或者谈判小组应当在提交首次响应文件截止时间至3个工作日前，以书面形式通知所有接收谈判文件的供应商，不足3个工作日的，采购人、采购代理机构应当顺延提交首次响应文件截止之日	澄清或者修改的内容可能影响响应人、采购人、采购代理机构或者询价小组应当在提交首次响应文件截止之日前3个工作日，以书面通知所有收到询价通知书的供应商，不足3个工作日的，采购人、采购代理机构应当顺延提交首次响应文件截止之日	—	对已发出的征集文件进行必要澄清或者修改的，应当以书面形式通知所有获取征集文件的潜在供应商，澄清或者修改应当在发布公告的原媒体上发布澄清公告，澄清或者修改的内容可能影响应响应文件编制的，应当在以书面形式通知所有获取征集文件的潜在供应商，不足15日的，应当顺延响应文件提交的截止时间	采购人可以对已发出的研究开发文件必要进行澄清或者修改，但不得变更采购或者标的和资格条件。澄清或者修改的内容可能影响响应供应商准备时间不足的，导致响应供应商准备时间不足的，采购人按照研发谈判规定，顺延提交应文件的时间

续表

比较因素	采购方式							
	公开招标	邀请招标	竞争性磋商	竞争性谈判	询价采购	单一来源采购	框架协议采购	合作创新采购
评标委员会或评审小组组成	评标委员会由采购人代表和评审专家组成，成员人数应当为5人以上单数，其中评审专家不得少于成员总数的2/3。采购项目符合下列情形之一的，评标委员会成员人数应当为7人以上单数：(1)采购预算金额在1000万元以上；(2)技术复杂；(3)社会影响较大		评审小组由采购人代表和评审专家共3人以上单数组成，其中评审专家不得少于成员总数的2/3。达到公开招标数额标准的货物或者服务采购项目，或者达到招标规模标准的政府采购工程，评审小组应当由5人以上单数组成		组织具有相关经验的专业人员与供应商商定合理的价格并保证采购项目质量		评标委员会由采购人代表和专家应当为5人以上单数，其中评审人数应当为专家不得少于成员总数的2/3。采购项目符合下列情形之一的，评标委员会成员人数7人以上单数：(1)采购预算金额在1000万元以上；(2)技术复杂；(3)社会影响较大	采购人应当组建谈判小组，谈判小组由采购人代表和评审专家共5人以上单数，采购人应当自行选定相应专业领域的评审专家。采审专家中应当包含1名法律专家和1名经济专家。谈判小组具体人员组成比例，评审专家及采购人员的调整办法及采购程序选取按照采购内部控制管理制度确定
供应商的报价	供应商一次报出不得更改的价格，必须公开唱标		供应商在规定时间内提交最后报价。在提交最后报价之前可根据磋商/谈判情况退出磋商/谈判	供应商一次报出不得更改的价格	供应商一次报出不得更改的价格	商定合理的成交价格	供应商一次报出不得更改的价格	供应商一次报出不得更改的价格
评审办法	综合评分法、最低评标价法		综合评分法		根据符合采购需求、质量和服务相等且报价最低的原则确定成交供应商		价格优先法或质量优先法（确定第一阶段入围供应商的评审方法）	综合评分法

比较因素	采购方式							
	公开招标	邀请招标	竞争性磋商	竞争性谈判	询价采购	单一来源采购	框架协议采购	合作创新采购
确定中标(成交)供应商并发布结果公告	采购代理机构应当在评审结束后2个工作日内将评审报告送采购人。采购人应当自收到评审报告之日起5个工作日内按顺序确定中标(成交)供应商或者采购代理机构应当自中标(成交)供应商确定之日起2个工作日内,在省、省级以上财政部门指定的媒体上公告中标(成交)结果					—	封闭式框架协议采购人围供应结果公告或者公开招标方式确定的,应当一次竞价成交供应商的,征集人应当在成交结果确定后2个工作日内发布公告。征集人应当在框架协议有效期期满后10个工作日内发布成交结果汇总公告。开放式框架协议采购人应当在审核通过后2个工作日内发布入围结果公告	采购人应当在确定首购产品后10个工作日内在省级人民政府财政部门指定的上人民政府财政部门指定的媒体上发布首购产品信息
中标(成交)公告期限	1个工作日							—

第四节 政府采购方式的变更

一、政府采购方式变更的情形

本节所称的政府采购方式变更，均是指达到公开招标数额标准的货物、服务采购项目，采购方式由公开招标变更为其他非招标方式的情形，分为以下两种：

（1）应当采用公开招标的项目，由于项目特点，需要变更为其他采购方式的。

（2）公开招标失败，需要变更为其他采购方式的。

我们称第一种情形为"采购活动开始前"的变更，称第二种情形为"公开招标失败后"的变更。

二、"采购活动开始前"的变更

《政府采购非招标采购方式管理办法》第四条规定，达到公开招标数额标准的货物、服务采购项目，拟采用非招标采购方式的，采购人应当在采购活动开始前，报经主管预算单位同意后，向设区的市、自治州以上人民政府财政部门申请批准。

《政府采购竞争性磋商采购方式管理暂行办法》规定，达到公开招标数额标准的货物、服务采购项目，拟采用竞争性磋商采购方式的，采购人应当在采购活动开始前，报经主管预算单位同意后，依法向设区的市、自治州以上人民政府财政部门申请批准。

综上所述，达到公开招标数额标准的货物、服务采购项目，拟采用竞争性谈判、单一来源采购、询价、竞争性磋商的，采购人在采购活动开始前，应依法报经主管预算单位同意后，向设区的市、自治州以上人民政府财政部门申请批准。

《政府采购非招标采购方式管理办法》第五条规定，在报财政部门申请时，采购人应当向财政部门提交以下材料并对材料的真实性负责：

（1）采购人名称、采购项目名称、项目概况等项目基本情况说明。

（2）项目预算金额、预算批复文件或者资金来源证明。

（3）拟申请采用的采购方式和理由。

三、"公开招标失败后"的变更

《政府采购货物和服务招标投标管理办法》第四十三条规定，公开招标数额标准以上的采购项目，投标截止后投标人不足3家或者通过资格审查或符合性审查的投标人不足3家的，除采购任务取消情形外，按照以下方式处理：

（1）招标文件存在不合理条款或者招标程序不符合规定的，采购人、采购代理机构改正后依法重新招标。

（2）招标文件没有不合理条款、招标程序符合规定，需要采用其他采购方式采购的，采购人应当依法报财政部门批准。

根据以上要求，公开招标失败后的采购方式变更需满足以下条件：

（1）投标截止后，投标人不足3家或者通过资格审查或符合性审查的投标人不足3家的客观事实存在。

（2）采购任务未取消。

（3）采购文件无不合理条款。

（4）招标程序符合规定。

（5）采购方式变更必须获得财政部门批准。

招标失败意味着投标截止后投标人不足3家或者通过资格审查或符合性审查的投标人不足3家，那么就存在投标人或合格标的为"2家投标人""1家投标人""没有投标人或没有合格标的"这3种情形，下面我们逐一分析。

1．"2家投标人""没有投标人或没有合格标的"的情形

对此，《政府采购非招标采购方式管理办法》在竞争性谈判方式中进行了规定。

第二十七条第一款第一项情形：招标后没有供应商投标或者没有合格标的，或者重新招标未能成立的。

第二十七条第二款情形：公开招标的货物、服务采购项目，招标过程中提交投标文件或者经评审实质性响应招标文件要求的供应商只有2家时，采购人、采购代理机构按照本办法第四条经本级财政部门批准后可以与该2家供应商进行竞争性谈判采购，采购人、采购代理机构应当根据招标文件中的采购需求编制谈判文件，成立谈判小组，由谈判小组对谈判文件进行确认。

根据以上规定，公开招标的货物、服务采购项目，没有供应商投标或者没有合格标的，或者重新招标未能成立的，或者招标过程中提交投标文件或者经评审实质性响应招标文件要求的供应商只有2家的，都可以申请变更为竞争性谈判采购方式。

申请采用竞争性谈判采购方式时，除提交《政府采购非招标采购方式管理办法》第五条规定的材料外，还应当提交下列申请材料：

（1）在省级以上财政部门指定的媒体上发布招标公告的证明材料。

（2）采购人、采购代理机构出具的对招标文件和招标过程是否有供应商质疑及质疑处理情况的说明。

（3）评标委员会或者3名以上评审专家出具的招标文件没有不合理条款的论证意见。

2．"1家投标人"的情形

上面"2家投标人"的情形可申请变更为竞争性谈判采购方式，而"1家投标人"的

情形不能直接申请变更为单一来源采购方式，而是要判断项目是否属于《政府采购法》第三十一条第一项情形"只能从唯一供应商处采购的"情形。如果属于，采购人、采购代理机构在报财政部门批准之前，还应当在省级以上财政部门指定媒体上公示，并将公示情况一并报财政部门。公示期不得少于5个工作日，公示内容应当包括：

（1）采购人、采购项目名称和内容。

（2）拟采购的货物或者服务的说明。

（3）采用单一来源采购方式的原因及相关说明。

（4）拟定的唯一供应商名称、地址。

（5）专业人员对相关供应商因专利、专有技术等原因具有唯一性的具体论证意见，以及专业人员的姓名、工作单位和职称。

（6）公示的期限。

（7）采购人、采购代理机构、财政部门的联系地址、联系人和联系电话。

综上所述，达到公开招标数额标准的货物、服务采购项目，"公开招标失败后"，采购人可以根据实际情况，按照《政府采购非招标采购方式管理办法》的相关规定，依法申请由公开招标变更为竞争性谈判或单一来源采购。

下面以湖北省相关规定为例进行介绍。

湖北省财政厅于2017年6月30日发布《关于进一步加强政府采购方式变更管理有关事项的通知》（鄂财函〔2017〕215号）。该通知就进一步加强政府采购的方式变更管理有关事项作出了以下规定。

一是依法明确采购方式变更情形及申请变更主体。达到公开招标数额标准的货物、服务项目，因特殊情况需要采用公开招标以外的采购方式的，且符合法定的变更采购方式情形的，采购人报经主管预算单位（主管预算单位是指负有编制部门预算职责，向同级财政部门申报预算的国家机关、事业单位和团体组织）同意后，依照《政府采购法》的规定向财政部门提出变更申请。采购方式变更分为两种情形，即采购活动开始前和公开招标失败后。公开招标以外的采购方式包括：邀请招标、竞争性谈判、竞争性磋商、单一来源采购、询价以及财政部认定的其他采购方式。未达到公开招标数额的货物、服务项目，由采购人依法自行确定采购方式，无需报财政部门批准。

二是依法规范采购方式变更申请。采购活动开始前和公开招标失败后，采购人申请采购方式变更的，报经主管预算单位同意后，依法向财政部门提出申请，并提交申请报告和相关附件资料。

三是依法公示采购方式变更前的相关信息。这包括公示的情形、公示的内容及期限和对公示异议的处理。

四是明确相关责任及工作要求。采购人是政府采购方式变更申请的主体，依法承担主体责任。采购人申请方式变更应当向财政部门提交合规、明确、完整的申请材料，并对其合规性、真实性负责。达到公开招标数额标准，采购人未经批准，擅自采用公开招标以外采购方式的，属违法行为；主管预算单位应当按照政府采购内部控制制度建设的要求，对所属单位实行内部归口管理，加强对所属单位的采购执行管理，强化政府采购政策落实的指导；采购代理机构应当依法按照采购人的委托，代理采购项目的具体实施活动，配合采购人提供变更采购方式所需的相关材料，并依法按照批准的采购方式开展采购活动；财政部门按照政府采购法律法规及相关制度的规定，对采购人提交的变更采购方式申请材料进行符合性审核，审核符合法定情形规定的，依法批准采购人的政府采购方式申请，并负责对政府采购方式的执行进行监督检查。

在线习题（第三章）

第四章
评审专家管理

第一节　政府采购评审专家库

一、评审专家库的设立和管理

1.评审专家库的设立

为加强政府采购评审活动管理，规范政府采购评审专家评审行为，根据《政府采购法》及其实施条例，以及《政府采购评审专家管理办法》（财库〔2016〕198号），政府采购评审专家库由省级以上人民政府财政部门依法设立。

2.评审专家库的管理

评审专家实行统一标准、管用分离、随机抽取的管理原则。

各级人民政府财政部门依法履行对评审专家的监督管理职责。财政部负责制定全国统一的评审专家专业分类标准和评审专家库建设标准，建设管理国家评审专家库。省级人民政府财政部门负责建设本地区评审专家库并实行动态管理，与国家评审专家库互联互通、资源共享。

二、评审专家的选聘与解聘

评审专家是指经省级以上人民政府财政部门选聘，以独立身份参加政府采购评审，纳入评审专家库管理的人员。

省级以上人民政府财政部门通过公开征集、单位推荐和自我推荐相结合的方式选聘评审专家。

1.评审专家的资格条件

评审专家应当具备以下资格条件：

（1）具有良好的职业道德，廉洁自律，遵纪守法，无行贿、无受贿、无欺诈等不良信用记录。

（2）具有中级专业技术职称或同等专业水平且从事相关领域工作满8年，或者具有高级专业技术职称或同等专业水平。

（3）熟悉政府采购相关政策法规。

（4）承诺以独立身份参加评审工作，依法履行评审专家工作职责并承担相应法律责任的中国公民。

（5）不满70周岁，身体健康，能够承担评审工作。

（6）申请成为评审专家前三年内，无下列不良行为记录：

① 未按照采购文件规定的评审程序、评审方法和评审标准进行独立评审；

② 泄露评审文件、评审情况；

③ 与供应商存在利害关系而未回避；

④ 收受采购人、采购代理机构、供应商贿赂或者获取其他不正当利益；

⑤ 提供虚假申请材料；

⑥ 拒不履行配合答复供应商的询问、质疑、投诉等法定义务；

⑦ 以评审专家身份从事有损政府采购公信力的活动。

除上述资格条件外，部分省对评审专家的资格条件要求又有所补充完善，如湖北省、广西壮族自治区要求评审专家能够熟练操作使用计算机并独立完成评审工作；甘肃省要求评审专家承诺自觉接受财政、纪检、监察、审计等相关部门的监督管理；安徽省将评审专家的年龄要求调整至65周岁等。

对评审专家数量较少的专业，上述资格条件第（2）项和第（5）项所列条件可以适当放宽。如湖北省规定，不具备上述资格条件第（2）项所列条件，但在相关工作领域有突出的专业能力和特长，且符合评审专家其他资格条款的，经申请人所在地财政部门审查后出具推荐函，可选聘成为评审专家。

2.评审专家的选聘

省级以上人民政府财政部门对申请人提交的申请材料、申报的评审专业和信用信息进行审核，符合条件的选聘为评审专家，纳入评审专家库管理。

下面将以湖北省为例，介绍如何申请成为评审专家。

评审专家实行网上登记注册，申请人通过湖北省政府采购评审专家申报系统（www.ccgp-hubei.gov.cn:8030），按照流程填报本人相关信息，上传以下申请材料的原件图片：

（1）申请人签署的申请书、信用承诺书。

（2）学历学位证书。

（3）居民身份证。

（4）专业技术职称（水平）证书或财政部门推荐函。

（5）专业技术职称（水平）任职文件或评定结果官方网站查询截图。

（6）省财政厅要求提交的其他材料。

申请人应当根据本人职称专业结合长期从事的工作或专长，按照财政部制定的评审专家专业分类标准选择评审专业，三级及以上专业目录不带子目录的不限定专业数量，三级专业目录带子目录的不得超过三种。

除获得新的专业类别的职称（水平）证书外，评审专家的评审专业不得随意更改。确需更改的，由评审专家本人向省财政厅提交书面申请、新获得的职称（水平）证书等相关支撑材料，经审查确认后调整。

省财政厅对申请人提交的材料进行网上审查，审查时间原则上不超过5个工作日。

经审查符合资格条件的可参加在线培训和考核，考核成绩合格的，自动选聘为评审专家，纳入评审专家库管理。

评审专家的聘用期为3年，期满后由财政厅或受财政厅委托的机构统一组织继续教育培训及考核，考核合格后可自动续聘。评审专家应当参加省财政厅根据政府采购相关政策法规立、改、废、释情况适时组织的专题学习培训。

聘用期满后无故不参加继续教育培训及考核的，或者聘用期间无故不参加专题学习培训的，将暂停参加政府采购评审活动，直至完成必要的学习培训并考核通过后恢复。

评审专家工作单位、联系方式、评审区域、专业技术职称、需回避的信息等发生变化的，应当及时通过评审专家管理系统向省财政厅提交信息变更申请，其中评审区域原则上每年变更不得超过2次。

【小贴士】

申请书（示例）

湖北省财政厅：

本人×××（身份证号：×××），符合《湖北省政府采购评审专家管理实施办法》（鄂财采规〔2022〕1号）第六条规定的资格条件，现申请成为湖北省政府采购评审专家，并承诺自觉遵守评审工作纪律，维护公开、公平、公正的评审活动秩序，树立诚实守信的评审专家形象。

申请人：

日期：

3. 评审专家的解聘

评审专家存在以下情形之一的，省级以上人民政府财政部门应当将其解聘：

（1）本人申请不再担任评审专家。

（2）不符合评审专家应当具备的资格条件。

（3）受到刑事处罚。

部分省级财政部门在常规情形外增设了解聘条款，如湖北省规定连续2年履职评价结果不合格者应当被解聘；广西壮族自治区规定无正当理由不参加政府采购相关政策法规继续教育培训、聘期内被暂停抽取资格两次（含）以上的评审专家应当被解聘；山西省规定评审专家在评审过程中向采购人、供应商或代理机构明示、暗示索取超出标准的劳务报酬，或者要求先给付报酬再评审，或者因劳务报酬低而拒绝签署评审报告的视同以评审专家身份从事有损政府采购公信力的行为，将予以解聘。

请看下面的案例。

×××县财政局对政府采购评审专家闵某的处罚

【案情概述】

在2024年上半年政府违规购买第三方服务项目检查过程中，发现政府采购评审专家闵某的职称证书非人力资源和社会保障部门所发。2024年10月8日当地财政局立案调查，查实闵某采用虚假的职称材料申请加入该省评审专家库。

【处理结果】

列入不良行为记录，给予警告、没收违法所得、罚款2万元（贰万元）、禁止参加政府采购评审活动，报省财政厅对其政府采购评审专家资格予以取消。

【处理依据】

《政府采购评审专家管理办法》（财库〔2016〕198号）第二十九条规定，申请人或评审专家有下列情形的，列入不良行为记录：

（1）未按照采购文件规定的评审程序、评审方法和评审标准进行独立评审。

（2）泄露评审文件、评审情况。

（3）与供应商存在利害关系未回避。

（4）收受采购人、采购代理机构、供应商贿赂或者获取其他不正当利益。

（5）提供虚假申请材料。

（6）拒不履行配合答复供应商询问、质疑、投诉等法定义务。

（7）以评审专家身份从事有损政府采购公信力的活动。

《中华人民共和国行政处罚法》第二十八条规定，行政机关实施行政处罚时，应当责令当事人改正或者限期改正违法行为。

当事人有违法所得，除依法应当退赔的外，应当予以没收。违法所得是指实施违法行为所取得的款项。法律、行政法规、部门规章对违法所得的计算另有规定的，从其规定。

第二节 评审专家的职业道德与专业素养

一、 评审专家的职业道德

评审专家资格条件首先要求其具有良好的职业道德，包括客观公正、廉洁自律、诚信正直、遵纪守法、依法回避、保守秘密等。

1.遵纪守法

评审专家应坚守法治初心，忠于《中华人民共和国宪法》，遵守《中华人民共和国政府采购法》《政府采购评审专家管理办法》等政府采购法律法规和相关规定，主动接受各方监督。积极参加财政部门组织的政府采购政策法规培训并通过考核。

2.客观公正

评审专家应秉持中立立场，在评审过程中，摒弃个人偏见、利益倾向和主观臆断，严格依据采购文件规定的评审标准和方法进行独立评审，对所有供应商一视同仁，不偏袒、不歧视任何一方，对不同供应商的投标响应文件进行同等深度和广度的审查，不厚此薄彼。为所有参与政府采购的供应商创造公平的竞争环境，保证评审过程和结果不受任何非法因素的干扰，确保评审公平、公正。

3.廉洁自律

评审专家应保持清正廉洁的职业操守，严于律己，坚决抵制收受采购人、采购代理机构、供应商贿赂或者获取其他不正当利益，不利用参与评审便利获取不正当利益。发现采购人、供应商、采购代理机构在政府采购活动中有违法违规行为的，及时制止并报告财政部门。

4.诚信正直

评审专家不得提供虚假申请材料，在评审活动中应保持诚实守信，言行一致，提出真实、可靠评审意见，对自己的评审意见和行为负责，勇于承认错误并及时纠正，维护政府采购评审专家的良好形象和公信力。

5. 依法回避

评审专家与参加采购活动的供应商存在法律法规规定的利害关系的，可能影响政府采购活动公平、公正进行的情形，应当主动申请回避。

6. 保守秘密

对在评审过程中获取的政府采购项目的相关信息，如采购文件、供应商的投标文件、评审过程中的讨论内容和未公布的评审结果等，严格保密。不向任何无关人员透露这些信息，防止信息泄露给供应商或其他利益相关者，影响采购活动的公平性和公正性。例如，评审专家在评审结束后，不应将未公开的中标候选人信息透露给其他供应商，以免引发不必要的纠纷和质疑。

对于供应商在投标文件中涉及的商业秘密，如产品的技术诀窍、成本核算、客户名单等，予以严格保护。不擅自使用或向他人披露这些商业秘密，避免给供应商造成经济损失。例如，在评审某企业的高科技产品投标文件时，评审专家若接触到该企业独特的技术配方等商业秘密，必须严格保密，不得用于任何与评审无关的目的。

【小贴士】

【问】某专家在B公司任职，但在A公司持有10%股份，A公司参与投标的项目，该专家作为评审专家需要回避吗？

【答】不需要回避，该专家持有A公司的股份，但不是控股股东或实际控制人，不属于法定需要回避的情形。

二、评审专家的专业素养

1. 具有扎实的专业技术能力

评审专家具有中级专业技术职称或同等专业水平且从事相关领域工作满8年，或者具有高级专业技术职称或同等专业水平，这一资格条件要求评审专家具备扎实的专业知识，在相关专业领域有深入的研究和丰富的实践经验，熟悉评审专业相关的产业发展、市场供给及产品或服务情况，能够准确判断供应商提供的产品或服务是否符合采购需求，能胜任项目咨询、论证、验收等工作。

2. 熟悉政府采购相关政策法规

评审专家应熟悉国家和地方关于政府采购的法律法规、政策文件以及相关的行业标准和规范，了解政府采购的程序、流程和要求，能够依据政府采购相关政策法规进行评审工作，确保评审活动合法合规；能够识别采购文件中的违法违规内容，并在必要时停止评审并书面说明情况。

3.具有严谨细致的工作作风

在评审过程中，认真、仔细地审阅采购文件和供应商的投标响应文件，对文件中的各项条款、技术参数、商务条件等进行逐一核对和审查，运用科学的方法和严谨的逻辑思维，对供应商的产品质量、服务能力、价格合理性等方面进行精确判断，不凭主观印象或模糊认识得出结论，确保评审结果的准确性和可靠性。

4.熟练操作使用计算机

政府采购电子化是政府采购领域的重要发展趋势，它对评审专家提出了一系列新的要求，以确保电子化采购活动的顺利开展和高效运行。评审专家应该具有计算机操作能力与技术适应性，熟悉政府采购电子评审系统的操作流程，了解电子化采购中关于电子签名、电子合同、数据存储和备份等方面的规定，熟练掌握办公软件，提高评审效率。

第三节 评审专家权利与义务

评审专家在评审活动中享有一定的权利，同时也承担着相应的义务，以确保评审活动的公平、公正、科学、规范。

一、评审专家的权利

1.对应邀参加评审的政府采购项目的独立评审权

《政府采购评审专家管理办法》（财库〔2016〕198号）第十八条和《财政部关于进一步规范政府采购评审工作有关问题的通知》（财库〔2012〕69号）规定，评审专家应当根据采购文件规定的评审程序、评审方法和评审标准进行独立评审，不受任何单位或个人的非法干预。为了保证专家公正独立评审，《政府采购评审专家管理办法》做了以下规定：一是规定采购人或采购代理机构应当从评审专家库中随机抽取评审专家，未按规定抽取和使用评审专家的，依照《政府采购法》及有关法律法规追究法律责任。二是要求评审专家发现采购文件违反国家有关强制性规定或者存在歧义、重大缺陷导致评审工作无法进行的，应当停止评审并书面说明情况；评审专家发现供应商有违法行为的，应当及时向财政部门报告；评审过程中受到非法干预的，应当及时向财政、监察等部门举报。三是规定评审专家名单在评审结果公告前应当保密，各级财政部门、采购人和采购代理机构有关工作人员不得泄露评审专家的个人情况。四是规定评审专家可以在政府采购信用评价系统中查询本人职责履行情况记录，就有关情况作出说明，并记录采购人或者采购代理机构的职责履行情况。

2. 推荐中标、成交候选供应商的表决权

《财政部关于进一步规范政府采购评审工作有关问题的通知》（财库〔2012〕69号）规定，评审专家根据评审结果推荐中标或成交候选供应商，或者根据采购人委托协议规定直接确定中标或成交供应商。

3. 获得参加评审劳务报酬的权利

评审专家在完成评审工作后，有权按照规定获取相应的评审报酬。《政府采购评审专家管理办法》（财库〔2016〕198号）第二十四条规定，省级人民政府财政部门应当根据实际情况，制定本地区评审专家劳务报酬标准；评审专家劳务报酬的标准因地区而异，通常由评审所在地省级人民政府财政部门明文规定。

部分地区政府采购专家评审报酬支付标准如表4-1所示。

表4-1　部分地区政府采购专家评审报酬支付标准

地区	标准
北京	（1）劳务报酬按照评审时间计算，每4个小时为一个区间（不足4个小时按4个小时计算），报酬为500元。 这里所规定的劳务报酬为税后报酬，税款由采购人、集中采购机构依法代扣代缴。 （2）评审专家到达评审地点后，非评审专家自身原因（因回避关系、项目取消或延期）不能开展评审工作的，按照每人200元标准支付。 （3）评审专家对于所参加的评审项目，有配合答复供应商的询问、质疑和投诉等事项的责任。评审专家到评审现场履行以上义务时，按照每次200元/人标准支付
山西	（1）评审时间在2小时以内的（含2小时）按照每次300元/人支付。 （2）评审时间在2小时以上的，每增加1小时，每超过1小时增加100元/人，单日800元/人封顶。 （3）对于经评审不符合采购文件要求作废标处理的政府采购项目，评审时间在2小时以内的（含2小时）按照300元/人发放，评审时间在2小时以上的400元/人封顶；对于未进入评审程序作废标处理的政府采购项目，按照100元/人发放。 （4）法定节假日期间评审，在上述标准的基础上，提高一倍发放标准
吉林	（1）政府采购评审专家工作时长在3小时以内的，按300元/人劳务报酬标准支付。 （2）评审工作时间需延长的，每延长1小时增加100元（不足半小时的，增加50元；超过半小时的按1小时计算）。 （3）评审专家对质疑、投诉项目进行复核，或对采购需求进行论证等发生的劳务报酬，参照本标准执行。劳务报酬所得应缴纳个人所得税的，按税收法律法规执行。 （4）评审专家到评审现场发现应回避等情况而未参加评审的，支付交通费100元

续表

地区	标准
黑龙江	（1）评审专家工作半天（4小时（含）以内），按300元/人发放。 （2）评审专家工作1天（4小时以上，8小时（含）以内），按500元/人发放。 （3）如遇特殊情况，在工作时间内不能如期完成评标工作需延长评标时间的，每延长1小时增加100元，每天最高限额为1000元。 （4）评审组长的评审劳务费在原标准的基础上增加100元。 （5）评审过程中出现废标时，需专家对商务标准及技术条款提出论证意见发300元；项目被质疑需原评审委员会进行复查的，评审费用、复查费用合并发放。专家不来复查的，评审费用减半发放。若质疑无效，原评审费用正常发放，复查费用按半天200元、全天300元发放；若质疑成立，界定责任，属于原评审专家未按照采购文件规定的评审程序、评审方法和评审标准进行评审或者泄露评审文件、评审情况的，不予发放评审费用、复查费用；不属于上述情况的，评审费用正常发放，复查费用不予发放。 （6）对于专家未在规定时间内参加评审的，迟到15分钟以上30分钟以内的，扣除50元劳务报酬，迟到30分钟以上1小时以内的，扣除100元劳务报酬；迟到1小时以上的，视为自动放弃本次评审资格
上海	（1）政府集中采购项目专家评审费支付标准调整为半天500元/人，一天800元/人；市集中采购机构应按此标准执行，各社会中介代理机构可参照此标准执行。 （2）各区县财政局可按上述标准指导本级集中采购机构。 （3）各区县财政局、各政府采购代理机构可根据评审项目的复杂性、工作量以及评审区域偏远等情况适当上浮专家评审费
江苏	（1）公开招标、邀请招标、竞争性谈判、竞争性磋商项目：评审费支付标准为半天500元/人，超过半天的，每超过1小时增加100元/人。 （2）单一来源、询价、论证、复审、履约验收等项目：2小时以内的，评审费支付标准为300元/人，超过2小时的，每超过1小时增加100元/人。 （3）开标后项目未进行评审的，支付标准为200元/人；项目评审后中止程序的，按实际评审时间计算，参照第（1）、（2）款执行。 （4）邀请异地专家参加评审的，评审费除参照以上支付标准外，还应考虑增加的交通费、住宿费等
浙江	（1）公开招标、邀请招标、竞争性谈判、竞争性磋商、单一来源、询价项目：半天（3小时）500元/人，超过半天的，每超过1小时增加100元/人。1天（8小时）评审劳务费最高不超过1000元。连续评审时间超过8小时的，每超过1小时增加200元/人。担任评审小组组长的专家增发100元/人。 （2）论证、复议、履约验收等项目：2小时以内的，300元/人，超过2小时的，每超过1小时增加100元/人。最高不超过1000元。 （3）到达评审现场后项目未进行评审或专家因回避等原因未参与评审的，200元/人；项目评审后中止程序的，按实际评审时间计算，参照第（1）、（2）款执行。 （4）邀请异地专家参加评审的，除参照以上评审费标准外，还应按采购人执行的差旅费管理办法相应标准由采购人或集中采购机构向评审专家凭据报销城市间交通费用

续表

地区	标准
福建	(1)评审专家工作时间在3小时以内的,支付劳务报酬300元/人;工作时间在3小时以上的,每超过1小时增加100元/人;超出时间不足30分钟的,支付劳务报酬50元;超出时间30分钟不足1小时的,按照1小时支付劳务报酬。采购人、采购代理机构应科学安排采购项目评审,原则上评审专家每天工作时间不超过8小时。 (2)评审活动开始后,因资格审查不足3家、采购文件存在重大缺陷等原因导致废标或评审停止,评审专家工作时间不足2小时的,支付劳务报酬200元/人。
山东	一、劳务报酬 1.1 适用情形:①正常评审项目;②进入评审环节后中止的项目。 1.2 金额:评审时间不满3小时的,劳务报酬为400元/人;评审时间超过3小时的,每增加1小时增加100元/人。正常情况下1天最高不超过1000元/人。 1.3 备注:增加时间超过30分钟不足1小时的,按1小时计算;不足30分钟的,按50元/人计算。因项目评审需要,连续评审时间超过10小时或者2天以上的,由双方协商确定。 二、误工补偿 2.1 适用情形:①未进入评审环节即中止或者终止的项目;②专家到场后发现需要回避的项目。 2.2 金额:给予到场评审专家200元补偿。 2.3 备注:未经评审采购活动即中止或者终止的项目。 三、差旅费 3.1 适用情形:①住宿费;②城市间交通费。 3.2 金额:参照采购人执行的差旅费管理办法相应标准,由采购人或者集中采购机构凭据报销。 3.3 备注:本地评审不报销住宿费(因项目连续多日封闭评审而产生的住宿费除外)和交通费
湖北	(1)省级政府采购项目评审劳务报酬标准。评审专家参加省级政府采购项目评审不超过2小时的,劳务报酬按300元发放,每增加1小时,劳务报酬增加100元,评审时间达到8小时的,劳务报酬按1000元发放。 (2)市、县级政府采购项目评审劳务报酬标准。评审专家参加市、县级政府采购项目评审不超过2小时的,劳务报酬按200元发放,每增加1小时,劳务报酬增加100元,评审时间达到8小时的,劳务报酬按800元发放。市、县级也可参照省级政府采购项目评审劳务报酬标准执行。 (3)评审专家按照专家库随机抽取短信通知或采购人通知要求到达评审地点,非评审专家自身原因,评审活动不能正常进行的,应向评审专家支付100元的误工费,误工费在评审劳务报酬中列支

地区	标准
湖南	一、同城评审 1.评审费 正常评审项目及进入评审环节后终止的,评审时间不超过3小时(含)的按400元/人发放,超过3小时不足0.5小时的按0.5小时计算,增加50元/人;超过0.5小时不足1小时的按1小时计算,每小时增加100元/人。各市(州)县可根据当地实际情况,以本标准为上限适当进行调整。 2.误工补贴 评审专家到达现场后,因回避制度或尚未对采购项目进行评审的,按200元/人发放。 二、异地评审 1.评审费 1.1 本省异地评审,正常评审项目及进入评审环节后终止的,半天时间内(含半天)按300~600元/人发放,具体金额双方协商确定。 1.2 聘请外省专家,正常评审项目及进入评审环节后终止的,半天时间内(含半天)副高级按500~800元/人发放;半天时间内(含半天)正高级按1000~1500元/人发放;半天时间内(含半天)院士、著名专家按2000元/人发放,具体金额双方协商确定。 2.误工补贴 2.1 本省异地评审,评审专家到达现场后,因回避制度或尚未对采购项目进行评审的,按200~300元/人发放。使用人根据实际情况确定。 2.2 聘请外省专家,评审专家到达现场后,因回避制度或尚未对采购项目进行评审的,按500元/人发放。 3.差旅费 城市间交通费、住宿费,参照采购人执行的差旅费管理办法相应标准向采购人或集中采购机构凭有效凭证报销或协商包干。 (以上内容摘自附件1,具体标准以附件1为准)
广东	(1)评审在当天完成的:评审时间在2小时(含2小时)以内的,按每人每次400元支付;评审时间超过2小时且总评审时间在8小时以内的,超过部分每增加1小时增加100元;评审时间超过8小时的,超过部分每增加1小时增加150元。 (2)评审时间需跨日的,首日的评审费按照本通知第二大点(一)所列标准计算;从次日起的评审费按下列标准计算:评审时间在8小时(含8小时)以内的,按每人每小时100元支付;评审时间超过8小时的,超过部分每增加1小时增加150元。 (3)误工补助。对于到达评审地点的评审专家,按规定须回避或评审因故取消、改期的,提供补助200元/人。 (4)评审结束时间超过12:00或18:00时,采购人或其委托的代理机构应当为评审专家统一安排午餐或晚餐,并承担相关费用。用餐时间计入评审时间。评审期间,可以统一安排休息时间。休息时间在0.5小时以内的,计入评审时间;超过0.5小时部分不计入评审时间。国家对于评审专家劳务报酬另有规定的,从其规定

地区	标准
广西	(1)评审时间在4小时以内的,评审劳务报酬标准为400元/人(含市内交通费),每超过1小时增加100元。超过时间为30分钟以上不满1小时的,按照1小时计算;超过时间不足30分钟的,增加50元。 (2)技术复杂、专业性强的政府采购项目,通过随机方式难以在自治区财政厅设立的评审专家库中确定合适的评审专家,需要从广西区域外选定相应专业领域的评审专家,评审时间在4小时以内的,评审劳务报酬标准为800元/人(含市内交通费),每超过1小时增加100元。超过时间为30分钟以上不满1小时的,按照1小时计算;超过时间不满30分钟的,增加50元。 评审专家已经到达评审现场,但采购项目未进行评审即宣布采购活动终止或者因为其他原因评审需要改期进行的,每位评审专家支付不高于200元(含市内交通费)的误工补助。 (3)到达评审现场因存在回避关系未参加评审的评审专家,每位评审专家支付交通费50元。 (4)评审委员会组长由评审委员会成员推选产生。担任评审委员会组长的专家评审劳务报酬增加100元
重庆	(1)评审时间≤4小时的,劳务报酬按500元计; (2)4小时<评审时间≤6小时,评审劳务报酬按600元计; (3)6小时<评审时间≤8小时,评审劳务报酬按700元计。 其中: ①评审时间原则上每人每天不超过8小时,特殊情况下可以延期,延期时间段在700元基础上每增加1小时加100元,最高不超过1000元。 ②评审专家已到达评审地点后,非评审专家自身原因不能开展评审工作的,评审劳务报酬按200元计。 ③评审开始后,经资格审查不足3家即宣布废标或评审终止,且时间在2小时以内的,评审劳务报酬按300元计。 ④项目废止或评审终止后需要评审专家对采购文件进行论证的,劳务报酬参照正常评审标准发放。 ⑤评审专家参加评审的基本交通费用已经包含在评审劳务报酬里面
四川	(1)评审专家评审时间在1小时以内的,评审费标准为250元;评审时间超过1小时的,每增加1小时增加100元;增加时间在30分钟以上的,按照1小时计算;增加时间不足30分钟的,增加50元。市(州)财政部门在制定本地具体标准时,可以在20%的幅度内上下浮动。 (2)评审专家已经到达评审现场,但采购项目未进行评审即宣布采购活动终止或者因为其他原因评审需要改期进行的,应当给予评审专家误工补助,但不得超过200元。 评标时间3小时以内的,按照300~400元标准发放,超过3小时的每超过1小时,增加100~150元,超过半小时不足1小时的按1小时计算,不足半小时的不予计算
贵州	评审时间在3小时内的(含,下同),省内评审专家劳务报酬按每人400元计发,跨市(州)、县行政区域进行异地评审按每人500元计发,省外评审专家按每人600元计发。超过3小时的,每增加1小时加计100元,增加时间超过半小时不足1小时的按1小时计算,不足半小时的不予计算。担任评审小组组长加计100元

地区	标准
云南	（1）专家评审费。评审时间在半天（或4小时）及以内的，按400元/人的基数支付；超过半天（或4小时）的，超出部分按50元/半小时的标准支付，不足半小时的按半小时计算。 （2）误工补贴。因故延期评审的项目，因采购人或采购代理机构未及时通知已抽取评审专家，导致专家已经或即将到达评审现场的；或者评审专家到达评审现场后发现需要回避的；或者项目评审结束后，需原评审专家进行重新评审的，采购人或采购代理机构应当向已到评审现场的专家支付不高于150元的误工补贴（含市内交通费）。 （3）异地评审差旅费。评审专家参加异地评审的，其往返的城市间交通费、住宿费等实际发生的费用，可参照采购人执行的差旅费管理办法相应标准向采购人或采购代理机构凭据报销。 （4）评审专家未按通知时间到达评审现场，迟到半小时以上1小时以内的，扣减评审劳务报酬100元。迟到1小时以上的，采购人或采购代理机构应当按规定报同级财政部门取消该专家本次评审资格，并补充抽取评审专家
西藏	1.区内专家评审费计发标准 （1）预算金额在50万元（不含50万元）以下的，公开招标、邀请招标、竞争性磋商采购项目，按每人400元/次标准发放；竞争性谈判、询价、单一来源采购项目，按每人350元/次标准发放。 （2）预算金额在50万元~300万元（不含300万元）之间的，公开招标、邀请招标、竞争性磋商采购项目，按每人500元/次标准发放；竞争性谈判、询价、单一来源采购项目，按每人400元/次标准发放。 （3）预算金额300万元~800万元（不含800万元）之间的，公开招标、邀请招标、竞争性磋商采购项目，按每人600元/次标准发放；竞争性谈判、询价、单一来源采购项目，按每人450元/次标准发放。 （4）预算金额在800万元（含800万元）以上的，公开招标、邀请招标、竞争性磋商采购项目，按每人700元/次标准发放；竞争性谈判、询价、单一来源采购项目，按每人500元/次标准发放。 （5）评标时间在2小时以内的，按以上标准发放评审专家劳务报酬。评标时间在2小时以上的，每超过1小时增加100元；超过30分钟但不满1小时的，按1小时计算；超过时间不满30分钟的，增加50元。 （6）同一专家参加多个标段的评标时，第一标段按以上标准发放劳务报酬，其余标段按以上标准减半发放。 2.聘请区外专家，劳务报酬按以上标准2倍发放
陕西	（1）专家评审费。评审时间以评审专家按通知规定准时到达并签到的时间为计算起点，以评审报告完成并签字的时间为计算止点。期间的用餐、休息时间不计入评审时间。评审时间由采购代理机构予以记录。补抽的评审专家以实际到达评审现场时间为计算起点。评审期间，评审专家因故经采购人或采购代理机构同意退出的，以实际离开时间为计算止点。评审时间在4小时以内的，按400元/人的基数支付；超过4小时的，超出部分按50元/半小时的标准支付，不足半小时的按半小时计算，每人每天最高不超过800元。评审专家到达评审地点后，因非评审专家自身原因（如回避、项目延期或取消、专家多出等）不能开展评审工作的，按照每人100元标准支付。

地区	标准
陕西	（2）评审劳务报酬以人民币为结算单位，应当以银行转账方式支付。使用单位应当于评审活动结束后3个工作日内，将评审劳务报酬支付至评审专家指定的本人银行账户。 （3）异地评审差旅费。评审专家参加异地评审的，其往返的城市间交通费、住宿费等实际发生的费用，可参照公职人员差旅费标准凭据报销
甘肃	（1）评审时间在4小时及以内的，按400元/人支付；4小时以上的，每超过1小时增加100元/人（超过0.5小时按1小时计算）；评审时间延续至次日及以后的，按每小时100元/人支付（不足1小时按1小时计算）。 （2）担任评审组长的评审专家，增发100元。 （3）项目进入评审程序后废标、终止的，按200元/人支付。 （4）评审专家未按时参加评审的，迟到30分钟以内，扣除100元/人；迟到30分钟至1小时，扣除200元/人；迟到1小时以上，取消本次评审资格，重新补抽评审专家
青海	（1）专家评审费。按评标时间每人每天600元（8小时以内）发放，半天按300元（4小时以内）发放。 （2）评审时间超过8小时，每超出1小时（指30分钟以上）的，每人增加100元；30分钟以内的，每人增加50元。 （3）评审专家到达评审地点后，非评审专家自身的原因中止评审程序的，每人发放100元补助。 （4）参加同一项目复审的专家，不重复发放专家劳务报酬
宁夏	（1）评标时间在2小时以内的（含2小时）按200元/人发放；超过2小时至4小时的（含4小时）按300元/人发放；超过4小时至8小时以内的按600元/人发放。 （2）法定节假日期间不组织评标活动（特殊情况除外）。 （3）评审项目中止评标程序的，按100元/人发放。 （4）参加同一项目复审的专家，不重复发放专家评审费
新疆	（一）工作地点或家庭住所在乌鲁木齐市辖区内的专家评审劳务报酬按以下标准支付： （1）公开招标、邀请招标、竞争性谈判、竞争性磋商、询价、单一来源等采购方式项目的论证、评审、复议，时间在4小时以内的，按每人300元发放。 （2）评审时间超过4小时的，每超过1小时（含半小时以上）每人增加100元。但每人每天的评审劳务报酬不应超过600元。 （3）专家到达评审现场后需回避或因特殊原因造成专家人数超出评审工作需要以及宣布废标尚未进行评审的，按每人100元发放交通补助。 （二）邀请外地评审专家至乌鲁木齐市进行评审的，按以下标准发放： （1）评审劳务报酬按8小时以内每人600元发放。每超过1小时（含半小时以上）每人增加100元。但每人每天最多不超过800元。 （2）聘请外地专家的往返差旅费进行实报实销。 （3）外地专家到达评审现场后须回避或开标后即宣布废标尚未进行评审的，按每人500元发放。 （4）担任评审委员会组长的专家评审劳务报酬增加100元。 （5）特殊采购项目需要提高评审劳务报酬标准时，应进行详细说明。确因项目需要，经批准评标专家到外地考察项目的，差旅费按规定报销，另按照每人每天200元的标准给予补助

（信息来源：中国政府采购网）

4. 对本人履职评价结果的知情权和申诉权

《政府采购评审专家管理办法》第二十一条规定，评审专家可以在政府采购信用评价系统中查询本人职责履行情况记录，并就有关情况作出说明。知情权能让评审专家清晰了解自身工作情况，明确优势与不足，以便有针对性地改进。例如，若评审专家在某次履职评价中被指出评审时间把控不佳，通过知晓这一结果，可在后续工作中加以注意。申诉权则是对可能存在的不公正评价的一种救济途径，确保评审专家的权益不受侵害，维护评审专家群体的公平、公正环境，保障评审专家能够安心、公正地履行职责。

5. 法律法规和有关规定明确的其他权利

《政府采购评审专家管理办法》第四条规定，各级人民政府财政部门依法履行对评审专家的监督管理职责，各地区也相继出台了有关评审专家的管理办法，例如深圳市规定评审专家有向财政部门提出不再继续担任评审专家申请的权利；浙江省规定评审专家有对政府采购制度及相关情况的知情权；湖南省增加了对评审专家管理提出意见和建议的权利等。

请看以下案例。

如何判定评审专家是否恶意评审

【案情概述】

某医院信息化硬件基础设施支撑平台建设项目采用公开招标方式采购，评分方法为综合评分法。项目按照招标文件规定时间开标、评标，最终确定Q公司为中标人。投标人B公司在中标结果公告发布后第三天提出质疑，对质疑答复不满后，又在法定期限内提起投诉。投诉称，B公司价格低于Q公司6.5万元，客观分完全满足招标文件要求，应得满分，技术文件内容完全满足采购需求和技术评分要求，但最终得分却低于Q公司。B公司认为评标委员会未按照招标文件规定的评审方法和评审标准进行评审，恶意评审，压低其得分。

代理机构收到B公司质疑函后，组织原评标委员会进行了复核，原评标委员会一致确认投诉人B公司的得分无误，评标委员会成员对Q公司和B公司各评审项的扣分情况进行了详细说明，并签署了复核意见。

财政部门调查取证：（1）该项目招标文件明确，评分构成包括技术部分55分、商务部分15分、报价部分30分，技术部分又分为技术参数响应40分、项目实施方案4分、应急响应2分、安全运营服务方案4分、项目培训方案3分、售后服务方案2分等。

（2）中标供应商Q公司总分为93.57分，其中技术得分51分。排名第二的B

公司总分为92.49分，其中技术得分49.5分。Q公司和B公司商务得分均为满分，B公司投标报价低于Q公司6.5万元，价格得分B公司比Q公司高0.42分，但B公司在技术参数响应中有两项因未按招标文件要求提供证明材料被扣减分数，在安全运营服务方案、项目实施方案上均有被扣减分数。

（3）财政部门调取评审过程监控影音资料核查，未发现评标委员会成员相互协商打分。

【处理结果】

财政部门认为，在该项目评审中，评标委员会根据招标文件规定的评审标准和评审方法对投诉人的投标文件进行了评审，未发现错评、漏评、故意压低得分和协商打分的情形，因此，投诉事项缺乏事实及法律依据，投诉事项不成立，驳回投诉。

【问题引出】

如何判定评审专家是否恶意评审？

【点评分析】

本案例中招标文件评分标准的分值设置与评审因素的量化指标相对应，评分标准的分值也进行了量化，评标委员会成员在评标中的自由裁量权有限。

财政部门在处理投诉中进行调查证实，评标委员会进行了独立评审，各项评分符合招标文件中各评审因素设置的分值范围，不存在畸高、畸低的重大差异评分。因此不能认定评审专家恶意评审。

实践中，特别是服务类采购项目，技术评审因素有一些主观评审因素，评审专家针对主观评分项有一定的自由裁量权，但也并非随意打分，而是进行综合比较后给予评分。根据财政部《关于进一步规范政府采购评审工作相关问题的通知》（财库〔2012〕69号）的规定，在评标中，资格性检查认定错误、分值汇总计算错误、分项评分超出评分标准范围、客观分评分不一致、经评审委员会一致认定评分畸高或畸低、政策功能价格计算错误的情形，是可以复核的。

此外，评审工作是由采购人或采购代理机构组织的，在评审过程中，采购人或采购代理机构不仅要宣布评审工作纪律和程序，应评审专家的要求介绍相应的法规政策，还要对评审数据进行核对，对畸高、畸低的重大差异评分可以提请评审委员会复核或书面说明理由。

《政府采购法实施条例》《政府采购评审专家管理办法》均明确规定，评审专家应当严格遵守评审工作纪律，按照客观、公正、审慎的原则，根据采购文件规定的评审程序、评审方法和评审标准进行独立评审。《关于进一步规范政府采购评审工作有关问题的通知》也规定，评审委员会成员要根据政府采购法律法规和采购文件所载明的评审方法、评审标准进行评审。要熟悉和理解采购文件，认真阅读所有供应商的投标或响应文件，对所有投标或响应文件逐一进行资格性、符合性检查，按采购文件规定的评审方法和评审标准进行比较和评价；对供应商的价格分等客观评分项的评分应当一致，对其他需要借助专业知识评判的主观评分项应当严格按照评分细则公正评分。因此，遵守评审纪律，客观公正地进行评审是评审专家应尽的义务。采购人、采购代理机构对评审专家有相应的履职评价，财政监管部门对评审专家也实行动态监管，已在制度设计上保障了评审专家客观、公正、审慎地进行评审。

现行的政府采购相关法律法规及配套规范性文件对于"畸高畸低"和"恶意评审"并没有作出明确的界定。

二、　评审专家的义务

评审专家在享有权利的同时还必须承担相应的义务。在政府采购活动中，评审专家的义务主要有以下9个方面：

（1）评审专家严格遵守评审工作纪律，按照客观、公正、审慎的原则，根据采购文件规定的评审程序、评审方法和评审标准进行独立评审。

评审专家不得干预或者影响正常评审工作，不得明示或者暗示其倾向性、引导性意见，不得修改或细化采购文件确定的评审程序、评审方法、评审因素和评审标准，不得接受供应商主动提出的澄清和解释，不得征询采购人代表的倾向性意见，不得协商评分。

《关于进一步规范政府采购评审工作有关问题的通知》（财库〔2012〕69号）规定，评审专家要严格遵守评审时间，主动出具身份证明，遵守评审工作纪律和评审回避的相关规定。在评审工作开始前，将手机等通信工具或相关电子设备交由采购人或采购代理机构统一保管，拒不上交的，采购人或采购代理机构可以拒绝其参加评审工作并向财政部门报告。

请看下面的案例。

W单位大数据平台采购项目投诉案

【案例要点】

对采购文件的理解存在分歧的，在满足采购需求的前提下，应当结合法律规定、设定目的、一般常识等，原则上作出有利于供应商的解释，保障供应商的合理预期，持续优化营商环境。

在评审过程中，评标委员会不得修改招标文件评审标准。

【相关依据】

《政府采购货物和服务招标投标管理办法》（财政部令第87号）第五十二条、第六十五条；

《政府采购质疑和投诉办法》（财政部令第94号）第三十二条。

【基本案情】

采购人W单位委托代理机构Q公司就"W单位大数据平台采购项目"（以下简称本项目）进行公开招标。2019年10月30日，代理机构Q公司发布招标公告；11月21日，代理机构Q公司发布中标公告；11月22日，供应商F公司提出质疑；11月29日，代理机构Q公司答复质疑。

12月4日，供应商F公司向财政部门提起投诉。投诉事项为：招标文件规定"投标人结合项目建设方案进行现场阐述"，其根据招标文件要求制作了PPT，自带投影仪，准备现场讲解方案及案例，但评审现场专家临时变更了评审标准，要求其在"25分钟内书面阐述"，影响评标结果的公正性。现场阐述的目的应是考察投标人提供服务的质量，而非供应商授权代表的书面表达能力、书写速度。

财政部门依法受理本案，并向相关当事人调取证据材料。

采购人W单位称：（1）书面阐述和口头阐述均是阐述的方式，都能体现投标供应商对本项目的理解和认识。评审小组成员一致同意所有投标单位在25分钟内书面阐述，符合其设定该评审标准的初衷。F公司对本项目了解不够，现场阐述思路不清才未能获得高分。（2）本项目尚未签订政府采购合同。

代理机构Q公司称：（1）本项目采用综合评分法，从商务评价、技术评价、报价三大方面综合考察投标供应商的实力，并非只有现场阐述一项。F公司对本项目了解不够，写字慢，书面表达能力欠缺，加上高度紧张，导致其本是优势的得分项变成失分项。（2）现场阐述不同于投标文件制作，且只占5分。

招标文件并未限定时间，评标委员会集体决定给予所有投标供应商同样的阐述时间，不存在排他性和歧视性。

经查，本项目招标文件"评标方法及标准表"显示，"投标人现场阐述5分，投标人结合项目建设方案进行现场阐述：阐述全面、合理，得5分；阐述内容相对全面合理，得3分；无阐述或不合理，得0分"。招标文件未规定现场阐述的具体形式。

评标现场录音录像显示，在评标过程中，就"如何进行现场阐述"的问题，评审专家最初提出"给每个投标人8分钟"，经讨论后，评标委员会决定，要求"所有投标人现场书写，限定在25分钟内"。

【处理结果】

根据《政府采购质疑和投诉办法》（财政部令第94号）第三十二条第一款第（二）项的规定，投诉事项成立，中标结果无效，责令采购人重新开展采购活动。

相关当事人在法定期限内未就处理决定申请行政复议、提起行政诉讼。

【处理理由】

本项目采用公开招标方式采购，招标文件将"投标人现场阐述"设置为评分项，分值为5分。一般情况下，能够通过书面方式响应的，招标文件应当要求供应商在投标文件中提交，以便于作为合同签订及履行的依据，而"现场阐述"显然区别于书面响应。投诉人将招标文件要求理解为现场口头阐述投标方案及案例，并准备了PPT等演示材料及工具，符合对"现场阐述"的通常理解。在评审过程中，评标委员会要求供应商在25分钟内现场书写，限定了"现场阐述"的时间、形式，实质上属于对招标文件的修改，超出了评审职责，缺乏法律依据。上述情形违反了《政府采购货物和服务招标投标管理办法》（财政部令第87号）第五十二条、第六十五条的规定，且导致投诉人准备不足，影响了采购公平与公正。

（选自财政部指导性案例37）

（2）评审专家发现采购文件内容违反国家有关强制性规定或者采购文件存在歧义、重大缺陷导致评审工作无法进行时，应立即停止评审并向采购人或者采购代理机构书面说明情况。

采购文件是整个政府采购活动的操作指南，它的合法性是政府采购制度得以有效运行的关键。国家有关强制性规定是维护政府采购公平、公正和公共利益的基础，采购文件存在歧义可能会影响不同供应商的理解，造成供应商在投标文件编制阶段出现差异，重大缺陷可能影响评审标准和评审方法的合理性。当评审专家发现采购文件存在这些问题时，停止评审并向相关方说明，是对政府采购制度的一种维护，有助于树立政府采购活动在公众心目中的权威性和公正性形象。

采购人或采购代理机构在收到评审专家的书面说明后，应该重新审视采购文件的编制工作，与专家进一步探讨采购文件存在的问题，学习专业知识，提升自身业务能力，充分认识工作中的不足，改进采购文件的编制工作，可以提高采购文件的质量，减少后续类似问题的出现。

请看下面的案例。

Y研究所大数据建设试点设备和软件采购项目举报案

【案例要点】

在政府采购活动中，评审专家、采购人、采购代理机构之间应当相互监督、形成制约，共同促进政府采购公平竞争，提高财政性资金的使用效益。在评审过程中，评审专家发现采购文件存在差别待遇或歧视待遇等违反强制性规定的情形，对文件合法性提出异议的，采购人、采购代理机构应当客观、审慎地核查。采纳有关意见的，采购人、采购代理机构应当修改采购文件后重新开展采购活动，不得另行组建评标委员会继续采购活动。评审专家发现采购人、采购代理机构存在违法违规行为的，应及时向财政部门反映。

【相关依据】

《中华人民共和国政府采购法》第二十二条、第七十条、第七十一条；

《中华人民共和国政府采购法实施条例》第二十条、第四十条、第七十一条；

《政府采购货物和服务招标投标管理办法》（财政部令第87号）第十七条、第六十五条、第七十八条；

《政府采购评审专家管理办法》（财库〔2016〕198号）第十八条；

《政府采购促进中小企业发展暂行办法》（财库〔2011〕181号）第三条。

【基本案情】

采购人Y研究所委托代理机构J公司就"Y研究所大数据建设试点设备和软件采购项目"（以下简称本项目）进行公开招标。2020年5月12日，代理机构J公司发布招标公告；6月5日，本项目开标、评标，代理机构J公司发布中标公告。

6月10日，财政部收到评审专家的举报材料。举报人反映：在评审过程中，评标委员会发现招标文件编制存在违法行为，一致决定废标，但代理机构J公司在评审当日发布了中标公告，与评审结果不符，且公告中更换了原评审专家名单。

财政部依法启动监督检查程序，并向相关当事人调取证据材料。

采购人Y研究所称：（1）其委托代理机构J公司开展招标工作，经核查证据资料，未发现举报人反映的问题。（2）其已于6月17日签订了政府采购合同，并按合同约定支付了合同款。

代理机构J公司称：（1）在编制招标文件期间，其已经抽取过3名专家对招标文件进行审查并根据专家意见进行修改，后期也未收到任何供应商针对招标文件提出的质疑。（2）评标委员会认定招标文件中"安全可靠技术和产业联盟理事单位证书得3分"的要求违反公平公正，认为本项目应废标，但经与采购人核实确认，该要求并不属于《中华人民共和国政府采购法实施条例》第二十条规定的以不合理的条件对供应商实行差别待遇或者歧视待遇的情形。（3）本着公平公正、谨慎客观的原则，其再次抽取5名评审专家组成评标委员会。评标委员会未对招标文件提出异议，经评审后确定了中标候选人。

经查，招标文件"第九章 评标标准及办法"的商务部分显示，"投标人具有安全可靠技术和产业联盟理事单位证书得3分，未提供不得分""业绩经验"显示，"自2016年1月1日以来投标人承接过大数据相关项目业绩，最多得12分。合同金额为500万元及以上的，每提供一个得3分；合同金额为200万元及以上，低于500万元的，每提供一个得2分；合同金额为200万元以下的，每提供一个得0.5分"。

第一次《评标专家抽取情况记录》显示，2020年6月5日，代理机构J公司抽取了5名计算机、信息安全设备等专业的评审专家，其中包括举报人。

第一次评标现场录音录像显示，2020年6月5日10时至13时，评标委员会进行评标，经讨论后认为本项目应当废标，停止了评标工作。

《无效标和废标情况说明》显示，评标委员会成员一致认为本项目应当废标，理由是招标文件中"投标人具有安全可靠技术和产业联盟理事单位证书得3分，未提供不得分"条款违反公平公正原则。

第二次《评标专家抽取情况记录》显示，2020年6月5日，代理机构抽取了5名计算机、工业制造等专业的评审专家，与第一次《评标专家抽取情况记录》中的评审专家不同。

第二次评标现场录音录像显示，2020年6月5日17时至18时左右，重新组建的评标委员会进行了评标。

评标报告显示，评标委员会推荐了排名第一的投标人为中标候选人。

【处理结果】

举报人反映的问题成立。本项目存在违法重新组建评标委员会、以不合理的条件对供应商实行差别待遇或者歧视待遇的问题。

根据《中华人民共和国政府采购法实施条例》第七十一条第一款第（四）项、第二款的规定，本项目政府采购合同已经履行，认定采购活动违法，给供应商造成损失的，由责任人承担赔偿责任。

根据《中华人民共和国政府采购法》第七十一条第（三）项、《政府采购货物和服务招标投标管理办法》（财政部令第87号）第七十八条第（九）项的规定，责令采购人Y研究所、代理机构J公司分别就上述问题限期改正，并给予警告的行政处罚。

相关当事人在法定期限内未就处罚决定申请行政复议、提起行政诉讼。

【处理理由】

本项目采购标的为计算机等硬件设备及有关软件，是否具备"安全可靠技术和产业联盟理事单位证书"与采购需求无关，与供应商能否履约也无必然联系。招标文件将该证书设置为评审因素缺乏法律法规依据，属于《中华人民共和国政府采购法实施条例》第二十条第（二）项规定的以不合理的条件对供应商实行差别待遇或者歧视待遇的情形，违反了《中华人民共和国政府采购法》第二十二条第二款的规定。评标委员会认为上述评审因素影响采购公平、公正，停止评标工作并无不当。代理机构 J 公司应当会同采购人修改招标文件，重新组织采购活动，其重新组建评标委员会进行评审的行为违反了《政府采购货物和服务招标投标管理办法》（财政部令第 87 号）第六十五条的规定。

此外，本项目招标文件将合同金额作为业绩的评分标准，违反了《中华人民共和国政府采购法》第二十二条第二款、《政府采购货物和服务招标投标管理办法》（财政部令第 87 号）第十七条、《政府采购促进中小企业发展暂行办法》（财库〔2011〕181 号）第三条的规定，属于《中华人民共和国政府采购法实施条例》第二十条第（八）项规定的以不合理的条件对供应商实行差别待遇或者歧视待遇的情形。

【其他注意事项】

采购人、采购代理机构不认可评审专家对采购文件提出的异议的，可以向财政部门反映。

（选自财政部指导性案例 39）

（3）评审专家应积极配合答复供应商的询问、质疑和投诉等事项，不泄露评审文件、评审情况和在评审过程中获悉的商业秘密。配合询问、质疑是评审专家的法定义务。《政府采购法实施条例》第五十二条规定，政府采购评审专家应当配合采购人或者采购代理机构答复供应商的询问和质疑。《政府采购评审专家管理办法》第二十九条规定，评审专家拒不履行配合答复供应商询问、质疑、投诉等法定义务，列入不良行为记录。另外，评审专家也应当配合财政部门进行投诉处理和监督检查。

评审专家在参与政府采购评审活动时，会接触到大量涉及项目和供应商的敏感信息，专家有责任和义务对这些信息严格保密，不得在任何场合以任何方式向无关人员透露，不得擅自发表与参与评审活动有关的意见和言论。《政府采购法实施条例》第四十条规定，政府采购评审专家应当遵守评审工作纪律，不得泄露评审文件、评审情况和评审中获悉的商业秘密。《政府采购货物和服务招标投标管理办法》第六十二条、第六十六条、《政府采购非招标采购方式管理办法》第二十五条、《政府采购评审专家管理办法》第十八条、《政府采购竞争性磋商采购方式管理暂行办法》第十五条、《关于进一步规范政府采购评审工作有关问题的通知》都有类似规定。

【小贴士】

【问】评审专家如何配合询问、质疑、投诉？

【答】如果供应商对采购文件提出询问或者提起质疑投诉，评审专家主要从技术层面配合采购人或采购代理机构审查采购需求是否完整、明确、合理，采购文件是否存在以不合理条件对供应商实行差别待遇、歧视待遇或者其他不符合法律、法规和政府采购政策的内容，并对询问、质疑、投诉事项提出答复建议。

如果供应商对评审过程、中标或者成交结果提起质疑投诉，评审专家需要复核评审报告是否存在未按照采购文件规定的评审程序、方法和标准进行独立评审；是否存在评审错误或违法行为；如果存在评审错误或违法行为，是否可以纠正，如何纠正，提出答复建议。

（4）评审专家发现供应商具有行贿、提供虚假材料或者串通等违法行为，或者在评审过程中受到非法干预的，应及时向项目同级财政部门举报。

在激烈的市场竞争中，个别供应商不惜铤而走险，采用贿赂、恶意串通、提供虚假材料等手段谋取私利，评审专家有责任维护政府采购活动中的公平、正义，不仅要做到严于律己，自觉抵制供应商的违法行为，还有义务做到勇于揭发供应商的违法行为。法律法规对行贿、恶意串通、弄虚作假行为有着明确的界定，评审专家在评审活动中应当依法对供应商的违法行为作出初步判断，向财政部门报告，由财政部门依法作出处理。

《政府采购法实施条例》第七十五条规定，政府采购评审专家收受采购人、采购代理机构、供应商贿赂或者获取其他不正当利益，构成犯罪的，依法追究刑事责任；尚不构成犯罪的，处2万元以上5万元以下的罚款，禁止其参加政府采购评审活动。《政府采购评审专家管理办法》第二十九条规定，评审专家有收受采购人、采购代理机构、供应商贿赂或者获取其他不正当利益的情形，列入不良行为记录。

（5）评审专家应在评审报告上签字，对本人的评审意见承担法律责任；对需要共同认定的事项存在争议的，按照少数服从多数的原则得出结论；对评审报告有异议的，应当在评审报告上签署不同意见并说明理由，否则视为同意评审报告。

评审专家是以个人身份参加评审工作的，每位评审专家都要充分利用自己的专业能力，提出自己的评审意见。评审过程中的违法干涉行为可能来自多个方面，如有可能来自采购人或者采购代理机构的工作人员，还有可能来自行业主管部门的人员，甚至有来自政府采购监督管理部门的人员，评审专家采用签字的方式对自己的意见负责，也是保障评审专家抵制违法干涉的有效措施。

请看下面的案例。

评审专家相互照抄评分，应如何处罚

【案情概述】

2023年10月，某局官方微信运营服务项目采用竞争性磋商采购方式采购，预算金额为106万元。由评审专家范某、李某以及采购人代表杨某组成磋商小组，推荐范某为组长。经磋商评审，A供应商以88.65万元成交。2024年，在当地财政部门的监督检查中，财政部门通过查看项目评审资料和评审过程的影音监控资料发现，在资格审查和符合性审查结束后的详细评审环节，组长范某将评分表的评审内容分成三部分，磋商小组三位成员各负责审一部分，三位成员完成各自所审部分后，开始轮流报其评审的各项详细得分，供其他两位成员抄袭，报完分数后不到5分钟，磋商小组成员提交各自的评分表进行汇总，推荐成交候选人。

在财政部门的调查中，组长范某称评审成员分工各审一部分是为了提高评审效率，而且项目主观分三位成员打分并不一致，均在其他成员所报分数的基础上进行了修改，不属于照抄。

财政部门认定：范某、李某不遵守评审现场工作纪律，抄袭他人评分的行为，事实充分，证据确凿。对范某、李某给予警告，并处2000元的罚款。

【问题引出】

（1）评审专家抄袭他人评分，应当如何处罚？

（2）为提高效率，评审成员分工各审一部分，是否合法？

【分析点评】

问题（1）：政府采购评审专家应当严格遵守评审工作纪律，按照客观、公正、审慎的原则，根据采购文件规定的评审程序、评审方法和评审标准进行独立评审。本案例中范某、李某、杨某在评审过程中相互抄袭，未遵守评审工作纪律，没有履行独立评审义务，应当根据《政府采购评审专家管理办法》（财库〔2016〕198号）第二十七条"评审专家未按照采购文件规定的评审程序、评审方法和评审标准进行独立评审或者泄露评审文件、评审情况的，由财政部门给予警告，并处2000元以上2万元以下的罚款；影响中标、成交结果的，处2万元以上5万元以下的罚款，禁止其参加政府采购评审活动"的规定，予以处罚。

此外，在评审过程中，采购人代表杨某对组长范某的行为不仅未予以制止，还参与抄袭评分，违反了《政府采购评审专家管理办法》第二十七条的规定，而且未发挥采购人代表的监督作用，有失职的责任，采购人代表杨某也应当受到处罚。

采购代理机构作为评审活动的组织者，在评审过程中，发现评审专家有类似协商打分以及抄袭评分行为的，应当立即制止并予以记录。在采购活动结束后5个工作日，采购人、采购代理机构还应当对该名专家履职情况进行评价。本案例中，采购代理机构存在失职行为。

问题（2）：独立评审是保障评审活动公平、公正的需要。实践中常见的错误是，为提高效率，评审成员分工各审一部分，审查者个人的意见变成了大家的意见。这样做不是独立评审，没有真正对采购人和供应商负责。评审可以分工，但其他成员要对审查者的意见进行核对复查，形成自己的意见。当有经济、法律专家参加以技术为主的采购项目评审时，经济、法律专家应当发挥自己的专业优势，向大家介绍本专业范围内自己的评审意见，供其他评审专家参考。同时，也可以在参考技术专家评审意见的基础上形成自己关于技术方面的评审意见。

评审成员要对自己的评审意见承担法律责任。每位评审专家都要充分利用自己的专业能力，提出自己的评审意见，用签字的方式对自己的意见负责。

本案例中，三位评审人员进行了分工评审，相互抄袭他人评分，在未进行核对复查的基础上，直接修改他人打分变成自己的打分，企图通过主观分打分不一致的形式来掩盖其未独立评审的事实，违背了《政府采购法实施条例》第四十一条"评标委员会、竞争性谈判小组或者询价小组成员应当按照客观、公正、审慎的原则，根据采购文件规定的评审程序、评审方法和评审标准进行独立评审。采购文件内容违反国家有关强制性规定的，评标委员会、竞争性谈判小组或者询价小组应当停止评审并向采购人或者采购代理机构说明情况。评标委员会、竞争性谈判小组或者询价小组成员应当在评审报告上签字，对自己的评审意见承担法律责任。对评审报告有异议的，应当在评审报告上签署不同意见，并说明理由，否则视为同意评审报告"的规定。

（6）评审专家应在评审活动结束后5个工作日内，在评审专家管理系统中客观、公正地评价采购代理机构的职责履行情况。

2022年，财政部发布《关于在中央预算单位开展政府采购评审专家和采购代理机构履职评价试点工作的通知》（财办库〔2022〕192号），对代理机构的评价指标如表4-2所示。

表4-2 代理机构的评价指标

序号	评价指标	分值
1	采购代理机构工作人员熟练掌握政府采购各项法律法规和规章制度	5
2	采购代理机构向评审专家准确通知评审时间、地点。评审时间、地点改变后，及时通知评审专家	5
3	在评审工作开始前，采购代理机构统一保管手机等通信工具或相关电子设备	5
4	采购代理机构人员核对评审专家身份和采购人代表授权函	5
5	采购代理机构提供必要的评审条件及配套的评审环境	5
6	采购代理机构保障评审活动不受外界干扰	5
7	采购代理机构人员宣布评审纪律，告知评审专家应当回避的情形，介绍政府采购相关政策法规、采购文件	5
8	采购文件编制规范、完整	9
9	采购文件中评审方法和标准符合规定	5
10	采购代理机构督促评审委员会按规定独立评审，及时纠正和制止倾向性言论等违法行为	5
11	采购代理机构人员未发表任何存在歧视性、倾向性的意见，未非法干预采购评审活动	9
12	采购代理机构采取必要措施禁止与评审工作无关的人员进入评审现场	5
13	采购代理机构认真核对评审结果	9
14	采购代理机构按规定对评审活动进行全程录音、录像	9
15	采购代理机构人员服务过程细致、耐心，严格规范	5
16	集中采购机构及时按照规定向评审专家支付劳务报酬或异地评审差旅费（对集中采购机构代理项目的评价指标）； 社会代理机构接受采购人委托及时按照规定向评审专家支付劳务报酬，或向评审专家说明劳务报酬由采购人支付（对社会代理机构代理项目的评价指标）	9
合计		100
注：评审专家原则上应当在评审工作结束后5个工作日内对采购代理机构进行评价，对第16项指标可以在评审活动结束后30个工作日内评价。		

全国多地已建立采购人、评审专家对采购代理机构进行履职评价以及采购代理机构对评审专家和采购人的履职评价的机制，这种评价机制有助于各方在政府采购活动中相互监督，提升履职尽责的能力。

评审专家通过项目评审对采购代理机构进行履职评价，一定程度上可以如实反映采购代理机构的综合能力，同时为代理服务水平的提升提供了指引，确保各项工作具体实操有的放矢，未来将促使各采购代理机构在从业人员能力提升、内部管理、业务操作与依法代理等方面不断加强力量。

（7）评审专家应积极参加财政部门组织的政府采购业务培训，及时了解和掌握政府采购法律法规和政策文件，不断提升履职能力。

政府采购领域的法律法规、政策制度和技术标准等不断更新与完善，评审专家需要接受政府采购监督管理部门或相关机构组织的定期培训，及时学习并掌握新的知识和要求，更新自己的专业知识体系，提高评审业务水平。随着新技术在政府采购项目中的应用越来越广泛，专家需要通过培训来了解相关技术的发展趋势和评审要点，以便更准确地对涉及此类技术的项目进行评审。以湖北省为例，财政厅举办2024年度省政府采购评审专家线上培训班，评审专家通过在线学习，完成规定的学习课程，学习完成后进入考试环节，考试成绩在80分（含）以上为合格，未完成规定的课程学时或考试不合格的，将暂停参加政府采购评审活动至下一次培训工作开始。

此外，评审专家还应接受政府采购管理部门的考核，考核内容涵盖评审工作质量、职业道德表现、遵守评审纪律情况等多个方面。通过考核，促使评审专家不断反思和改进自己的工作，保持良好的职业操守和专业水准，为政府采购事业提供高质量的评审服务。同时，考核结果也可作为对评审专家进行动态管理的依据，对于表现优秀的专家给予适当激励，对于不符合要求的专家进行相应的处理或调整。

（8）评审专家发现本人与供应商存在利害关系应当主动回避。

评审专家在政府采购活动中承担着客观公正评审的义务，客观公正评审是确保政府采购活动公正、公平、公开进行的重要保障。为了保证评审工作的客观、公正，评审专家与供应商存在利害关系的应当自行回避，不得进入评标委员会、竞争性谈判小组、磋商小组或者询价小组。采购人、采购代理机构发现评审专家与供应商存在利害关系的，应当要劝其回避，评审专家应当回避；供应商发现评审专家与其他供应商存在利害关系的，可以申请其回避。评审专家应当回避而未回避的，应当追究其法律责任。

评审专家应回避未回避，认定相关投标人投标无效合法吗

【案情概述】

2024年5月，某医院医疗设备采购项目采用公开招标进行采购，预算金额为480万元。至投标时间截止时，共有5家供应商递交投标文件参与投标。5家投标人全部通过资格审查、符合性审查。评标委员会根据招标文件规定的评审标准和评审方法进行了评审，并按照最终得分由高到低依次推荐了H、W、K这3家公司为中标候选人，最终排名第一的H公司中标。中标结果公告发布后，W公司授权代表发现其认识的评委孙某，孙某两年前在H公司担任销售部经理，于是向该医院和代理机构同时提交了质疑函，质疑事项为：评标委员会组成不合法，评审结果无效。诉求为：取消H公司的中标资格，顺延第二名W公

司为中标人。

该医院和代理机构审查确认：评审专家孙某2022年4月前确实是H公司的正式职工，存在劳动关系，应当回避却没有回避。最终认定H公司投标无效，顺延W公司为中标人，同时向财政监管部门书面报告了中标结果改变的有关情况和孙某的违法事实。

【问题引出】

（1）评审专家应回避未回避，可以认定与之有利害关系的投标人投标无效吗？

（2）顺延第二名为中标人，合法吗？

【分析点评】

《政府采购评审专家管理办法》（财库〔2016〕198号）第十六条规定，评审专家与参加采购活动的供应商存在下列利害关系之一的，应当回避：（一）参加采购活动前三年内，与供应商存在劳动关系，或者担任过供应商的董事、监事，或者是供应商的控股股东或实际控制人；（二）与供应商的法定代表人或者负责人有夫妻、直系血亲、三代以内旁系血亲或者近姻亲关系；（三）与供应商有其他可能影响政府采购活动公平、公正进行的关系。评审专家发现本人与参加采购活动的供应商有利害关系的，应当主动提出回避。采购人或者采购代理机构发现评审专家与参加采购活动的供应商有利害关系的，应当要求其回避。

《政府采购货物和服务招标投标管理办法》（财政部令第87号）第四十七条规定，评标委员会成员名单在评标结果公告前应当保密。

由此可见，评审专家应该是"主动"提出回避，在中标结果公布前，供应商并不知道参与评审人员的信息，无法提出回避请求，因此评审专家应回避未回避的过错不应由不知情的供应商承担，本案例中，评委孙某和H公司存在劳动关系，属于应当回避的情形，孙某在评审前应当主动提出，退出评标委员会，由采购人、采购代理机构补抽。

《政府采购法实施条例》第四十九条规定，评标中因评标委员会成员缺席、回避或者健康等特殊原因导致评标委员会组成不符合本办法规定的，采购人或者采购代理机构应当依法补足后继续评标。被更换的评标委员会成员所作出的评标意见无效。无法及时补足评标委员会成员的，采购人或者采购代理机构应当停止评标活动，封存所有投标文件和开标、评标资料，依法重新组建评标委员会进行评标。原评标委员会所作出的评标意见无效。采购人或者采购代理机构应当将变更、重新组建评标委员会的情况予以记录，并随采购文件一并存档。

《政府采购法》第三十六条规定，在招标采购中，出现下列情形之一的，应予废标：（一）符合专业条件的供应商或者对招标文件作实质响应的供应商不足三家的；（二）出现影响采购公正的违法、违规行为的；（三）投标人的报价均超过了采购预算，采购人不能支付的；（四）因重大变故，采购任务取消的。

该项目由于评标委员会的组成不合法，因此原评标委员会作出的评标意见无效。采购人可以依据上述条款，重新组建评标委员会进行评审，也可以废标后重新组织采购。

本案例中H公司不属于过错方，其投标文件是有效的，认定H公司投标无效是不合法的。顺延第二名W公司为中标人亦是不合法的。

（9）法律法规和有关规定明确的其他义务。2022年7月18日，国家发展改革委等13个部门联合发布《国家发展改革委等部门关于严格执行招标投标法规制度进一步规范招标投标主体行为的若干意见》（发改法规〔2022〕1117号）中强调要严肃评标纪律。评标专家应当认真、公正、诚实、廉洁、勤勉地履行专家职责，按时参加评标，严格遵守评标纪律。评标专家与投标人有利害关系的，应当主动提出回避；不得对其他评标委员会成员的独立评审施加不当影响；不得私下接触投标人，不得收受投标人、中介人、其他利害关系人的财物或者其他好处，不得接受任何单位或者个人明示或者暗示提出的倾向或者排斥特定投标人的要求；不得透露评标委员会成员身份和评标项目；不得透露对投标文件的评审和比较、中标候选人的推荐情况、在评标过程中知悉的国家秘密和商业秘密以及与评标有关的其他情况；不得故意拖延评标时间，或者敷衍塞责随意评标；不得在合法的评标劳务费之外额外索取、接受报酬或者其他好处；严禁组建或者加入可能影响公正评标的微信群、QQ群等网络通信群组。招标人、招标代理机构、投标人发现评标专家有违法行为的，应当及时向行政监督部门报告。行政监督部门对评标专家违法行为应当依法严肃查处，并通报评标专家库管理单位、评标专家所在单位和入库审查单位，不得简单以暂停或者取消评标专家资格代替行政处罚；暂停或者取消评标专家资格的决定应当公开，强化社会监督；涉嫌犯罪的，及时向有关机关移送。

请看下面的案例。

评审专家将评标通知短信发微信群被举报，该怎么办

【案情概述】

某机关采购一批办公设备，预算金额为540万元，委托A代理机构组织以公开招标方式进行采购。项目开标时间为2024年3月5日14：00（北京时间），评标委员会由4名专家和1名采购人代表组成。3月5日上午10点，A代理机构在省级政府采购评审专家库中随机抽取4名评审专家，并发送短信通知。项目

按期完成开标、评标。中标结果公告发布后，财政部门接到举报，反映评审专家程某在评审活动开始前将评标通知短信的截图发到了微信群。

【调查情况】

财政部门向评审专家程某核实相关情况，程某对此供认不讳，并称其刚通过评审专家考试纳入评审专家库，第一次被抽到参与评审，很兴奋，没有要泄露评审信息的主观故意，在信息发出后也没有任何供应商与其联系，没有影响其公平公正评审。

【处理结果】

财政部门对程某违规行为予以警告，处以 2000 元罚款，其评审意见无效。采购人、采购代理机构重新组建评标委员会进行评标，程某不得参加新组建的评标委员会。

【处理理由】

程某将政府采购项目评标通知短信截图发布到微信群的行为，违反了《政府采购评审专家管理办法》第二十条"评审专家名单在评审结果公告前应当保密"的规定。

根据《政府采购法实施条例》第七十五条"政府采购评审专家未按照采购文件规定的评审程序、评审方法和评审标准进行独立评审或者泄露评审文件、评审情况的，由财政部门给予警告，并处 2000 元以上 2 万元以下的罚款"的规定，对程某违规行为予以警告，处以 2000 元罚款。

根据《政府采购货物和服务招标投标管理办法》第六十七条规定，评标委员会或者其成员存在下列情形导致评标结果无效的，采购人、采购代理机构可以重新组建评标委员会进行评标，并书面报告本级财政部门，但采购合同已经履行的除外：（一）评标委员会组成不符合本办法规定的；（二）有本办法第六十二条第一至五项情形的；（三）评标委员会及其成员独立评标受到非法干预的；（四）有政府采购法实施条例第七十五条规定的违法行为的。有违法违规行为的原评标委员会成员不得参加重新组建的评标委员会。

【分析点评】

《政府采购评审专家管理办法》第二十条规定，评审专家名单在评审结果公告前应当保密，目的是防止供应商与评审专家串通或评审专家受到外界的干扰，影响其客观公正评审。通知评标的信息发给评审专家本人，是为了告知评审专家关于评标的时间、地点、要求等基本信息。评审专家如果发布了自己参加评标的信息，就会导致评审专家名单泄露。因此，评标通知短信不可以随意泄露。

评审专家在政府采购活动中负有保密义务，对评审情况以及在评审过程中获悉的商业秘密负有保密责任。同时，评审专家是以个人身份参加评审工作，不仅不能将评审情况向未参加评审的亲朋好友透露，也不能向未参加评审的各级领导透露。

如果发生了评审专家名单泄露情况，可根据《中华人民共和国政府采购法实施条例》第七十五条的规定进行处理，即评标委员会或者其成员泄露评审情况的，其评审意见无效，不得获取评审费。采购人或采购代理机构重新组建评审小组或废标后重新采购。

鉴于评审专家身份的特殊性和严肃性，以评审专家名义组建微信群、QQ群，并在群中相互交流政府采购评审信息，这都是不被允许的。《国家发展改革委等部门关于严格执行招标投标法规制度进一步规范招标投标主体行为的若干意见》（发改法规规〔2022〕1117号）明确规定，评标专家严禁组建或者加入可能影响公正评标的微信群、QQ群等网络通信群组。越来越多的财政部门也做出了明确规定。例如，《湖南省政府采购评审专家管理办法》第十五条规定，评审专家不得与供应商或与中标（成交）结果有直接或间接利害关系的人私下接触，不得私自建立或加入评审专家、采购人、采购代理机构、供应商等组建的微信群、QQ群等社交媒体平台。

第四节 评审专家的职责与技术支持角色

一、 评审专家的职责

1.依法参加政府采购评审工作

评审专家要严格遵守政府采购相关法律制度，依法履行各自职责，公正、客观、审慎地组织和参与评审工作。

评审专家要依法独立评审，并对评审意见承担个人责任。评审专家对需要共同认定的事项存在争议的，按照少数服从多数的原则得出结论。持不同意见的评审专家应当在评审报告上签署不同意见并说明理由，否则视为同意。

评审专家对评审情况以及在评审过程中获悉的国家秘密、商业秘密负有保密责任。

评审委员会在评审工作中应自觉接受各级财政部门的监督。对非法干预评审工作等违法违规行为的，应当及时向财政部门报告。

2.切实履行政府采购评审职责

评审专家要根据政府采购法律法规和采购文件所载明的评审方法、评审标准进行评审。要熟悉和理解采购文件，认真阅读所有供应商的投标或响应文件，对所有投标或响应文件逐一进行资格性检查（采用招标方式的除外）、符合性检查，按采购文件规定的评审方法和评审标准进行比较和评价；对供应商的价格分等客观评分项的评分应当一致，对其他需要借助专业知识评判的主观评分项应当严格按照评分细则公正评分。

评审专家如需要供应商对投标或响应文件有关事项作出澄清的，应当给予供应商必要的反馈时间，但澄清事项不得超出投标或响应文件的范围，不得实质性改变投标或响应文件的内容，不得通过澄清等方式对供应商实行差别对待。评审委员会要对评分汇总情况进行复核，特别是对排名第一的、报价最低的、投标或相应文件被认定为无效的情形进行重点复核，并根据评审结果推荐中标或成交候选供应商，或者根据采购人委托协议规定直接确定中标或成交供应商，起草并签署评审报告。评审专家要在采购项目招标失败时出具招标文件是否存在不合理条款的论证意见，要协助采购人、采购代理机构、财政部门答复质疑或处理投诉事项。

二、 评审专家的技术支持角色

评审专家是经省级以上人民政府财政部门选聘产生的，按照法律法规规定以"评审专家"身份参加项目评审活动。除此之外，政府采购评审专家库内的专家还可以作为一般专家发挥其技术优势作用，在采购前期、采购过程和采购后期为采购人或采购代理机构提供技术支持。在此情况下，即使是采购人或采购代理机构从政府采购专家库中随机抽取的专家，也不是"评审专家"身份，与其他库外的专家一样受委托方聘请承担相应的工作。必须注意的是，从政府采购专家库中随机抽取的专家，若参加项目前期的咨询工作，应当按照有关法律法规履行回避义务，例如，根据《政府采购需求管理办法》第三十二条规定，参与确定采购需求和编制采购实施计划的专家与第三方机构不得参与审查。《政府采购进口产品管理办法》第十三条规定，参与论证的专家不得作为采购评审专家参与同一项目的采购评审工作。

1.采购前期

1）协助制定采购需求

（1）明确技术目标：评审专家凭借自身的专业知识，帮助采购人梳理采购项目的技术目标，确保目标既符合实际业务需求，又具有一定的前瞻性，避免因技术落后导致采购项目在短期内无法满足业务的发展。

（2）细化技术指标：将笼统的技术需求细化为具体的、可衡量的技术指标。以采购一批计算机设备为例，专家可确定如CPU型号及性能参数、内存容量、硬盘类型与容量等具体指标，使采购需求清晰、明确，便于供应商准确响应。

（3）提供技术建议：根据市场技术发展趋势，为采购人提供关于新技术、新产品应用的建议。如在采购办公软件时，专家可建议是否采用具有协同办公功能的云端软件，以提高工作效率和灵活性。

2）参与采购文件编制

（1）审核技术条款：对采购文件中的技术规格、技术要求等条款进行审核，确保其准确、合理、无歧义，避免因条款不清晰导致供应商误解或在后续评审中出现争议。

（2）制定技术评分标准：根据采购项目的技术特点和重要性，协助制定科学、合理的技术评分标准，明确不同技术水平和方案对应的分值，使评审过程更具客观性和公正性。

3）采购需求论证

需求复杂的采购项目，可以引入专家参与采购需求编制及论证。

论证的主要内容如下：

（1）是否具有非歧视性。主要论证是否指向特定供应商或者特定产品，包括资格条件设置是否合理，要求供应商提供超过2个同类业务合同的，是否具有合理性；技术要求是否指向特定的专利、商标、品牌、技术路线等；评审因素设置是否具有倾向性，将有关履约能力作为评审因素是否适当。

（2）是否具有竞争性。主要论证是否能确保充分竞争，包括应当以公开方式邀请供应商的，是否依法采用公开竞争方式；采用单一来源采购方式的，是否符合法定情形；采购需求的内容是否完整、明确，是否考虑后续采购竞争性；评审方法、评审因素、价格权重等评审规则是否适当。

（3）是否落实采购政策。主要论证进口产品的采购是否必要，是否落实支持创新、绿色发展、中小企业发展等政府采购政策要求。

（4）履约风险审查。主要审查合同文本是否按规定由法律顾问审定，合同文本运用是否适当，是否围绕采购需求和合同履行设置权利与义务，是否明确知识产权等方面的要求，履约验收方案是否完整、标准是否明确，风险处置措施和替代方案是否可行。

4）进口产品论证

采购人采购属于国家限制的进口产品，应进行论证。此处的专家可以是政府采购评审专家，也可以不是。若专家参与了进口产品论证，就不能再参与项目的评审工作。

论证的主要内容如下：

（1）拟采购的进口产品在中国境内无法获取或者无法以合理的商业条件获取。

（2）拟采购的进口产品在国内有同类产品且具体技术指标、功能需求不满足科研、监测、检测、卫生、技侦等领域工作需求的，应针对产品的具体技术指标、功能需求逐项论证并出具明确的论证意见。

（3）论证意见符合政府采购进口产品管理的相关规定。

5）单一来源论证

只能从唯一供应商处采购的，采购人应进行论证。论证人员可以是政府采购评审专家。

论证的主要内容如下：

（1）论证只能从唯一供应商处采购，有以下两种情形：

第一种情形：使用专利或者专有技术的项目采用单一来源采购方式，需要同时满足三个方面的条件：一是项目功能的客观定位决定必须使用指定的专利、专有技术或服务，而非采购人的主观要求。仅仅因为项目技术复杂或者技术难度大，不能作为单一来源采购的理由。二是项目使用的专利、专有技术或服务具有不可替代性。项目功能定位必须使用特定的专利、专有技术或服务，且没有可以达到项目功能定位同样要求的其他替代技术方案。如果可以使用不同的专利、专有技术或服务替代，能够满足相同或相似的项目功能定位的技术需求目标，且不影响项目的质量和使用效率，则不能采用单一来源采购方式来确定供应商。三是因为产品或生产工艺的专利、专有技术或服务具有独占性，导致无法由其他供应商分别实施或提供，只能由某一特定的供应商提供。

第二种情形：公共服务项目具有特殊要求，采用单一来源采购方式，要充分落实党中央、国务院和省委省政府关于大力推进政府购买公共服务改革的政策要求，既要考虑公共服务项目的特殊性，又要结合政府职能转变、事业单位改革、行业协会商会与行政单位脱钩等改革的推进程度来统筹考虑是否向特定的单位采购，采购人可就公共服务项目的特殊要求征求所涉及的社会公众的意见。

（2）发生了不可预见的紧急情况不能从其他供应商处采购。市场供应能力、供应时间能满足应急需要的，采购人不得因紧急采购排除竞争。由于采购人缺乏合理规划导致项目具有紧急性的，不具备不可预见性，该情形不属于该条款规定的情形。

（3）必须保证原有采购项目一致性或者服务配套的要求，需要继续从原供应商处添购，且添购资金总额不超过原合同采购金额的百分之十。

（4）采用公开招标的货物、服务项目，投标截止后投标人只有1家或者通过资格审查或符合性审查的投标人只有1家，需要采用单一来源采购方式。公开招标失败后拟采用单一来源采购方式，评标委员会或3名以上评审专家出具的项目招标文件没有不合理条款、招标程序符合规定的论证意见。

2. 采购过程中

1）评审阶段

对供应商提交的技术方案进行全面、深入的审查，不仅要检查技术参数是否满足采购文件要求，还要评估技术方案的整体合理性、可行性和先进性。

政府采购评审专家应当配合采购人或者采购代理机构答复供应商的询问和质疑以及财政部门处理投诉。

（1）配合质疑答复，要复核是否存在评审错误或违法行为、是否可纠正，并提出答复建议。

（2）配合投诉处理，要如实向财政部门反映情况，并提供相关材料。

（3）不得泄露获悉的商业秘密。

2）采购合同签订与执行阶段

在采购合同签订前，专家对合同中的技术条款进行严格审核，确保技术要求、技术服务内容、验收标准等条款明确、具体、无歧义，与采购文件和评审结果一致，保障采购双方的合法权益。

在采购项目执行过程中，专家根据需要对项目实施情况进行技术监督和指导。如在大型工程建设项目中，专家会定期检查施工单位的技术方案执行情况，对施工过程中出现的技术问题提供解决方案，确保项目按照技术要求顺利推进。

3.采购后期

1）参与验收工作

采购人、采购代理机构可以邀请专家参与验收。验收内容要包括每一项技术和商务要求的履约情况，验收标准要包括所有客观、量化指标。不能明确客观标准、涉及主观判断的，可以通过在采购人、使用人中开展问卷调查等方式，转化为客观、量化的验收标准。

分期实施的采购项目，应当结合分期考核的情况，明确分期验收要求。货物类项目可以根据需要设置出厂检验、到货检验、安装调试检验、配套服务检验等多重验收环节。工程类项目的验收方案应当符合行业管理部门规定的标准、方法和内容。

（1）制定验收技术方案：根据采购合同和技术要求，制定详细的验收技术方案，明确验收的技术标准、方法、步骤和流程等，确保验收工作的科学性和规范性。

（2）进行技术验收：在验收过程中，对采购项目的技术指标、性能参数等进行实地检测和验证，检查是否符合采购合同和技术要求。

（3）出具技术验收意见：根据验收情况，出具客观、公正的技术验收意见，对验收中发现的技术问题提出整改建议，督促供应商及时解决，确保采购项目最终能满足使用要求。

2）提供技术培训指导

针对采购的技术产品或服务，为采购人的使用人员提供技术培训，使其掌握操作方法、维护要点等知识，确保能正确、高效地使用采购产品或服务。

在采购项目投入使用后，为采购人提供一定期限的技术咨询服务，解答使用过程中遇到的技术问题，提供技术改进和优化的建议，保障采购项目长期稳定运行。

三、 评审专家的履职评价与监督管理

1. 对评审专家的履职评价

根据《政府采购评审专家管理办法》（财库〔2016〕198号）第二十一条的规定，采购人或者采购代理机构应当于评审活动结束后5个工作日内，在政府采购信用评价系统中记录评审专家的职责履行情况。

1）履职评价内容

《关于进一步规范政府采购评审工作有关问题的通知》（财库〔2012〕69号）规定，采购人、采购代理机构要对评审专家的专业技术水平、职业道德素质和评审工作等情况进行评价，并向财政部门反馈。

2022年，财政部发布《关于在中央预算单位开展政府采购评审专家和采购代理机构履职评价试点工作的通知》（财办库〔2022〕192号），对政府采购评审专家的评价内容更加具体，评价指标如表4-3所示。

表4-3　对政府采购评审专家履职情况的评价指标

序号	评价指标	分值
1	熟悉政府采购法律法规和规章制度规定	7
2	具备评审相关政府采购项目所需的专业知识	7
3	确认参与评审后，无缺席现象。如有特殊情况不能参加的，提前在系统中请假	6
4	参加评审时，无迟到或早退现象	5
5	迟到后未能参加评审的，不向采购代理机构或采购人索要报酬	5
6	参与评审时，按要求出示有效身份证明，将手机等通信设备交由管理人员统一保管	5
7	评审期间服从现场管理，恪尽职守，不擅自与外界联系，不在评审现场高声喧哗或随意走动，遵守现场纪律	7
8	评审时仔细阅读采购文件，准确理解采购文件要求，打分认真、客观、公正	5
9	评审专家发现采购文件内容违反国家强制性规定，或者采购文件存在歧义、重大缺陷导致评审工作无法进行时，停止评审并向采购人或者采购代理机构书面说明情况	5
10	对供应商投标（响应）判定为不合格投标（响应）或者对供应商报价判定为无效报价时，详细说明理由	5
11	按照规定不接受投标（响应）供应商提出的与投标（响应）文件不一致的澄清或者说明，不接受供应商口头澄清，不接受无法定代表人或其授权代表签字、盖章的澄清或说明	5

续表

序号	评价指标	分值
12	未出现客观分评审错误	7
13	未出现评分畸高、畸低现象	6
14	无故意拖延评审时间行为	5
15	在评审报告上签字。对报告有异议的,在评审报告签署不同意见并说明理由	5
16	离开评审现场时未记录、复制或带走任何评审资料	5
17	不超标准索要劳务报酬、差旅费	5
18	配合采购人或者采购代理机构答复供应商的询问和质疑	5
合计		100

各省对评审专家的履职评价做法有所不同,如湖北省由采购人和采购代理机构对评审专家进行评价,采购人自行组织采购活动的由采购人进行评价,采购人委托采购代理机构实施的项目,由采购人、采购代理机构共同完成对评审专家的履职评价。每位评审专家年度履职评价基本分为10分,共设置23项扣分情形,违反某项则将该项对应分值扣除,直到扣完为止。评审专家年度履职评价以预算年度为一个周期,年度评分9分(含)以上为优秀,6～8分为合格,5分(含)以下为不合格,年度期满扣分清零后重新计算。评审专家履职量化评价得分小于等于7分时,系统自动发送短信预警。采购人、采购代理机构评价不实或恶意评价,经评审专家申诉有效的,由项目同级财政部门责令改正,情节严重的给予通报批评;有其他违法违纪行为的,依照政府采购有关法律法规处理。采购人、采购代理机构未在规定的时间内对评审专家进行履职评价的,评审专家管理系统自动锁定其抽取权限,待评价工作完成后即时开放权限。采购人、采购代理机构对评审专家履职量化扣分应当有录音录像或书面记录作为必要的证明材料,随采购文件一起存档备查。

评审专家年度履职评价内容如表4-4所示。

表4-4 评审专家年度履职评价内容

项目名称: 专家姓名:			评价单位: 专家单位:		
扣分情形	序号	考评内容	分值	扣分	不扣分
情形一	1	迟到不超过0.5小时	1		
	2	未出示有效身份证明配合组织评审活动的工作人员核验身份	1		

情形一	3	进入评审现场未按要求统一存放随身携带的通信工具或相关电子设备	1		
	4	在评审现场从事与评审活动无关的事情,影响评审工作秩序	1		
	5	故意拖延评审时间	1		
	6	其他违法违规情节轻微的情形	1		
情形二	7	缺席且未在规定时间内向采购代理机构请假,或者迟到超过0.5小时,导致评审工作无法在规定的时间开始	2		
	8	委托或者顶替他人参加评审	2		
	9	评审过程中擅离职守,影响评审工作正常进行	2		
	10	超标准索取评审劳务报酬或者无理由额外索取其他报酬	2		
	11	评审工作未结束,无正当理由提前离开评审现场	2		
	12	其他违法违规情节较严重的情形	2		
情形三	13	对参加评审的专业不熟悉,对市场行情不了解,专业能力不能满足评审工作要求	5		
	14	发表倾向性意见或者征询采购人代表、采购代理机构工作人员的倾向性意见	5		
	15	暗示或者诱导供应商作出澄清、说明、更正,或者接受供应商主动作出的澄清、说明、更正	5		
	16	对需要专业判断的主观评审因素协商评分	5		
	17	客观分评审错误	5		
	18	评分畸高或畸低	5		
	19	未按法律法规规定的情形随意废标	5		
	20	无故不按规定提交评审意见	5		
	21	记录、复制或带走任何评审资料	5		
	22	确定参与评审至评审结束前私自接触供应商	5		
	23	其他违法违规情节严重的情形	5		

2）评审结果的反馈

评审专家可以在政府采购信用评价系统中查询本人职责履行情况记录,并就有关情况作出说明。

湖北省规定,评审专家量化扣分情况通过短信告知其本人,评审专家也可以登录湖北省政府采购评审专家申报系统查询对本人评价的相关信息,如图4-1所示。

图4-1 登录湖北省政府采购评审专家申报系统查询对本人评价的相关信息

评审专家对量化扣分有异议的,应当在评价结束后10个工作日内向项目同级财政部门提出书面申诉。相关财政部门应当在收到申诉材料后10个工作日内对申诉事项进行核查,经核查申诉情况属实的,由同级财政部门将核查结果书面报省财政厅后修改评价结果。

3) 评价结果的运用

《政府采购评审专家管理办法》(财库〔2016〕198号)第二十一条第三款规定,省级以上人民政府财政部门可根据评审专家履职情况等因素设置阶梯抽取概率。如湖北省规定,根据评审专家年度履职评价结果设置阶梯抽取概率,连续两年履职评价结果为优秀的,自动提高抽取概率,履职评价结果不合格的,暂停参加评审活动6个月。

2. 评审专家监督管理

各级人民政府财政部门依法履行对评审专家的监督管理职责。

1) 专家的不良行为记录

评审专家有下列情形的,列入不良行为记录:

(1) 未按照采购文件规定的评审程序、评审方法和评审标准进行独立评审。

(2) 泄露评审文件、评审情况。

(3) 与供应商存在利害关系未回避。

(4) 收受采购人、采购代理机构、供应商贿赂或者获取其他不正当利益。

(5) 提供虚假申请材料。

（6）拒不履行配合答复供应商询问、质疑、投诉等法定义务。

（7）以评审专家身份从事有损政府采购公信力的活动。

2）专家的处罚措施

（1）评审专家未按照采购文件规定的评审程序、评审方法和评审标准进行独立评审或者泄露评审文件、评审情况的，由财政部门给予警告，并处2000元以上2万元以下的罚款；影响中标、成交结果的，处2万元以上5万元以下的罚款，禁止其参加政府采购评审活动。

（2）评审专家与供应商存在利害关系未回避的，处2万元以上5万元以下的罚款，禁止其参加政府采购评审活动。

（3）评审专家收受采购人、采购代理机构、供应商贿赂或者获取其他不正当利益，构成犯罪的，依法追究刑事责任；尚不构成犯罪的，处2万元以上5万元以下的罚款，禁止其参加政府采购评审活动。

（4）评审专家有上述违法行为的，其评审意见无效；有违法所得的，没收违法所得；给他人造成损失的，依法承担民事责任。

在线习题（第四章）

第五章
政府采购项目评审

第一节 评标委员会（评审小组）的组建

一、评标委员会（评审小组）的组成

评标委员会（评审小组）是指在招标投标和政府采购活动中，由招标人（采购人）依法组建，负责对投标文件（响应文件）进行评审和比较，并提出评审意见的临时性机构，其中，政府采购项目采用非招标方式的，评审的主体为谈判小组、磋商小组或询价小组等。关于政府采购项目中如何组建评标委员会（评审小组），在《政府采购法》《政府采购货物和服务招标投标管理办法》《政府采购非招标采购方式管理办法》《政府采购竞争性磋商采购方式管理暂行办法》等法规中均有相关规定。原则上，评审专家应当从省级以上财政部门设立的政府采购评审专家库中，通过随机方式抽取产生。采购代理机构工作人员不得参加由本机构代理的政府采购项目的评审。

采用招标方式的政府采购项目，采购人应依据《政府采购货物和服务招标投标管理办法》的规定组建评标委员会，评标委员会由采购人代表和评审专家组成，成员人数应当为5人以上单数，其中评审专家不得少于成员总数的三分之二。采购项目符合下列情形之一的，评标委员会成员人数应当为7人以上单数：

（1）采购预算金额在1000万元以上；

（2）技术复杂；

（3）社会影响较大。

对技术复杂、专业性强的采购项目，通过随机方式难以确定合适的评审专家的，经主管预算单位同意，采购人可以自行选定相应专业领域的评审专家。评标委员会成员名单在评标结果公告前应当保密。

采用框架协议采购方式的政府采购项目，评审小组的组建同采用招标方式的评标委员会的组建。

采用竞争性谈判、询价方式采购的政府采购项目，采购人应依据《政府采购非招标采购方式管理办法》的规定成立谈判小组或者询价小组，谈判小组或者询价小组由采购人代表和评审专家共3人以上单数组成，达到公开招标数额标准的货物或者服务采购项目，或者达到招标规模标准的政府采购工程，竞争性谈判小组或者询价小组应当由5人以上单数组成，其中评审专家人数不得少于竞争性谈判小组或者询价小组成员总数的三分之二。采购人代表不得以评审专家身份参加本部门或本单位采购项目的评审。技术复杂、专业性强的竞争性谈判采购项目，通过随机方式难以确定合适的评审专家的，经主管预算单位同意，可以自行选定评审专家。技术复杂、专业性强的竞争性谈判采购项目，评审专家中应当包含1名法律专家。

采用竞争性磋商方式采购的政府采购项目，采购人应依据《政府采购竞争性磋商采购方式管理暂行办法》的规定成立磋商小组，磋商小组由采购人代表和评审专家共3人以上单数组成，其中评审专家人数不得少于磋商小组成员总数的三分之二。采购人代表不得以评审专家身份参加本部门或本单位采购项目的评审。对于市场竞争不充分的科研项目，以及需要扶持的科技成果转化项目，或情况特殊、通过随机方式难以确定合适的评审专家的项目，经主管预算单位同意，可以自行选定评审专家。技术复杂、专业性强的采购项目，评审专家中应当包含1名法律专家。

对于采用合作创新采购方式的政府采购项目，采购人应依据《政府采购合作创新采购方式管理暂行办法》的规定组建谈判小组，谈判小组由采购人代表和评审专家共5人以上单数组成。采购人应当自行选定相应专业领域的评审专家。评审专家中应当包含1名法律专家和1名经济专家。谈判小组具体人员组成比例，评审专家选取办法及采购过程中的人员调整程序按照采购人内部控制管理制度确定。谈判小组负责供应商资格审查、创新概念交流、研发竞争谈判、研发中期谈判和首购评审等工作。

采用单一来源采购方式的政府采购项目，根据《政府采购非招标采购方式管理办法》的规定，采购人、采购代理机构应当组织具有相关经验的专业人员与供应商商定合理的成交价格并保证采购项目质量。在单一来源采购的相关规定中，并未强制要求"具有相关经验的专业人员"需要在政府采购评审专家库中抽取。

【小贴士】

【问】 采购人是否必须委派本单位人员作为采购人代表？

【答】 采购人代表是指受采购人委托，代表采购人参与评审、发表意见和确认有关事项的人。作为评标委员会或评审小组成员之一，采购人代表按规定履行评标委员会或评审小组的职责和义务，并承担相关法律责任。

由于法律法规对此并未作出明确规定，采购人代表既可以是本单位的人员，也可以委派本单位以外的人员。不过，无论是委派本单位人员还是非本单位人员作为采购人代表，采购人必须出具书面的采购人代表授权函。这种授权确保了采购人代表在采购过程中拥有合法的行动依据和权限。

【小贴士】

【问】政府采购项目中，采购人是否必须委派采购人代表参与评审？

【答】《政府采购货物和服务招标投标管理办法》（财政部令第87号）规定，评标委员会由采购人代表和评审专家组成，成员人数应当为5人以上单数。这里，"应当"一词仅强调了评标委员会的成员数量需为单数，并未对采购人代表的参与作出强制规定。该条款说明了评标委员会可以包括采购人代表和评审专家，但并非硬性要求必须包含采购人代表。此外，法规明确规定"评审专家不得少于成员总数的三分之二"，这是一项强制性的下限要求，确保了评审专家在评标委员会中的比例，但并未限定采购人代表的具体人数或评审专家人数的上限。因此，从字面意思来看，评标委员会可以全部由评审专家构成。

《政府采购非招标采购方式管理办法》（财政部令第74号）第三十二条规定，在谈判过程中，谈判小组可以根据谈判文件和谈判情况实质性变动采购需求中的技术、服务要求以及合同草案条款，但不得变动谈判文件中的其他内容。实质性变动的内容，须经采购人代表确认。《政府采购竞争性磋商采购方式管理暂行办法》（财库〔2014〕214号）第二十条规定，在磋商过程中，磋商小组可以根据磋商文件和磋商情况实质性变动采购需求中的技术、服务要求以及合同草案条款，但不得变动磋商文件中的其他内容。实质性变动的内容，须经采购人代表确认。由此可见，竞争性谈判和竞争性磋商采购项目，采购人应当委派采购人代表，除非在谈判或磋商过程中没有实质性变动采购需求中的技术、服务要求以及合同草案条款，不需要采购人代表确认，否则谈判或磋商过程无法继续。

财政部《关于进一步规范政府采购评审工作有关问题的通知》（财库〔2012〕69号）指出：采购人委派代表参加评审委员会的，要向采购代理机构出具授权函。

评标委员会（评审小组）成员组成一览表

事项\采购方式	一般情况			特殊情况			备注
	成员人数	成员组成	产生方式	成员人数	成员组成	产生方式	
公开招标	5人以上单数，其中评审专家不得少于成员总数的三分之二	采购人代表和评审专家	随机抽取	7人以上单数	/	经主管预算单位同意，采购人可以自行选定相应专业领域的评审专家	特殊情况的适用情形详见《政府采购货物和服务招标投标管理办法》第四十七条、第四十八条
竞争性磋商	3人以上单数，其中评审专家不得少于成员总数的三分之二	采购人代表和评审专家	随机抽取	/	评审专家中应当包含1名法律专家	经主管预算单位同意，可以自行选定评审专家	特殊情况的适用情形详见《政府采购竞争性磋商采购方式管理暂行办法》第十四条
竞争性谈判	3人以上单数，其中评审专家不得少于成员总数的三分之二	采购人代表和评审专家	随机抽取	5人以上单数	评审专家中应当包含1名法律专家	经主管预算单位同意，可以自行选定评审专家	特殊情况的适用情形详见《政府采购非招标采购方式管理办法》第七条
询价	3人以上单数，其中评审专家不得少于成员总数的三分之二	采购人代表和评审专家	随机抽取				
框架协议	5人以上单数，其中评审专家不得少于成员总数的三分之二	采购人代表和评审专家	随机抽取	7人以上单数	/	同公开招标方式	封闭式框架协议同公开招标方式，开放式框架协议无需组建评审小组
合作创新	5人以上单数	采购人代表和评审专家，评审专家中应当包含1名法律专家和1名经济专家	采购人应当自行选定相应专业领域的评审专家				谈判小组具体人员组成比例，评审专家选取办法及采购过程中的人员调整程序按照采购人内部控制管理制度确定

二、 评审专家的抽取与自行选定

政府采购项目评审专家的产生方式有两种：一是随机抽取。评标委员会、谈判小组、磋商小组和询价小组等评审组织中，除采购人代表外的其他成员，均应当从政府采购评审专家库中随机抽取产生，其中京外的中央预算单位可以按照属地原则，从所在地省级政府采购评审专家库中随机抽取产生。二是自行选定。个别招标、竞争性谈判和竞争性磋商采购项目技术复杂、专业性强，在抽取专家时可能会出现没有相应的专家分类、所需专家为跨专业的复合型专家等情形，通过随机方式难以确定合适的评审专家，为保证采购活动顺利开展，财政部对此有相应的规定，可以依法自行选定评审专家。

对于随机抽取评审专家，《政府采购评审专家管理办法》第十二条作出了明确规定，采购人或者采购代理机构应当从省级以上人民政府财政部门设立的评审专家库中随机抽取评审专家。评审专家库中相关专家数量不能保证随机抽取需要的，采购人或者采购代理机构可以推荐符合条件的人员，经审核选聘入库后再随机抽取使用。在抽取专家时，采购人或者采购代理机构应当按照采购需求所对应的评审专家专业分类选择评审专家的专业。对于不是经济、法律专业服务类的采购活动，除了技术专家外，还可以根据采购需求的特点选择经济、法律等专业的评审专家共同组成评标委员会、谈判小组、磋商小组和询价小组等评审组织。

对于自行选定评审专家，《政府采购评审专家管理办法》第十三条也作出了规定，技术复杂、专业性强的采购项目，通过随机方式难以确定合适评审专家的，经主管预算单位同意，采购人可以自行选定相应专业领域的评审专家。自行选定评审专家的，应当优先选择本单位以外的评审专家。采购人或者采购代理机构要对自选专家工作承担责任，自行选定的评审专家应当符合采购项目的评审需要，同时应当符合《政府采购法实施条例》中有关回避的规定。需要说明的是，自选专家也是政府采购评审专家，与库内专家一样，享有同等权利，履行同等义务，承担相同责任。

除符合法律法规自行选定评审专家的情形外，评审专家对本单位的政府采购项目只能作为采购人代表参与评审活动。

为保证评审专家公平、公正地进行评审，最大限度地减少外界因素的干扰，《政府采购评审专家管理办法》第十四条规定，除采用竞争性谈判、竞争性磋商方式采购，以及异地评审的项目外，采购人或者采购代理机构抽取评审专家的开始时间原则上不得早于评审活动开始前2个工作日。

评审专家抽取多采用系统随机抽取、电话语音通知的方式，采购人或采购代理机构只需要在专家抽取系统中填写拟评审项目需要的相应专业及专家人数、评审开始时间、评审预计结束时间及评审地点等信息。以湖北省为例，专家接到抽取语音电话后，会听到评审开始时间、评审预计结束时间及评审地点等信息，听取信息后，专家决定是否参与评审，并通过手机按键进行确认。确认参加后，系统随即会向专家发送短信，短信内容包括评审时间、评审地点及抽取人员的联系方式等，但不包括拟评审的项目信息。

第二节　评审前准备

评审专家在到达评审现场后，需尽快了解项目情况、评审流程、评审办法等内容，做好评审前的准备工作。评审专家从到达评审现场到正式开始评审的时间是有限的，应在有限的时间内让专家充分了解评审的要求。评审前准备一般包含以下内容。

一、核实评委身份

采购人或采购代理机构是评审活动的组织者，评审开始前，采购人或采购代理机构工作人员应先核实评审人员（简称"评委"）身份。

评审专家应携带有效的身份证明参与项目评审，采购人代表还应携带授权函，采购人或代理机构应当在评审前对评审专家和采购人代表的身份予以核对。《政府采购货物和服务招标投标管理办法》第四十五条第（一）款规定，采购人或者采购代理机构应当核对评审专家身份和采购人代表授权函，对评审专家在政府采购活动中的职责履行情况予以记录，并及时将有关违法违规行为向财政部门报告。《关于进一步规范政府采购评审工作有关问题的通知》规定，要核实评审委员会成员身份，告知回避要求，评审委员会成员要严格遵守评审时间，主动出具身份证明，遵守评审工作纪律和评审回避的相关规定。

评审专家冒名顶替为违法行为，须承担相应的法律责任。

请看以下案例。

评审专家是否有权委托其他专家参与评审

【基本案情】

评审专家王某接到系统自动抽取电话后，确认参与某采购项目评审。在评审专家身份核验环节，代理机构工作人员发现持王某身份证参加评审的人员与身份证照片不一致，经进一步核实确认，持王某身份证前来参加评审的人员不是王某本人，而是另一人孙某。调查过程中，王某承认了其委托同事孙某参加评审的事实。但王某认为，孙某是自己的同事，与其本人专业相同，从事该专业工作的年限比自己长，且孙某具有正高级职称，而自己为副高级职称，孙某完全有能力胜任此次评审。

代理机构在核实孙某身份后，阻止其参与评审，并立即补抽了一名专家，但项目因此延迟了两个小时才开始评审。

【问题引出】评审专家委托资历胜出自己的专家参与项目评审是否可行?

【分析点评】本案例中评审专家是随机抽取产生的。根据《政府采购评审专家管理办法》的通知(财库〔2016〕198号)第十二条的规定,采购人或者采购代理机构应当从省级以上人民政府财政部门设立的评审专家库中随机抽取评审专家。评审专家库中相关专家数量不能保证随机抽取需要的,采购人或者采购代理机构可以推荐符合条件的人员,经审核选聘入库后再随机抽取使用。本案例中王某作为随机抽取的评审专家,在确认参与某采购项目评审后因故不能参加评审,应该通过专家抽取时预留的联系方式提前告诉采购人或采购代理机构补抽,王某无权自行委托其他人代其参加。王某的上述行为违背了政府采购评审专家的职业道德,损害了政府采购公信力,财政部门根据政府采购评审专家管理的有关规定,对王某作出解聘处理。孙某作为项目评审专家的身份不合法,虽然其资历达到评审专家选聘的条件,代理机构阻止其参与评审的做法是正确的。

二、 告知回避要求

采购人或采购代理机构工作人员核实评委身份后,应向评审小组告知参与所评审项目的供应商情况及需要回避的具体情形,供评委判断,是否需要提出回避申请。

根据《政府采购法》第十二条的规定,在政府采购活动中,采购人员及相关人员与供应商有利害关系的,必须回避。《政府采购法实施条例》对政府采购回避制度进行了细化,明确采购人员及相关人员与供应商有"利害关系"的具体情形,即:

(1)参加采购活动前3年内与供应商存在劳动关系。

(2)参加采购活动前3年内担任供应商的董事、监事。

(3)参加采购活动前3年内是供应商的控股股东或者实际控制人。

(4)与供应商的法定代表人或者负责人有夫妻、直系血亲、三代以内旁系血亲或者近姻亲关系。

(5)与供应商有其他可能影响政府采购活动公平、公正进行的关系。

供应商认为采购人员及相关人员与其他供应商有上述利害关系的,可以向采购人或者采购代理机构书面提出回避申请,并说明理由。采购人或者采购代理机构应当及时询问被申请回避人员,有利害关系的被申请回避人员应当回避。

需要注意的是,"相关人员"包括招标采购中评标委员会的组成人员,竞争性谈判采购中谈判小组的组成人员,询价采购中询价小组的组成人员等。所以参与项目的采购人员、采购人委派的采购人代表和政府采购评审专家均有依法回避的义务。如果采购人及相关人员没有主动回避，采购人或者采购代理机构在核实后，情况属实的，应当要求其回避，相关人员应当依法回避。对回避申请有异议或事实清楚但拒不回避的，采购人或者采购代理机构应记录在案，报财政部门依法处理。评审专家应对是否需要回避作出书面承诺；若存在有利害关系的情形，评审专家应当主动提出回避申请。以下为"评审专家承诺书"示例。

评审专家承诺书

本人作为评审专家，在参加×××项目评审工作中，将遵循《中华人民共和国政府采购法》《中华人民共和国政府采购法实施条例》等，认真执行政府采购制度，严格履行评委职责，本着公正、公平、诚实、信用的原则，在政府采购评审过程中不受任何干扰，独立提出评审意见，并对自己的评审意见承担责任；同时本人将严格遵守保密纪律，不私自透露评审情况；配合对供应商的答疑或配合处理项目的质疑、投诉等工作。

本人承诺不参加与自己有利害关系的政府采购项目的评审活动，如受到类似项目的邀请将主动提出回避申请。

本人承诺，在本项目中，本人与供应商不存在以下任何一项利害关系：

（1）参加采购活动前3年内与供应商存在劳动关系。

（2）参加采购活动前3年内担任供应商的董事、监事。

（3）参加采购活动前3年内是供应商的控股股东或者实际控制人。

（4）与供应商的法定代表人或者负责人有夫妻、直系血亲、三代以内旁系血亲或者近姻亲关系。

（5）与供应商有其他可能影响政府采购活动公平、公正进行的关系。

（备注：本承诺书中"评审专家"包括采购人代表。）

评审专家签字：

日期： 年 月 日

评审专家提出回避申请后，应有保障项目顺利评审的机制，对此，政府采购相关法规作出了明确规定。如《政府采购货物和服务招标投标管理办法》第四十九条的规定，评标中因评标委员会成员缺席、回避或者健康等特殊原因导致评标委员会组成不符合本办法规定的，采购人或者采购代理机构应当依法补足后继续评标。被更换的评标委员会成员所作出的评标意见无效。专家提出回避申请后，采购人或采购代理机构应立即补抽专家，以保障项目的顺利评审。《关于进一步规范政府采购评审工作有关问题的通知》规定，出现评审专家临时缺席、回避等情形导致评审现场专家数量不符合法定标准的，采购人或采购代理机构要按照有关程序及时补抽专家，继续组织评审。如无法及时补齐专家，则要立即停止评审工作，封存采购文件和所有投标或响应文件，择期重新组建评审委员会进行评审。采购人或采购代理机构要将补抽专家或重新组建评审委员会的情况进行书面记录，随其他文件一并存档。政府采购评审专家与供应商存在利害关系未回避的，处2万元以上5万元以下的罚款，禁止其参加政府采购评审活动。

如果评审专家存在依法应回避而未回避的情形，评审专家应承担相应的法律责任。《政府采购法实施条例》第七十五条规定，政府采购评审专家与供应商存在利害关系未回避的，处2万元以上5万元以下的罚款，禁止其参加政府采购评审活动。《政府采购非招标采购方式管理办法》规定，谈判小组、询价小组成员明知与供应商有利害关系而不依法回避的，责令改正，给予警告；有关法律、行政法规规定处以罚款的，并处罚款；涉嫌犯罪的，依法移送司法机关处理。情节严重的，取消其政府采购评审专家资格，不得再参加任何政府采购项目的评审，并在财政部门指定的政府采购信息发布媒体上予以公告。若评审专家的违法行为影响或者可能影响成交结果的，应当按照下列情形分别处理：

（1）未确定成交供应商的，终止本次采购活动，依法重新开展采购活动。

（2）已确定成交供应商但采购合同尚未履行的，撤销合同，从合格的成交候选人中另行确定成交供应商，没有合格的成交候选人的，重新开展采购活动。

（3）采购合同已经履行的，给采购人、供应商造成损失的，由责任人依法承担赔偿责任。

三、宣布评审工作纪律和程序

遵守评审纪律不仅是维护评审工作严肃性的需要，也是评审专家免受职业风险伤害的要求。采购人或者采购代理机构应当根据政府采购有关法律制度的规定，制定评审纪律，在评审活动开始时向评审专家和其他参加评审的人员宣布，并将记载评审工作纪律的书面文件作为采购文件一并存档。评审纪律一般包括以下几点：

（1）评审应在严格保密的情况下进行，无关人员不得进入评审现场，采购人代表和评审专家的手机等通信工具或相关电子设备应集中进行保管。

（2）不得在确定参与评审至评审结束前私自接触投标人。

（3）不得接受供应商主动提出的澄清或者说明。

（4）不得在评审过程中发表倾向性意见或者征询采购人的倾向性意见。

（5）不得对需要专业判断的主观评审因素协商评分。

（6）不得对外透露与评审有关的情况。

（7）不得记录、复制或者带走任何评标资料。

（8）不得泄露评审中获悉的商业秘密。

（9）不得在评审过程中擅离职守，影响评标程序正常进行。

在评审活动开始时，采购人或采购代理机构应根据评标委员会（评审小组）的要求介绍政府采购相关政策法规、采购文件，让评审专家熟悉项目的采购需求、评审程序、评审标准，以及评审时需要特别注意的事项，例如：

（1）项目涉及的政府采购政策需要进行价格调整的因素，如小微企业、货物采购项目中包含节能、环保产品等。

（2）需要投标人对投标文件有关事项作出澄清或者说明的情形。

（3）投标人的报价明显低于其他通过符合性审查投标人的报价，有可能影响产品质量或者不能诚信履约的处理方式。

（4）需要共同认定的事项存在争议的处理方式。

【小贴士】

【问】评审过程中专家在签字前擅自离开应该如何处理？

【答】劳务报酬取消，不得报销异地评审差旅费，列入不良行为记录。

【法律依据】

《政府采购法实施条例》第四十一条第二款规定，评标委员会、竞争性谈判小组或者询价小组成员应当在评审报告上签字，对自己的评审意见承担法律责任。对评审报告有异议的，应当在评审报告上签署不同意见，并说明理由，否则视为同意评审报告。

《政府采购评审专家管理办法》第二十六条规定，评审专家未完成评审工作擅自离开评审现场，或者在评审活动中有违法违规行为的，不得获取劳务报酬和报销异地评审差旅费。

四、 推选评审组长

评审活动开始时，采购人或采购代理机构应当介绍评标委员会（评审小组）的组成情况，并组织评标委员会（评审小组）推选评审组长，采购人或采购代理机构不能直接指定或者任命组长。评审组长一般由熟悉政府采购法律法规、评审程序，并具有综合协调、组织能力的成员担任。采购人代表不得担任组长。评审组长与其他评审人员有同等的表决权。

评审组长的任务如下：

（1）评审开始前组织各成员认真学习采购文件中的重要内容，仔细研究评审办法及评审程序。

（2）组织指导各成员正确、有序地按照采购文件规定的评审程序和方法进行评审，合理分配工作任务，掌握评审进度。

（3）评审工作中存在争议时，组织所有成员进行集体表决。

（4）评审过程中出现重大问题时，组织所有成员听取并充分考虑相关意见，必要时向监管部门报备。

（5）组织编写并向采购人提交评审报告。

第三节　不同采购方式评审流程

政府采购项目评审内容包括资格审查、符合性检查、详细评审等，每个评审步骤依次进行、环环相扣。

资格审查是指对投标文件（响应文件）是否满足采购文件规定的供应商资格要求进行审查，并出具审查结论。资格审查未通过的供应商，不进入符合性检查和详细评审阶段。

符合性检查是对资格审查合格的投标文件（响应文件）是否满足采购文件的实质性要求进行审查，审查内容包括投标文件（响应文件）的有效性、完整性和响应程度。符合性检查未通过的供应商，不进入详细评审阶段。

详细评审是指对资格审查和符合性检查均合格的投标文件（响应文件）进行评估并推荐中标（成交）候选人。

不同的采购方式，评审流程及内容不尽相同，有些看似相同的地方，在细节处理上也可能存在差异。如竞争性磋商、竞争性谈判采购项目在评审过程中还有磋商、谈判环节，单一来源采购项目设有协商环节。在实际评审活动中，存在评审专家混淆不同采购方式评审流程的现象。下面将按采购方式分别介绍评审流程。

一、公开招标、邀请招标

政府采购货物和服务类项目采用招标方式采购的，由采购人或者采购代理机构对投标人的资格进行审查，评标委员会的评标工作从符合性检查开始。

《政府采购货物和服务招标投标管理办法》第四十六条规定，评标委员会负责具体评标事务，并独立履行下列职责：

（1）审查、评价投标文件是否符合招标文件的商务、技术等实质性要求。

（2）要求投标人对投标文件有关事项作出澄清或者说明。

（3）对投标文件进行比较和评价。

（4）确定中标候选人名单，以及根据采购人委托直接确定中标人。

（5）向采购人、采购代理机构或者有关部门报告评标中发现的违法行为。

公开招标、邀请招标在评审过程中应当遵循如下程序。

第一步，符合性检查。评标委员会应当对符合资格的投标人的投标文件进行符合性检查，以确定其是否满足招标文件的实质性要求。符合性检查合格的投标人不足3家的，不得继续评标。

在评审过程中，对于投标文件中含义不明确、同类问题表述不一致或者有明显文字和计算错误的内容，评标委员会应当以书面形式要求投标人作出必要的澄清、说明或者补正。投标人的澄清、说明或者补正应当采用书面形式，并加盖公章，或者由法定代表人或其授权的代表签字。投标人的澄清、说明或者补正不得超出投标文件的范围或者改变投标文件的实质性内容。

第二步，详细评审。评标委员会应当按照招标文件中规定的评标方法和标准，对符合性检查合格的投标文件进行商务和技术评估，综合比较与评价。

最低评标价法，是指投标文件满足招标文件全部实质性要求，且投标报价最低的投标人为中标候选人的评标方法。采用最低评标价法评标时，除了算术修正和落实政府采购政策需进行的价格扣除外，不能对投标人的投标价格进行任何调整。采用最低评标价法的，评标结果按投标报价由低到高顺序排列。投标文件满足招标文件全部实质性要求且投标报价最低的投标人为排名第一的中标候选人。

综合评分法，是指投标文件满足招标文件全部实质性要求，且按照评审因素的量化指标评审得分最高的投标人为中标候选人的评标方法。评标时，评标委员会各成员应当独立对每个投标人的投标文件进行评价，并汇总每个投标人的得分。

因落实政府采购政策进行价格调整的，以调整后的价格计算评标基准价和投标报价。

【小贴士】

【问】项目评审时评标委员会如何判断供应商是否为中小企业？

【答】评标委员会依据供应商提供的《中小企业声明函》来判断。中小企业参与政府采购活动、享受扶持政策，只需要出具《中小企业声明函》作为中小企业身份证明的文件。中小企业应当按照《政府采购促进中小企业发展管理办法》（财库〔2020〕46号）规定和《中小企业划型标准规定》（工信部联企业〔2011〕300号），如实填写并提交《中小企业声明函》，任何单位和个人不得要求中小企业供应商提交《中小企业声明函》之外的证明文件，或事先获得认定及进入名录库等。中小企业对其声明内容的真实性负责，声明函内容不实的，属于提供虚假材料谋取中标、成交，依照《中华人民共和国政府采购法》等国家有关规定追究相应责任。

当投标文件报价出现前后不一致时，评标委员会应按照招标文件的规定对投标报价进行修正；如果招标文件没有规定，评标委员会应根据《政府采购货物和服务招标投标管理办法》的规定进行修正，具体如下：

（1）投标文件中开标一览表（报价表）内容与投标文件中相应内容不一致的，以开标一览表（报价表）内容为准。

（2）大写金额和小写金额不一致的，以大写金额为准。

（3）单价金额小数点或者百分比有明显错位的，以开标一览表的总价为准，并修改单价。

（4）总价金额与按单价汇总金额不一致的，以单价金额计算结果为准。

同时出现两种以上不一致的，按照前款规定的顺序修正。修正后的报价按照《政府采购货物和服务招标投标管理办法》第五十一条第二款的规定，经投标人确认后产生约束力，投标人不确认的，其投标无效。

在价格评审时，除投标报价修正外，对于投标人异常低价的情形，评标委员会应根据《政府采购货物和服务招标投标管理办法》的规定进行如下处理：评标委员会认为投标人的报价明显低于其他通过符合性检查投标人的报价，有可能影响产品质量或者不能诚信履约的，应当要求其在评标现场合理的时间内提供书面说明，必要时提交相关证明材料；投标人不能证明其报价合理性的，评标委员会应当将其作为无效投标处理。

采用综合评分法的，评标结果按评审后得分由高到低顺序排列。投标文件满足招标文件全部实质性要求，且按照评审因素的量化指标评审得分最高的投标人为排名第一的中标候选人。

这里要指出，根据《政府采购货物和服务招标投标管理办法》的规定，对于货物类采购项目，评审时需要考虑投标人投标产品的品牌：采购单一产品的，评审时需要考虑各投标人单一产品投标的品牌；采购非单一产品的，采购人应当根据采购项目技术构成、产品价格比重等合理确定核心产品，并在招标文件中载明，评审时需要考虑各投标人核心产品投标的品牌。采用最低评标价法的采购项目，提供相同品牌产品的不同投标人参加同一合同项下投标的，以其中通过资格审查、符合性检查且报价最低的参加评标；报价相同的，由采购人或者采购人委托评标委员会按照招标文件规定的方式确定一个参加评标的投标人，招标文件未规定的采取随机抽取方式确定，其他投标无效。

采用综合评分法的采购项目，提供相同品牌产品且通过资格审查、符合性检查的不同投标人参加同一合同项下投标的，按一家投标人计算，评审后得分最高的同品牌投标人获得中标人推荐资格；评审得分相同的，由采购人或者采购人委托评标委员会按照招标文件规定的方式确定一个投标人获得中标人推荐资格，招标文件未规定的采取随机抽取方式确定，其他同品牌投标人不作为中标候选人。

评标委员会应当按照客观、公正、审慎的原则，根据招标文件规定的评审程序、评审方法和评审标准进行独立评审。对于客观评审因素，评标委员会各成员评分应一致；对于主观评审因素，评标委员会各成员应在各分项评分标准范围内进行打分。

第三步，出具评标报告。评标委员会根据全体评标成员签字的原始评标记录和评标结果撰写评标报告。评标报告应当包括以下内容：

（1）招标公告刊登的媒体名称、开标日期和地点。

（2）投标人名单和评标委员会成员名单。

（3）评标方法和标准。

（4）开标记录、评标情况及说明，包括无效投标人名单及原因。

（5）评标结果，确定的中标候选人名单或者经采购人委托直接确定的中标人。

（6）其他需要说明的情况，包括评标过程中投标人根据评标委员会要求进行的澄清、说明或者补正，评标委员会成员的更换等。

评标委员会成员对需要共同认定的事项存在争议的，应当按照少数服从多数的原则得出结论。持不同意见的评标委员会成员应当在评标报告上签署不同意见及理由，否则视为同意评标报告。

请看下面的案例。

评审专家是否根据招标文件规定的评审标准进行了评审

【案情概述】

A代理机构代理X局办公家具政府采购公开招标项目，共7家投标人参与投标。本项目按规定完成开标评标并发布中标结果公告。B投标人中标，C投标人依法提起投诉，认为中标结果不合理，要求公布中标人的详细评审得分，提供了其技术和商务所涉及的客观评分，认为其完全满足和响应，自评为满分。

财政部门依法受理投诉，并进行调查。经查，招标文件规定：提供的证书"以有效期内证书彩色影印件加盖公章为准"。财政部门调取了项目评审资料，发现招标文件中要求部分评分项需提供有效期内的证书作为证明材料，评审专家对C投标人的评分均为0分。

原评标委员会配合处理投诉，称招标文件关于证书的评分标准要求"以有效期内证书彩色影印件加盖公章为准"，C公司提供的相关证书没有标注有效期，故不能得分。招标文件中对于证书上没有直接标注有效期的认定规则未明确，需经查询才能判定相关证书是否在有效期内，属于招标文件采购需求和评分标准不明确，评审不能依据外部证据。

投诉处理结果：中标结果无效，责令采购人重新开展采购活动。

【问题引出】

（1）C投标人要求公布中标结果详细的评审得分与排序是否合理？

（2）评审专家是否按照招标文件的规定进行了评审？

【分析点评】

（1）采购人或采购代理机构应当告知C投标人本人的评审得分与排序。C投标人要求告知中标人的详细评审得分无法律法规依据，故对C投标人要求公布中标人的详细评审得分的诉求不应支持。

（2）招标文件虽规定了"以有效期内证书彩色影印件加盖公章为准"，但是未明确要求证书上需标注有效期。即只要证书在有效期内即可。投诉人的投标文件中提供的相关证书上均载明"本证书的有效性系依据发证机构的定期监督获得保持""证书有效性可登录下列网址或扫描右侧的二维码查询"。即C投标人投标文件中提供的证书的有效性均系动态监测，因而未在证书上直接载明有效期，且证书上明确载明了有效性的查询方式。评审专家发现证书上未直接标注有效期，而是要通过证书上载明的查询方式确定证书有效性，评审专家既未查询，也未向投标人发出澄清，仅以"证书没有标注有效期"未予计分与《政府采购法实施条例》第四十一条第一款规定的审慎评审原则相违背。

【法律依据】

《政府采购法实施条例》第四十一条规定，评标委员会、竞争性谈判小组或者询价小组成员应当按照客观、公正、审慎的原则，根据采购文件规定的评审程序、评审方法和评审标准进行独立评审。

《政府采购评审专家管理办法》第十八条规定，评审专家应当严格遵守评审工作纪律，按照客观、公正、审慎的原则，根据采购文件规定的评审程序、评审方法和评审标准进行独立评审。

《政府采购货物和服务招标投标管理办法》第五十一条规定，对于投标文件中含义不明确、同类问题表述不一致或者有明显文字和计算错误的内容，评标委员会应当以书面形式要求投标人作出必要的澄清、说明或者补正。第六十九条规定，在公告中标结果的同时，采购人或者采购代理机构应当向中标人发出中标通知书；对未通过资格审查的投标人，应当告知其未通过的原因；采用综合评分法评审的，还应当告知未中标人本人的评审得分与排序。

【其他注意事项】

评审专家要按照审慎的原则，认真地开展评审工作。仔细查看采购文件以及供应商的响应文件，防止出现评审错误。有些评审错误失误虽小，却可能影响最终的采购结果，给采购人和有关供应商造成损失。比如本案中，对于投标文件中含义不明确、同类问题表述不一致或者有明显文字和计算错误的内容，评标委员会应当以书面形式要求投标人作出必要的澄清、说明或者补正，而不是直接认定其无效。

二、 竞争性磋商

根据《政府采购竞争性磋商采购方式管理暂行办法》第十六条规定，磋商小组成员应当按照客观、公正、审慎的原则，根据磋商文件规定的评审程序、评审方法和评审标准进行独立评审。磋商小组在评审过程中应当遵循如下程序。

第一步，资格审查。磋商小组对磋商供应商的响应文件进行资格审查，资格审查合格供应商不足3家时，不得继续进行竞争性磋商采购活动。要特别注意的是，根据《财政部关于政府采购竞争性磋商采购方式管理暂行办法有关问题的补充通知》（财库〔2015〕124号），采用竞争性磋商采购方式采购的政府购买服务项目（含政府和社会资本合作项目），在采购过程中符合要求的供应商（社会资本）只有2家的，竞争性磋商采购活动可以继续进行。采购过程中符合要求的供应商（社会资本）只有1家的，采购人（项目实施机构）或者采购代理机构应当终止竞争性磋商采购活动，发布项目终止公告并说明原因，重新开展采购活动。

不满足磋商文件资格要求的响应文件按无效处理，磋商小组应当告知有关供应商。

第二步，符合性检查。磋商小组对符合资格的磋商供应商的响应文件进行符合性检查，以确定其是否满足磋商文件的实质性要求。

符合性检查不足3家时，如该项目为政府购买服务项目（含政府和社会资本合作项目）且符合要求的供应商（社会资本）有2家，该项目磋商采购活动可以继续进行；其他情形则不得继续评审。

《政府采购竞争性磋商采购方式管理暂行办法》第十六条规定，未实质性响应磋商文件的响应文件按无效响应处理，磋商小组应当告知提交响应文件的供应商。

磋商文件内容违反国家有关强制性规定的，磋商小组应当停止评审并向采购人或者采购代理机构说明情况。

《政府采购竞争性磋商采购方式管理暂行办法》第十八条规定，磋商小组在对响应文件的有效性、完整性和响应程度进行审查时，可以要求供应商对响应文件中含义不明确、同类问题表述不一致或者有明显文字和计算错误的内容等作出必要的澄清、说明或者更正。供应商的澄清、说明或者更正不得超出响应文件的范围或者改变响应文件的实质性内容。磋商小组要求供应商澄清、说明或者更正响应文件应当以书面形式作出。供应商的澄清、说明或者更正应当由法定代表人或其授权代表签字或者加盖公章。由授权代表签字的，应当附法定代表人授权书。供应商为自然人的，应当由本人签字并附身份证明。

第三步，磋商。磋商小组所有成员应当集中与单一供应商分别进行磋商，并给予所有参加磋商的供应商平等的磋商机会。

在磋商过程中，磋商小组可以根据磋商文件和磋商情况实质性变动采购需求中的技术、服务要求以及合同草案条款，但不得变动磋商文件中的其他内容。实质性变动的内容，需经采购人代表确认。

对磋商文件作出的实质性变动是磋商文件的有效组成部分，磋商小组应当及时以书面形式同时通知所有参加磋商的供应商。

供应商应当按照磋商文件的变动情况和磋商小组的要求重新提交响应文件，并由其法定代表人或授权代表签字或者加盖公章。由授权代表签字的，应当附法定代表人授权书。供应商为自然人的，应当由本人签字并附身份证明。

第四步，最后报价。磋商文件能够详细列明采购标的的技术、服务要求的，磋商结束后，磋商小组应当要求所有实质性响应的供应商在规定时间内提交最后报价，提交最后报价的供应商不得少于3家。

磋商文件不能详细列明采购标的的技术、服务要求，需经磋商由供应商提供最终设计方案或解决方案的，磋商结束后，磋商小组应当按照少数服从多数的原则投票推荐3家以上供应商的设计方案或者解决方案，并要求其在规定时间内提交最后报价。

最后报价是供应商响应文件的有效组成部分。

对于市场竞争不充分的科研项目，以及需要扶持的科技成果转化项目，提交最后报价的供应商可以为2家。

对于采用竞争性磋商采购方式采购的政府购买服务项目（含政府和社会资本合作项目），在采购过程中符合要求的供应商（社会资本）只有2家的，竞争性磋商采购活动可以继续进行。在这种情形下，提交最后报价的供应商也可以为2家。

除以上两种情形外，提交最后报价的供应商少于3家时，应当终止竞争性磋商采购活动。

第五步，详细评审。经磋商确定最终采购需求和提交最后报价的供应商后，由磋商小组采用综合评分法对提交最后报价的供应商的响应文件和最后报价进行综合评分。综合评分法评审标准中的分值设置应当与评审因素的量化指标相对应。磋商文件中没有规定的评审标准不得作为评审依据。评审时，磋商小组各成员应当独立对每个有效响应的文件进行评价、打分，然后汇总每个供应商每项评分因素的得分。

磋商小组应当根据综合评分情况，按照评审得分由高到低顺序推荐3家以上成交候选供应商，并编写评审报告。符合《政府采购竞争性磋商采购方式管理暂行办法》第二十一条第三款情形的，可以推荐2家成交候选供应商。评审得分相同的，按照最后报价由低到高的顺序推荐。评审得分且最后报价相同的，按照技术指标优劣顺序推荐。

第六步，编写评审报告。评审报告应当包括以下主要内容：

（1）邀请供应商参加采购活动的具体方式和相关情况。

（2）响应文件开启日期和地点。

（3）获取磋商文件的供应商名单和磋商小组成员名单。

（4）评审情况记录和说明，包括对供应商的资格审查情况、供应商响应文件评审情况、磋商情况、报价情况等。

（5）提出的成交候选供应商的排序名单及理由。

评审报告应当由磋商小组全体人员签字认可。磋商小组成员对评审报告有异议的，磋商小组按照少数服从多数的原则推荐成交候选供应商，采购程序继续进行。对评审报告有异议的磋商小组成员，应当在报告上签署不同意见并说明理由，由磋商小组书面记录相关情况。磋商小组成员拒绝在报告上签字又不书面说明其不同意见和理由的，视为同意评审报告。

请看下面的案例。

2家供应商提交响应文件，竞争性磋商项目评审可以继续吗

某局物业项目采用竞争性磋商采购方式进行采购。集中采购中心根据《政府采购竞争性磋商采购方式管理暂行办法》的规定，通过指定媒体发布公告，共有3家供应商在规定时间内领取了磋商文件。至响应文件提交截止时，只有2家供应商向采购中心提交了响应文件。

评审专家同采购中心工作人员就本项目采购活动是否可以继续进行持有两种不同意见。

第一种意见认为，采购活动可以继续进行。理由是《财政部关于政府采购竞争性磋商采购方式管理暂行办法有关问题的补充通知》规定，采用竞争性磋商采购方式采购的政府购买服务项目（含政府和社会资本合作项目），在采购过程中符合要求的供应商（社会资本）只有2家的，竞争性磋商采购活动可以继续进行。本项目属于政府购买服务项目，可以适用该文件的规定继续进行竞争性磋商活动。

第二种意见认为，采购活动不可以继续进行。理由是对于政府购买服务类项目而言，《财政部关于政府采购竞争性磋商采购方式管理暂行办法有关问题的补充通知》规定，符合要求的供应商只有2家的，采购活动可以继续进行。本案例出现的情形是：提交响应文件的供应商只有2家，而非"符合要求的供应商只有2家"，不属于《财政部关于政府采购竞争性磋商采购方式管理暂行办法

有关问题的补充通知》规定的采购活动可以继续进行的特例，应当重新组织采购活动。

　　由上述两种意见可以看出，如何理解"在采购过程中符合要求的供应商只有 2 家"这一表述是解决问题的关键。根据财政部国库司答复：采用竞争性磋商采购方式采购的政府购买服务项目（含政府和社会资本合作项目），在采购过程中符合要求的供应商（社会资本）只有 2 家的，竞争性磋商采购活动可以继续进行。这里的采购过程是指磋商开始时符合资格条件的供应商有 3 家以上，磋商过程中符合条件的供应商在只有 2 家的情况下，磋商活动可以继续进行。

　　因此，本案例两种处理意见中，第二种意见符合相关政策文件的立法本意，采购活动不可以继续，应当重新组织采购活动。

三、 竞争性谈判

竞争性谈判小组在采购活动过程中应当履行下列职责：

（1）确认或者制定谈判文件、询价通知书。

（2）从符合相应资格条件的供应商名单中确定不少于 3 家的供应商参加谈判或者询价。

（3）审查供应商的响应文件并作出评价。

（4）要求供应商解释或者澄清其响应文件。

（5）编写评审报告。

（6）告知采购人、采购代理机构在评审过程中发现的供应商的违法违规行为。

竞争性谈判小组在评审过程中应遵循如下程序。

第一步，资格审查。由谈判小组对谈判供应商的响应文件进行资格审查。根据《政府采购非招标采购方式管理办法》第二十七条规定，公开招标的货物、服务采购项目，招标过程中提交投标文件或者经评审实质性响应招标文件要求的供应商只有 2 家时，采购人、采购代理机构按照本办法第四条经本级财政部门批准后可以与该 2 家供应商进行竞争性谈判采购。若这 2 家供应商资格审查均合格，竞争性谈判采购活动可继续进行。

除以上情形外，资格审查合格供应商不足 3 家时，不得继续进行竞争性谈判采购活动。对资格审查不合格的供应商，谈判小组应告知其不合格原因。

第二步，符合性检查。谈判小组对符合资格的谈判供应商的响应文件进行符合性检查，以确定其是否满足谈判文件的实质性要求。未实质性响应谈判文件的响应文件按无效处理，谈判小组应当告知有关供应商。

谈判小组在对响应文件的有效性、完整性和响应程度进行审查时，可以要求供应商对响应文件中含义不明确、同类问题表述不一致或者有明显文字和计算错误的内容等作出必要的澄清、说明或者更正。供应商的澄清、说明或者更正不得超出响应文件的范围或者改变响应文件的实质性内容。谈判小组要求供应商澄清、说明或者更正响应文件应当以书面形式作出。供应商的澄清、说明或者更正应当由法定代表人或其授权代表签字或者加盖公章。由授权代表签字的，应当附法定代表人授权书。供应商为自然人的，应当由本人签字并附身份证明。

符合性检查合格供应商不足3家时，除《政府采购非招标采购方式管理办法》第二十七条规定的情形外，该项目谈判采购活动不得继续进行。

第三步，谈判。谈判小组应当对响应文件进行评审，并根据谈判文件规定的程序、评定成交的标准等事项与实质性响应谈判文件要求的供应商进行谈判。谈判小组所有成员应当集中与单一供应商分别进行谈判，并给予所有参加谈判的供应商平等的谈判机会。

在谈判过程中，谈判小组可以根据谈判文件和谈判情况实质性变动采购需求中的技术、服务要求以及合同草案条款，但不得变动谈判文件中的其他内容。实质性变动的内容，需经采购人代表确认。对谈判文件作出的实质性变动是谈判文件的有效组成部分，谈判小组应当及时以书面形式同时通知所有参加谈判的供应商。

第四步，最后报价。谈判文件能够详细列明采购标的的技术、服务要求的，谈判结束后，谈判小组应当要求所有继续参加谈判的供应商在规定时间内提交最后报价，提交最后报价的供应商不得少于3家。谈判文件不能详细列明采购标的的技术、服务要求，需经谈判由供应商提供最终设计方案或解决方案的，谈判结束后，谈判小组应当按照少数服从多数的原则投票推荐3家以上供应商的设计方案或者解决方案，并要求其在规定时间内提交最后报价。

第五步，编写评审报告。谈判小组应当从质量和服务均能满足采购文件实质性响应要求的供应商中，按照最后报价由低到高的顺序提出3名以上成交候选人，并编写评审报告。评审报告主要内容如下：

（1）邀请供应商参加采购活动的具体方式和相关情况，以及参加采购活动的供应商名单。

（2）评审日期和地点，谈判小组成员名单。

（3）评审情况记录和说明，包括对供应商的资格审查情况、供应商响应文件评审情况、谈判情况、报价情况等。

（4）提出的成交候选人的名单及理由。

评审报告应当由谈判小组全体人员签字认可。谈判小组成员对评审报告有异议的，谈判小组按照少数服从多数的原则推荐成交候选人，采购程序继续进行。对评审报告有异议的谈判小组成员，应当在报告上签署不同意见并说明理由，由谈判小组书面记录相关情况。谈判小组成员拒绝在报告上签字又不书面说明其不同意见和理由的，视为同意评审报告。

请看下面的案例。

财政部指导案例之"★"条款之争

【案情概述】

20××年3月，S招标公司接受采购人某局的委托，按照采购人的要求就其"办公楼业务大平面显示系统设备采购及安装项目"组织竞争性谈判工作。4月初，采购人成立了谈判小组，S招标公司根据采购人的技术需求书编制了谈判文件，4月7日，采购人最终审核确认了谈判文件。4月8日，S招标公司邀请A公司、B公司和C公司参加谈判，并向这3家公司提供了谈判文件。4月28日，A公司、B公司和C公司均按时递交了响应文件，文件的密封情况完好。谈判小组在对响应文件进行评审中发现，A公司响应文件中显示设备的外观尺寸为1215.3 mm（长）×686.1 mm（宽）×130 mm（厚），不符合谈判文件要求的单个液晶显示单元厚度为98.5 mm的规定。谈判中A公司作出承诺，如果能够成为成交供应商，其产品将按照谈判文件的要求制作。最终谈判小组根据谈判文件的规定确定A公司为成交供应商。成交结果公告发出后，A公司与采购人沟通，告知采购人其屏体尺寸为1215.3 mm（长）×686.1 mm（宽）×116 mm（厚），即不能满足谈判文件及其谈判过程中所作出的承诺。虽然此项参数未设置"★"，但采购人表示不能接受该偏离，因此征得评审专家及监督人意见后，于5月20日组织评审专家出具了新的评审结果，取消A公司的成交资格，推荐第二顺序成交人为成交供应商。

A公司知道成交结果变更后，向S招标公司提出质疑，认为其产品满足谈判文件实质性要求且为评审价格最低，取消其成交资格不合理。A公司认为自己提出的屏体尺寸及其所需安装空间完全可以满足采购人400 mm的空间要求，且该项参数未设置"★"，不能作为废标条件。S招标公司在质疑回复中称，A公司在谈判响应文件技术偏离表中将谈判文件规格要求的98.5 mm改为120 mm，使其与响应文件相一致，干扰了谈判小组的评审，导致在评审过程中未及时发现此问题。A公司谈判响应文件所提供的单元厚度为120 mm，而实际响应文件所提供的彩页外形尺寸为130 mm，其响应参数严重偏离谈判文件要求，自相矛盾。无论是120 mm、130mm还是后提出的116 mm都偏离谈判文件98.5 mm的规定，不能满足项目要求。A公司对质疑答复不满，向财政部门提起投诉。

【调查情况】

本案争议的焦点是，没有满足非"★"条款的偏离是否能够成为取消成交的理由。因此，财政部门调取了本项目采购过程的相关文件，调查发现：谈判文件中规定"下文标示'★'的条款为不可偏离项目，要求完全满足要求，部分满足视同不满足，将被视为实质性不响应要求"。而谈判文件中"单个液晶显示单元对角线尺寸为 55 英寸，边框尺寸为 1215.3 mm（长）×686.1 mm（宽）×98.5 mm（厚），显示尺寸为 1209.6 mm×680.4 mm"，此项条款并未标注"★"，并没有在谈判文件中列为实质性条款。谈判报告的记录显示，A 公司在谈判过程中作出承诺，如果其能够成为成交供应商，其产品将按照谈判文件的要求制作。5 月 20 日的评审结果记录中显示，评审专家以 A 公司未能完全响应采购人要求为理由，推荐 4 月 28 日的评审结果中排名第二的供应商为成交供应商。

【问题分析及处理情况】

本案反映了采购人对采购产品关键性指标标注"★"不准确而导致的问题。在采购文件的编制过程中，采购人和代理机构应该对采购内容进行准确、详细的描述与规定，对于关键性指标的技术规格参数，可以通过标注"★"的方式着重提示供应商需要完全响应，而对于允许存在偏差的参数内容，则可以允许供应商根据自己产品的情况进行变动调整。本项目中，采购人和 S 招标公司如果认为显示设备的边框尺寸受客观因素限制，即必须完全满足才行的话，就应该在采购文件中将边框尺寸标注"★"，列为实质性条款。但是本案中，采购文件中没有对此标注"★"，而且 A 公司的产品也是符合采购人提供的实际安装空间的，在此情况下，评审专家以 A 公司不满足显示设备的边框尺寸的要求为由取消其成交结果的行为没有道理。

因此，财政部门认为：本项目中 A 公司虽然提供的液晶屏显示单元的技术要求参数不完全满足谈判文件的要求，但由于此要求并未标注"★"，不属于谈判文件中的实质性条款，故上述技术参数不满足不属于未实质性响应谈判文件的要求，采购人和 S 招标公司不能以此取消 A 公司的成交资格。综上，财政部门做出处理决定：A 公司投诉事项成立，此次成交结果无效，责令重新开展采购活动。

（信息来源：中国政府采购网）

四、询价

询价小组在采购活动过程中应当履行下列职责：

（1）确认或者制定谈判文件、询价通知书。

（2）从符合相应资格条件的供应商名单中确定不少于3家的供应商参加谈判或者询价。

（3）审查供应商的响应文件并作出评价。

（4）要求供应商解释或者澄清其响应文件。

（5）编写评审报告。

（6）告知采购人、采购代理机构在评审过程中发现的供应商的违法违规行为。

询价小组在评审过程中应遵循如下程序。

第一步，资格审查。询价小组对询价供应商的响应文件进行资格审查，资格审查合格供应商不足3家时，不得继续进行询价采购活动。

第二步，符合性检查。询价小组对符合资格的询价供应商的响应文件进行符合性检查，以确定其是否满足询价文件的实质性要求。未实质性响应询价文件的响应文件按无效处理。符合性检查合格供应商不足3家时，不得继续进行询价采购活动。

询价小组在对响应文件的有效性、完整性和响应程度进行审查时，可以要求供应商对响应文件中含义不明确、同类问题表述不一致或者有明显文字和计算错误的内容等作出必要的澄清、说明或者更正。供应商的澄清、说明或者更正不得超出响应文件的范围或者改变响应文件的实质性内容。询价小组要求供应商澄清、说明或者更正响应文件应当以书面形式作出。供应商的澄清、说明或者更正应当由法定代表人或其授权代表签字或者加盖公章。由授权代表签字的，应当附法定代表人授权书。供应商为自然人的，应当由本人签字并附身份证明。

第三步，详细评审。询价小组在询价过程中，不得改变询价通知书所确定的技术和服务等要求、评审程序、评定成交的标准和合同文本等事项。

第四步，编写评审报告。询价小组应当从质量和服务均能满足采购文件实质性响应要求的供应商中按照报价由低到高的顺序提出3名以上成交候选人，并编写评审报告。评审报告主要内容如下：

（1）邀请供应商参加采购活动的具体方式和相关情况，以及参加采购活动的供应商名单。

（2）评审日期和地点，询价小组成员名单。

（3）评审情况记录和说明，包括对供应商的资格审查情况、供应商响应文件评审情况、报价情况等。

（4）提出的成交候选人的名单及理由。

评审报告应当由询价小组全体人员签字认可。询价小组成员对评审报告有异议的，询价小组按照少数服从多数的原则推荐成交候选人，采购程序继续进行。对评审报告有异议的询价小组成员，应当在报告上签署不同意见并说明理由，由询价小组书面记录相关情况。询价小组成员拒绝在报告上签字又不书面说明其不同意见和理由的，视为同意评审报告。

五、 单一来源采购

单一来源采购是指采购人从某一特定供应商处采购货物、工程和服务的采购方式。

根据《政府采购非招标采购方式管理办法》第四十一条规定，采用单一来源采购方式采购的，采购人、采购代理机构应当组织具有相关经验的专业人员与供应商商定合理的成交价格并保证采购项目质量。

评审专家在参与单一来源采购项目的协商评审时，应利用自身的专业性和丰富的经验，协助采购人与供应商商定合理的成交价格。

根据《政府采购非招标采购方式管理办法》第四十二条，单一来源采购人员应当编写协商情况记录，主要内容包括以下几点：

（1）依据本办法第三十八条进行公示的，公示情况说明。

（2）协商日期和地点，采购人员名单。

（3）供应商提供的采购标的成本、同类项目合同价格以及相关专利、专有技术等情况说明。

（4）合同主要条款及价格商定情况。

协商情况记录应当由采购全体人员签字认可。对记录有异议的采购人员，应当签署不同意见并说明理由。采购人员拒绝在记录上签字又不书面说明其不同意见和理由的，视为同意。

六、 框架协议采购

根据《政府采购框架协议采购方式管理暂行办法》第二条，框架协议采购，是指集中采购机构或者主管预算单位对技术、服务等标准明确、统一，需要多次重复采购的货物和服务，通过公开征集程序，确定第一阶段入围供应商并订立框架协议，采购人或者服务对象按照框架协议约定规则，在入围供应商范围内确定第二阶段成交供应商并订立采购合同的采购方式。具体程序如下：

第一步，资格审查。采购人或采购代理机构对供应商的响应文件进行资格审查，资格审查合格供应商不足3家时，不得继续进行采购活动。

第二步，符合性检查。评审小组对符合资格的供应商的响应文件进行符合性检查，以确定其是否满足采购文件的实质性要求。未实质性响应采购文件的响应文件按无效处理。符合性检查合格供应商不足3家时，不得继续进行框架协议采购活动。

第三步，详细评审。《政府采购框架协议采购方式管理暂行办法》第二十五条规定，确定第一阶段入围供应商的评审方法包括价格优先法和质量优先法。

价格优先法是指对满足采购需求且响应报价不超过最高限制单价的货物、服务，按照响应报价从低到高排序，根据征集文件规定的淘汰率或者入围供应商数量上限，确定入围供应商的评审方法。

质量优先法是指对满足采购需求且响应报价不超过最高限制单价的货物、服务进行质量综合评分，按照质量评分从高到低排序，根据征集文件规定的淘汰率或者入围供应商数量上限，确定入围供应商的评审方法。货物项目质量因素包括采购标的的技术水平、产品配置、售后服务等，服务项目质量因素包括服务内容、服务水平、供应商的履约能力、服务经验等。质量因素中的可量化指标应当划分等次，作为评分项；质量因素中的其他指标可以作为实质性要求，不得作为评分项。

确定第一阶段入围供应商时，提交响应文件和符合资格条件、实质性要求的供应商应当均不少于2家，淘汰比例一般不得低于20%，且至少淘汰1家供应商。采用质量优先法的检测、实验等仪器设备采购，淘汰比例不得低于40%，且至少淘汰1家供应商。

第四步，编写评审报告。评审完成后，评审小组推荐入围供应商，并编写评审报告。

七、 合作创新采购

根据《政府采购合作创新采购方式管理暂行办法》第二条，合作创新采购是指采购人邀请供应商合作研发，共担研发风险，并按研发合同约定的数量或者金额购买研发成功的创新产品的采购方式。订购是指采购人提出研发目标，与供应商合作研发创新产品并共担研发风险的活动。首购是指采购人对于研发成功的创新产品，按照研发合同约定采购一定数量或者一定金额相应产品的活动。前款所称创新产品，应当具有实质性的技术创新，包含新的技术原理、技术思想或者技术方法。对现有产品的改型以及对既有技术成果的验证、测试和使用等没有实质性技术创新的，不属于本办法规定的创新产品范围。合作创新采购方式分为订购和首购两个阶段。具体程序如下。

第一步，资格审查。谈判小组依法对供应商的资格进行审查。提交申请文件或者通过资格审查的供应商只有2家或者1家的，可以按照本办法规定继续开展采购活动。

第二步，创新概念交流。谈判小组集中与所有通过资格审查的供应商共同进行创新概念交流，交流内容包括创新产品的最低研发目标、最高研发费用、应用场景及采购方案的其他相关内容。

创新概念交流中，谈判小组应当全面及时回答供应商提问。必要时，采购人或其授权的谈判小组可以组织供应商进行集中答疑和现场考察。

采购人根据创新概念交流情况，对采购方案内容进行实质性调整的，应当按照内部控制管理制度有关规定，履行必要的内部审查、核准程序。

采购人根据创新概念交流结果，形成研发谈判文件。

第三步，研发竞争谈判。谈判小组集中与单一供应商分别进行谈判，对相关内容进行细化调整。谈判内容如下：

（1）创新产品的最低研发目标、验收方法与验收标准。

（2）供应商的研发方案。

（3）研发完成时间。

（4）研发成本补偿的成本范围和金额，以及首购产品金额。

（5）研发竞争谈判的评审标准。

（6）各阶段研发成本补偿的成本范围和金额。

（7）首购产品的评审标准。

（8）知识产权权属、利益分配、使用方式等。

（9）创新产品的迭代升级服务方案。

（10）研发合同履行中可能出现的风险及其管控措施。

在谈判中，谈判小组可以根据谈判情况实质性变动谈判文件有关内容，但不得降低最低研发目标、提高最高研发费用，也不得改变谈判文件中的主要评审因素及其权重。

谈判结束后，谈判小组根据谈判结果确定最终的谈判文件，并以书面形式同时通知所有参加谈判的供应商。供应商按要求提交最终响应文件，谈判小组给予供应商的响应时间应当不少于5个工作日。提交最终响应文件的供应商只有2家或者1家的，可以按照本办法规定继续开展采购活动。

第四步，评审并出具评审报告。谈判小组对响应文件满足研发谈判文件全部实质性要求的供应商开展评审，按照评审得分从高到低排序，推荐成交候选人，出具评审报告。

谈判小组根据谈判文件规定，可以对供应商响应文件的研发方案部分和其他部分采取两阶段评审，先评审研发方案部分，对研发方案得分达到规定名次的，再综合评审其他部分，按照总得分从高到低排序，确定成交候选人。

第五步，研发中期谈判。采购人根据研发合同约定，组织谈判小组与研发供应商在研发的不同阶段就研发进度、标志性成果及其验收方法与标准、研发成本补偿的成本范围和金额等问题进行研发中期谈判，根据研发进展对相关内容进行细化调整，但每个研发供应商各阶段补偿成本范围不得超过研发合同约定的研发成本补偿的范围，且各阶段成本补偿金额之和不得超过研发合同约定的研发成本补偿金额。研发中期谈判应当在每一阶段开始前完成。

每一阶段约定期限到期后，研发供应商应当提交成果报告和成本说明，采购人根据研发合同约定和研发中期谈判结果支付研发成本补偿费用。研发供应商提供的标志性成果满足要求的，进入下一研发阶段；研发供应商未按照约定完成标志性成果的，予以淘汰并终止研发合同。

第六步，首购评审。有2家以上研发供应商研制的创新产品通过验收的，采购人应当组织谈判小组评审，根据研发合同约定的评审标准确定1家研发供应商的创新产品为首购产品。

请看下面的案例。

评审专家未按照法定程序评审，谁之过

【案情概述】

某局对办公系统信息化建设项目进行政府采购，预算金额为120万元，委托Q代理机构采用竞争性磋商采购方式采购。磋商当天，Q代理机构从省政府采购评审专家管理系统随机抽取评审专家张某和杨某，采购人从省政府采购评审专家库内选定夏某作为采购人代表，并告知Q代理机构委派采购人代表参加评审。

评审开始前，Q代理机构核实评审专家身份，询问夏某的《采购人代表授权委托书》，夏某称其为采购人委派的评审专家，也是省政府采购评审专家库内专家，Q代理机构告诉夏某评审时不能担任评审组长。经推荐张某担任磋商小组组长。项目共有A、B、C、D共4家供应商提交响应文件，张某、杨某和夏某对4家供应商的响应文件进行审查，全部通过资格审查和符合性检查。张某、杨某和夏某认为没有需要与供应商进行磋商的内容，组长张某遂让Q代理机构通知4家供应商直接进行最终报价。随后就进入打分环节，按得分由高到低推荐了前三名为成交候选人。采购人确认后，Q代理机构发布了该项目的竞争性磋商成交结果公告。D供应商对磋商小组未与其进行磋商提出质疑。Q代理机构发布废标公告，因该项目磋商采购过程不合规，予以废标。

【问题引出】

（1）政府采购评审专家作为采购人代表，是否需要出具授权委托书？

（2）磋商小组未与供应商逐一进行磋商，是否有责任？

【案例分析】

该项目磋商文件第23.1条规定，磋商小组由采购人代表和评审专家共3人以上单数组成，其中评审专家人数不得少于磋商小组成员总数的2/3。评审专家应当从政府采购评审专家库内相关专业的专家名单中随机抽取。本案例中，张某和杨某是Q代理机构从政府采购专家库中随机抽取产生的，符合磋商文件的规定。夏某虽然是省政府采购专家库内的专家，但他在该项目中不是随机抽

取产生的，所以不能以"评审专家"身份参与该项目评审，夏某是采购人从政府采购专家库内选定的，以"采购人代表"身份参与该项目评审，采购人应该向Q代理机构出具授权委托书。

该项目磋商文件第23.3条规定，磋商小组所有成员按事先抽取的磋商顺序，集中与单一供应商分别进行磋商，并给予所有参加磋商的供应商平等的磋商机会。第26.1条规定，磋商小组将根据本磋商文件规定的程序、方法和标准与供应商进行磋商。本案例中磋商小组在没有开展磋商过程的情况下，组长张某要求Q代理机构通知供应商直接提交最终报价，磋商小组没有按照规定程序进行评审导致项目被质疑而废标，磋商小组的行为违背了磋商文件的规定，也不符合法律法规的相关要求。Q代理机构是本项目磋商活动的组织者，评审专家不是磋商活动的组织者，所以Q代理机构应该要求评审专家按照磋商文件的规定进行评审，制止评审专家的错误行为，评审专家无权确定磋商程序。

【法律依据】

《政府采购竞争性磋商采购方式管理暂行办法》第五条规定，采购人、采购代理机构应当按照政府采购法和本办法的规定组织开展竞争性磋商，并采取必要措施，保证磋商在严格保密的情况下进行。

第十四条规定，磋商小组由采购人代表和评审专家共3人以上单数组成，其中评审专家人数不得少于磋商小组成员总数的2/3。采购人代表不得以评审专家身份参加本部门或本单位采购项目的评审。采购代理机构人员不得参加本机构代理的采购项目的评审。采用竞争性磋商方式的政府采购项目，评审专家应当从政府采购评审专家库内相关专业的专家名单中随机抽取。

第十六条规定，磋商小组成员应当按照客观、公正、审慎的原则，根据磋商文件规定的评审程序、评审方法和评审标准进行独立评审。未实质性响应磋商文件的响应文件按无效响应处理，磋商小组应当告知提交响应文件的供应商。

第十九条规定，磋商小组所有成员应当集中与单一供应商分别进行磋商，并给予所有参加磋商的供应商平等的磋商机会。

第四节 评审过程中特殊情况的处理

一、评审专家因突发情况无法继续评标如何处理

《政府采购货物和服务招标投标管理办法》第四十九条规定，评标中因评标委员会成

员缺席、回避或者健康等特殊原因导致评标委员会组成不符合本办法规定的，采购人或者采购代理机构应当依法补足后继续评标。被更换的评标委员会成员所作出的评标意见无效。

无法及时补足评标委员会成员的，采购人或者采购代理机构应当停止评标活动，封存所有投标文件和开标、评标资料，依法重新组建评标委员会进行评标。原评标委员会所作出的评标意见无效。

采购人或者采购代理机构应当将变更、重新组建评标委员会的情况予以记录，并随采购文件一并存档。

请看下面的案例。

【案例概述】

Z代理机构受N机关的委托，对机关大楼保安服务进行公开招标，招标文件明确规定，本项目评标委员会由5人组成，其中采购人代表1名。评标委员会推选H为组长，在H的主持下，评标工作有序进行，在评审即将结束时，H因突发心脏病急送医院抢救，无法继续评标。Z代理机构依据规定，及时补抽了1名专家L。

评标委员会要求，为提高效率，新替补的L直接接替H担任组长，并在H评审的基础上继续评审。

Z代理机构则认为，评标委员会成员更换后，评标委员会相当于重新组建，应当重新推荐组长，重新评审。

【点评分析】

依据《政府采购货物和服务招标投标管理办法》第四十九条规定，评标中因评标委员会成员缺席、回避或者健康等特殊原因导致评标委员会组成不符合本办法规定的，采购人或者采购代理机构应当依法补足后继续评标。被更换的评标委员会成员所作出的评标意见无效。无法及时补足评标委员会成员的，采购人或者采购代理机构应当停止评标活动，封存所有投标文件和开标、评标资料，依法重新组建评标委员会进行评标。原评标委员会所作出的评标意见无效。采购人或者采购代理机构应当将变更、重新组建评标委员会的情况予以记录，并随采购文件一并存档。

对于本案例，Z代理机构的意见是正确的，H组织作出的评审意见无效，重新组建的评标委员会应该重新推荐组长重新评审。Z代理机构应当将变更、重新组建评标委员会的情况予以记录，并随采购文件一并存档。

二、 评审中发现采购文件存在缺陷应如何处理

根据《政府采购货物和服务招标投标管理办法》第六十五条的规定，评标委员会发现招标文件存在歧义、重大缺陷导致评标工作无法进行，或者招标文件内容违反国家有关强制性规定的，应当停止评标工作，与采购人或者采购代理机构沟通并作书面记录。采购人或者采购代理机构确认后，应当修改招标文件，重新组织采购活动。

停止评审是为了及时纠错，避免得出错误的评审结果，造成更大的损失。

请看下面的两个案例。

【案例一】

某校委托A采购代理机构对该校交通运营仿真实训基地建设项目实施采购，采购方式为公开招标。该项目招标文件"项目需求一览表"中共包括虚拟仿真课程合作开发、VR数字仿真教学实训平台合作开发、仿真实训基地附属课堂教学设备等10项采购标的，其中仿真实训基地附属课堂教学设备包括服务器、学生用电脑、交换机、课桌、椅子、机房装修（静电地板、吊顶、综合布线、门窗及墙面处理）等5项采购内容，但在招标文件报价范围中未列入机房装修。

截至开标前，A采购代理机构未收到投标人的澄清要求，项目正常开标。项目评审过程中，发现有些投标人的总报价包括机房装修费用，而有些投标人的总报价不包括机房装修费用。

评审现场，采购人代表介绍，本项目的采购内容中包含机房装修，且装修非常简单，采购预算中也包括了机房装修费用。评标委员会经过讨论，认为采购需求前后不一致，存在重大缺陷，也无法修正价格，导致无法评审。依据《政府采购货物和服务招标投标管理办法》第六十五条规定，因采购需求和技术要求存在重大缺陷，评标委员会应停止评标工作，与采购人或者采购代理机构沟通并作书面记录。

采购代理机构确认后，重新组织采购活动。

【案例二】

C代理机构接受委托，以公开招标方式就该市的某大楼螺杆式机组设备实施采购。

由于C代理机构工作的疏忽，未对采购需求进行认真审核，导致公布的采购需求存在缺陷。该采购项目公布的采购需求第一条第二款规定：单台设备的制冷量为711 kW，但采购需求一览表中规定，单台设备的制冷量为721 kW，两个制冷量不一致。

在评审时，评标委员会认为，两个制冷量 711 kW、721 kW 较为接近，偏差幅度极小，加上采购需求的制冷量一般是按一个品牌设计并计算得出，投标设备的制冷量或多或少都会有所偏离，因此采购需求中两个制冷量不一致，并未实质性影响评审。投标人所投的设备，制冷量不论是 711 kW 还是 721 kW，都可以认为无偏离，完全可以继续依据评标办法打分评审。

以上两个案例，虽然都是招标文件存在缺陷，但是评标委员会的处理方式完全不同，选择"废"或"不废"的关键在于是否存在"重大缺陷导致评标工作无法进行"的情形。案例一无法修正价格，评标工作无法进行，不得不重新组织采购；而案例二"错误"就"轻"得多，并不影响项目评审，因此得以继续评审。

三、 资格审查发生错误如何处理

采用非招标采购方式采购的项目，由评审小组对供应商的资格进行审查，根据《政府采购非招标采购方式管理办法》规定，资格性审查认定错误时，采购人或者采购代理机构可以组织原评审小组进行重新评审。

采用公开招标方式采购的项目，《政府采购货物和服务招标投标管理办法》第四十四条规定，公开招标采购项目开标结束后，采购人或者采购代理机构应当依法对投标人的资格进行审查。即评审专家不对投标人的资格进行审查，如果采购人或采购代理机构对投标人的资格审查发生错误，应当如何处理呢？

《政府采购货物和服务招标投标管理办法》第六十四条规定，评标报告签署前，经复核发现存在以下情形之一的，评标委员会应当当场修改评标结果，并在评标报告中记载；评标报告签署后，采购人或者采购代理机构发现存在以下情形之一的，应当组织原评标委员会进行重新评审，重新评审改变评标结果的，书面报告本级财政部门。

（1）分值汇总计算错误的。

（2）分项评分超出评分标准范围的。

（3）评标委员会成员对客观评审因素评分不一致的。

（4）经评标委员会认定评分畸高、畸低的。

那么，资格审查错误不属于重新评审的情形，因此采购人或采购代理机构不能组织评标委员会进行重新评审。

请看下面的案例。

资格审查错误如何纠错更合适

【案情概述】

某公开招标采购项目，在评标报告签署后，发布中标公告前，采购人发现资格审查错误。原本4家投标人，误将其中3家投标人的资格审查为合格，应为4家均未通过资格审查。

【问题引出】

采购人可以重新进行资格审查吗？还是由采购人向财政部门书面报告，由财政部门进行监督检查更为合适？

【分析点评】

上海市政府采购中心原高级工程师马正红：资格审查错误，不属于重新评审的情形范围，一般情况下由采购人向财政部门书面报告。

段和段（西安）律师事务所律师袁忠杰：公开招标采购项目中，资格审查是由采购人或者采购代理机构进行的，其与评审分离，并且问题情形也不属于《政府采购货物和服务招标投标管理办法》（以下简称87号令）第六十四条规定重新评审的4种情形。因此，资格审查错误并不能重新进行评审。在评标报告签署之后，发现供应商资格审查错误，属于违反87号令第七十八条第（三）项内容"未按照规定进行资格预审或者资格审查的"，应当视为违法行为。采购代理机构可以书面报告本级财政部门，由财政部门责令限期改正。

中贸国际工程招标（北京）有限公司相关工作人员：除非遇到国务院财政部门规定的特殊情形，否则采购人和采购代理机构无权组织重新评审。这一规定强调了政府采购活动的规范性和严肃性，保护了所有参与者的合法权益。在实际操作中，如果发现需要重新评审的情况，必须严格按照相关法律法规进行，并及时向财政部门报告。

安徽省芜湖市财政局政府采购科工作人员陶平：如果结果公告还未发布，属于未确定中标供应商，我们一般会根据《中华人民共和国政府采购法实施条例》第七十一条第（一）项规定，终止本次政府采购活动，责令采购人重新开展政府采购活动。同时采购人可以依据《中华人民共和国政府采购法》第三十七条重新组织招标。

（信息来源：中国政府采购报）

四、 符合性检查及详细评审中的特殊情况如何处理

（1）对投标文件中含义不明确、同类问题表述不一致或者有明显文字和计算错误的内容如何处理？

处理办法：评标委员会应当以书面形式要求供应商作出必要的澄清、说明或者补正。供应商的澄清、说明或者补正应当采用书面形式并加盖公章，或者由法定代表人或其授

权的代表签字。供应商的澄清、说明或者补正不得超出投标文件的范围或者改变投标文件的实质性内容。

【小贴士】

【问】公开招标项目评委认为供应商有需澄清说明的事项，被质询的供应商可以进评审现场与评委进行面对面的答复吗？

【答】不可以。根据《政府采购货物和服务招标投标管理办法》第五十一条规定，对于投标文件中含义不明确、同类问题表述不一致或者有明显文字和计算错误的内容，评标委员会应当以书面形式要求投标人作出必要的澄清说明或者补正。投标人的澄清、说明或者补正应当采用书面形式，并加盖公章，或者由法定代表人或其授权的代表签字。投标人的澄清、说明或者补正不得超出投标文件的范围或者改变投标文件的实质性内容。第六十六条规定，采购人、采购代理机构应当采取必要措施，保证评标在严格保密的情况下进行。除采购人代表、评标现场组织人员外，采购人的其他工作人员以及与评标工作无关的人员不得进入评标现场。

（2）投标文件报价出现前后不一致的情况如何处理？

处理办法：除招标文件另有规定外，按照下列规定修正：①投标文件中开标一览表（报价表）内容与投标文件中相应内容不一致的，以开标一览表（报价表）为准；②大写金额和小写金额不一致的，以大写金额为准；③单价金额小数点或者百分比有明显错位的，以开标一览表的总价为准，并修改单价；④总价金额与按单价汇总金额不一致的，以单价金额计算结果为准。

同时出现两种以上不一致的，按照前款规定的顺序修正。修正后的报价也需经供应商确认后产生约束力，供应商不确认的，其投标无效。

（3）供应商报价明显低于其他通过符合性检查供应商的报价如何处理？

处理办法：评标委员会认为供应商的报价明显低于其他通过符合性检查供应商的报价，有可能影响产品质量或者不能诚信履约的，应当要求其在评标现场合理的时间内提供书面说明，必要时提交相关证明材料；供应商不能证明其报价合理性的，评标委员会应当将其作为无效投标处理。

首先，要求供应商提供书面说明及证明材料的合理时间必须明确。这里需要注意的是"评标现场合理的时间"，提交书面说明和必要证明材料的时间必须是双方都能接受的。

其次，除了书面说明之外，评标委员会必要时也可以要求供应商提供相关证明材料。

相关证明材料包括价格构成、标的物成本、合同实施进度、风险成本等内容，或者是以相近价格实施过类似项目的合同业绩证明。

再次，由评标委员会根据供应商现场澄清状况来认定其报价是否合理。由于每个公司选择报价的产品型号和品牌并不完全相同，因此所报价格也有所不同，虽然其他投标人报价可以作为横向对比参照，但是最终还需要评标委员会根据供应商的现场澄清内容和项目实际状况进行综合判断。

【小贴士】

【问】政府采购服务类项目评标委员会怀疑供应商投标报价低于成本价，应该如何处理？

【答】可要求其在评标现场合理的时间内提供书面说明，必要时提交相关证明材料；投标人不能证明其报价合理性的，评标委员会应当将其作为无效投标处理。

【法律依据】

《政府采购货物和服务招标投标管理办法》第六十条的规定，评标委员会认为投标人的报价明显低于其他通过符合性审查投标人的报价，有可能影响产品质量或者不能诚信履约的，应当要求其在评标现场合理的时间内提供书面说明，必要时提交相关证明材料；投标人不能证明其报价合理性的，评标委员会应当将其作为无效投标处理。

（4）不同投标人的投标文件出现雷同如何处理？

处理办法：在评标过程中发现投标人恶意串通，妨碍其他投标人的竞争行为；损害采购人或者其他投标人的合法权益的情形的，评标委员会应当认定其投标无效，并书面报告本级财政部门。

有下列情形之一的，视为投标人串通投标，其投标无效：

① 不同投标人的投标文件由同一单位或者个人编制。

② 不同投标人委托同一单位或者个人办理投标事宜。

③ 不同投标人的投标文件载明的项目管理成员或者联系人员为同一人。

④ 不同投标人的投标文件异常一致或者投标报价呈规律性差异。

⑤ 不同投标人的投标文件相互混装。

⑥ 不同投标人的投标保证金从同一单位或者个人的账户转出。

（5）评审过程中，发现供应商提供了虚假材料如何处理？

处理办法：评审小组在评审过程中发现供应商提供虚假材料，应当及时向财政部门报告。

评标委员会（评审小组）是临时组建的工作小组，具有与采购内容和评审相关的专业技能。评标委员会（评审小组）应该依据投标（响应）文件进行评审，并推荐中标（成交）候选人。供应商虚假投标，评标委员会（评审小组）如果未能识别，则不承担相应责任。

请看下面的案例。

H总站私有云平台建设采购项目投诉案

【案例要点】

在政府采购活动中，印章、UKey等是供应商的重要身份凭证，应当严格管理，不得出借。因出借投标身份凭证产生的责任由供应商自行承担。

【相关依据】

《中华人民共和国政府采购法》第七十七条；

《中华人民共和国政府采购法实施条例》第五十五条；

《政府采购质疑和投诉办法》（财政部令第94号）第二十九条、第三十二条。【基本案情】

采购人H总站委托代理机构G采购中心就"H总站私有云平台建设采购项目"（以下简称本项目）进行公开招标。2021年12月31日，G采购中心发布公开招标公告；2022年1月28日，G采购中心发布中标公告；2月8日，供应商L公司提出质疑；2月16日，G采购中心答复质疑。3月7日，L公司向财政部提起投诉。投诉事项如下：

（1）D公司所投核心产品超融合节点不符合招标文件的参数要求，涉嫌虚假应标。经查中标产品制造商官方网站，其产品均不能满足招标文件参数要求。

（2）经查中国网络安全审查技术与认证中心官网、全国认证认可信息公共服务平台，D公司不具备信息安全风险评估服务、信息安全应急处理服务、信息系统灾难备份与恢复服务资质，根据招标文件评分标准应扣2.4分，但其总分却为98.2分，D公司涉嫌提供虚假的资质证书。

财政部依法受理本案，并向相关当事人调取证据材料。H总站、G采购中心称：其依法开展本项目采购活动，目前尚未签订政府采购合同。D公司称：本项目的投标行为未经授权，其对投标行为完全不知情，武某非法获取了其名下的G采购中心投标系统UKey后参与投标。因以往存在业务合作，其工作人员误以为史某是公司员工，于是将UKey给了史某。随后，史某将UKey私自给了武某，武某在其完全不知情的情况下，伪造了相关资质文件参与了本项目的投标。直到2022年3月，史某才向其归还UKey。经查，本项目招标文件"投标邀请"显示，"本项目采用电子采购系统进行网上投标，请符合投标条件的投标人安装投标工具，编制完成后加密上传投标文件。除上述方式之外，不接受投标人以纸质文件或其他任何方式提交的投标文件"，"供应商进行投标需提前办理数字证书和电子签章……已办理数字证书的请确保证书还在有效期内，如已过期或即将过期，需联系CA服务机构进行证书更新"。

招标文件"评分标准说明"显示，"投标人具有由中国网络安全审查技术与认证中心颁发的信息系统安全集成服务资质、安全运维服务资质、信息安全风险评估服务、信息安全应急处理服务、信息系统灾难备份与恢复服务资质，提供一个计0.8分，最多为4分"。"产品清单及指标要求"显示，"超融合节点"共5项技术要求，不要求提供证明材料。

D公司投标文件显示，其对"超融合节点"的技术参数均应答"无偏离"；其在投标文件中提交了信息系统安全集成服务资质认证证书、安全运维服务资质认证证书、信息安全风险评估服务认证证书、信息安全应急处理服务认证证书、信息系统灾难备份与恢复服务资质认证证书，前述证书获证组织均为D公司。

G采购中心提交了电子采购系统后台截图，显示D公司印章来源为"智能卡（UKey）"。L公司针对投诉事项（1）提交了中标产品制造商官网截图作为证明材料，截图所载产品型号与中标产品型号不一致。

经在全国认证认可信息公共服务平台核查，D公司投标文件中的2份信息安全服务资质认证证书编号与查询结果不一致，未查询到其他3份证书的信息。中国网络安全审查技术与认证中心的回函显示，"来函所附5份信息安全服务资质认证证书均不是我中心出具的认证证书"。

【处理结果】

根据《政府采购质疑和投诉办法》（财政部令第94号）第二十九条第（二）项的规定，投诉事项（1）缺乏事实依据。根据《政府采购质疑和投诉办法》（财政部令第94号）第三十二条第一款第（二）项的规定，投诉事项（2）成立，D公司中标结果无效。合格供应商符合法定数量时，可以从合格的中标候选人中另行确定中标供应商的，应当依法另行确定中标供应商；否则责令重新开展采购活动。对于D公司"提供虚假材料谋取中标"的行为，根据《中华人民共和国政府采购法》第七十七条第一款第（一）项的规定，财政部另行作出行政处罚。相关当事人在法定期限内未就处理处罚决定申请行政复议、提起行政诉讼。

【处理理由】

关于投诉事项（1），根据《中华人民共和国政府采购法实施条例》第五十五条的规定，供应商质疑、投诉应当提交必要的证明材料。针对投诉所涉技术参数，L公司提交的制造商官网截图所载产品型号与中标产品不一致，不足以证明D公司所投产品不满足招标文件要求。

关于投诉事项（2），经向相关证书出具单位调查核实，中国网络安全审查技术与认证中心未出具过D公司在投标文件中提供的5份信息安全服务资质认证证书。因此，5份案涉证书属于虚假材料。虽然D公司自述其未参与投标，而是被他人冒名投标，但其内部管理混乱，擅自外借政府采购投标专用UKey，不能成为免责的事由。D公司即便没有使用虚假材料投标的主观故意，对于违法行为的发生也存在重大过失，应当承担相应责任。D公司的行为构成《中华人民共和国政府采购法》第七十七条第一款第（一）项规定的"提供虚假材料谋取中标"的情形。

【其他注意事项】

如果供应商认为存在冒用侵权行为，可另行追究侵权人的责任。

（选自财政部指导性案例38）

（6）同品牌相同报价的多公司谁进入评审如何处理？

处理办法：采用最低评标价法的采购项目，提供相同品牌产品的不同供应商参加同一合同项下投标的，以其中通过资格审查、符合性检查且报价最低的参加评标；报价相同的，由采购人或者采购人委托评标委员会按照招标文件规定的方式确定一个参加评标的供应商，招标文件未规定的采取随机抽取方式确定，其他投标无效。

使用综合评分法的采购项目，提供相同品牌产品且通过资格审查、符合性检查的不同供应商参加同一合同项下投标的，按一家供应商计算，评审后得分最高的同品牌供应商获得中标人推荐资格；评审得分相同的，由采购人或者采购人委托评标委员会按照招标文件规定的方式确定一个供应商获得中标人推荐资格，招标文件未规定的采取随机抽取方式确定，其他同品牌供应商不作为中标候选人。

非单一产品采购项目，采购人应当根据采购项目技术构成、产品价格比重等合理确定核心产品，并在招标文件中载明。多家供应商提供的核心产品品牌相同的，按前两款规定处理。

（7）评标委员会成员对需要共同认定的事项存在争议，如何处理？

处理办法：评标委员会成员对需要共同认定的事项存在争议的，应当按照少数服从多数的原则得出结论。持不同意见的评标委员会成员应当在评标报告上签署不同意见及理由，否则视为同意评标报告。

（8）评标结果汇总完成后发现错误，如何处理？

处理办法：评标结果汇总完成后，除下列情形外，任何人不得修改评标结果：①分值汇总计算错误的；②分项评分超出评分标准范围的；③评标委员会成员对客观评审因素评分不一致的；④经评标委员会认定评分畸高、畸低的。

评标报告签署前，经复核发现存在以上情形之一的，评标委员会应当当场修改评标结果，并在评标报告中记载；评标报告签署后，采购人或者采购代理机构发现存在以上情形之一的，应当组织原评标委员会进行重新评审，重新评审改变评标结果的，应当书面报告本级财政部门。

供应商对分值汇总计算提出质疑的，采购人或者采购代理机构可以组织原评标委员会进行重新评审，重新评审改变评标结果的，应当书面报告本级财政部门。

请看下面的案例。

评审分值计算错误导致评审结果改变怎么办

【案情概述】

A采购代理机构受湖北省H市某局委托，对该局服装采购项目进行公开招标，预算金额为450万元，本项目非专门面向中小企业采购。共有10家供应商参与投标。W供应商在其投标文件中提供了《中小企业声明函》，声明为小型企业，且提供了监狱企业证明文件。

评审过程中，A采购代理机构按照6%的价格扣除了W供应商的价格得分后报给各评委。

结果公告发布后，W公司未中标，向A采购代理机构提起质疑，其投标报价比中标人低20多万，且中标人为大型企业，要求查看其详细得分。

【复核结果】

A采购代理机构组织原评标委员会进行复核发现，W公司既是小型企业，同时也是监狱企业。招标文件规定：按照《政府采购促进中小企业发展管理办法》（财库〔2020〕46号）的规定，对于小微企业报价给予6%的扣除，用扣除后的价格参加评审。根据湖北省财政厅 湖北省经济和信息化厅《关于进一步加强政府采购促进中小企业发展的通知》（鄂财采发〔2021〕8号）的规定，对符合以下情形之一的小微企业，以价格优惠幅度的上限10%享受评审优惠：残疾人企业或监狱企业；纳入创新产品应用示范推荐目录内的企业；政府采购项目的品目属于政府优先采购《节能产品政府采购品目清单》《环境标志产品政府采购品目》范围内，获得相关证书的企业。W公司应享受10％的价格扣除，而非6％。纠正评审错误后，W公司综合得分排名由第二名变为第一名，改变了评审结果。

【案例分析】

本案例中采购代理机构按错误的价格扣除比例计算了W公司的价格分。评标委员会也未履行审慎的义务，对代理机构计算的价格分进行核对，而是直接照抄，导致评分错误，且改变评审结果。根据《政府采购货物和服务招标投标管理办法》第四十五条和第五十五条的规定，核对评审结果应该是采购人或采购代理机构应该履行的职责。价格评审应是评标委员会评审的内容之一，是评标委员会的职责。在本案例中，评审专家和采购代理机构在评审过程中均有不当之处，其职责错位导致评审错误，应予以纠正。根据《政府采购质疑和投诉办法》（财政部令第94号）第十六条的规定，质疑答复导致中标、成交结果改变的，采购人或者采购代理机构应当将有关情况书面报告本级财政部门。

第五节　电子化采购评审

2019年财政部发布《关于促进政府采购公平竞争优化营商环境的通知》（财库〔2019〕38号），推进采购项目电子化实施。要加快完善电子化政府采购平台的网上交易功能，实现在线发布采购公告、提供采购文件、提交投标（响应）文件，实行电子开标、电子评审。政府采购电子化评审通过电子评审系统，让评审专家在线获取采购文件、审查投标响应文件进行评审工作，对于提高政府采购效率、增强评审公正性、促进廉政建设等方面具有重要意义。近年来，国家和地方政府正在有计划、有步骤、有序地推进政府采购电子化进程，评审专家有必要掌握电子化评审的相关操作。

下面仅以某政府采购电子交易平台系统为例，介绍评审专家操作方法。

一、评委登录

进入登录网址 https://cjyc.hbbidding.com.cn:8443/TPPingBiaoXE/customframe4pb/loginPBNew，请选择"评委"身份，再输入账号和密码登录（见图5-1）。

图 5-1　使用"评委"身份登录网上开评标系统

二、 评标（评审）准备

以竞争性磋商采购方式为例进行操作说明，其他采购方式的操作类似。

（1）进入项目，点击"进入项目"按钮（见图 5-2），点击"评标准备"（见图 5-3）。

图 5-2　进入项目后点击"进入项目"按钮

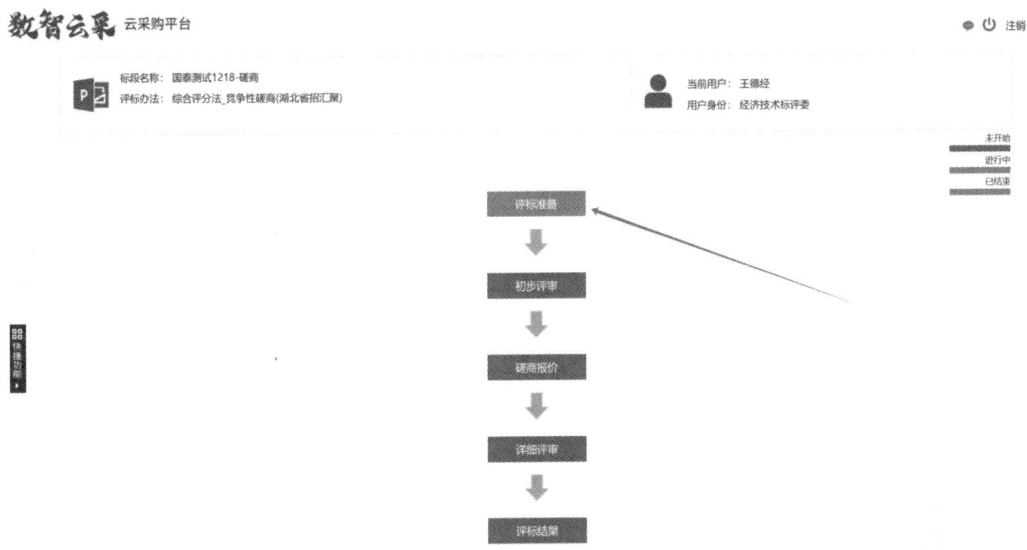

图5-3 点击"评标准备"

（2）评委回避，查看后，如果不存在依法需要回避的情形，则点击"不需要回避"按钮进行确认（见图5-4）。

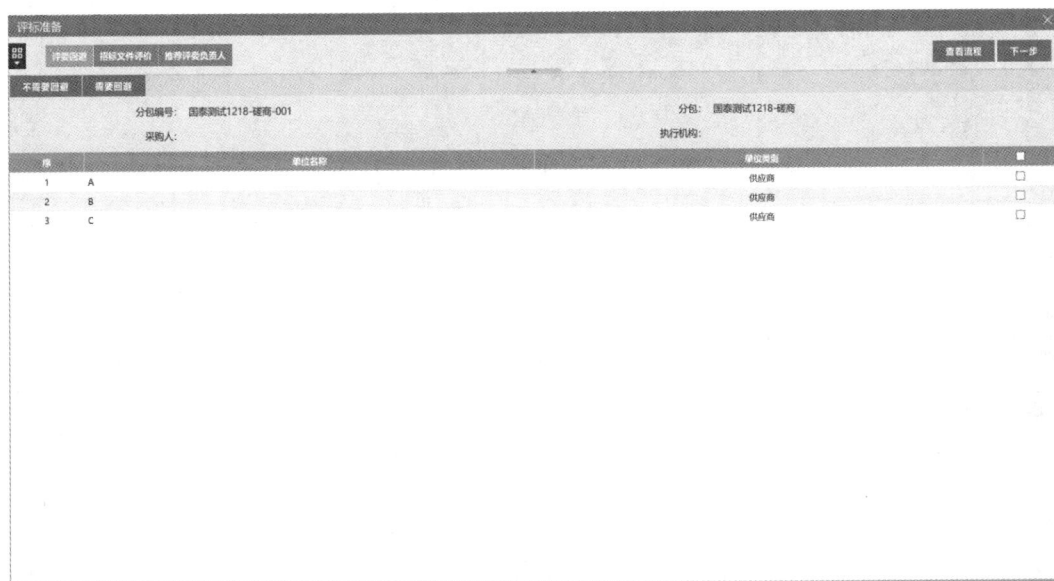

图5-4 点击"不需要回避"按钮进行确认

（3）推荐评标委员会组长（本系统中，非招标采购方式的评审小组组长统称为"评标委员会组长"），点击"推荐评委负责人"，点击"确认推荐"推荐组长（见图5-5）。

图5-5　点击"确认推荐"推荐组长

三、 初步评审

（1）点击右上角的"下一步"按钮，进入初步评审页面，点击"确定"按钮（需要所有评委完成上面的操作才能进入下一步），如图5-6所示。

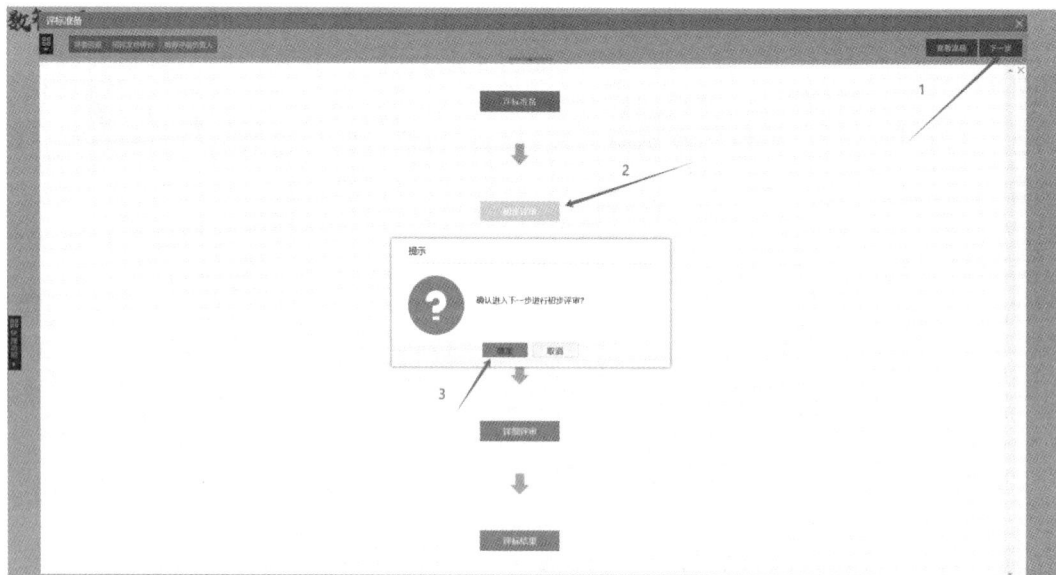

图5-6　进入初步评审页面

（2）资格性审查：点击"文件目录"查看投标文件并进行评审，点击"通过"或"不通过"，点击蓝色光标切换投标单位，待所有单位评审完成后，点击"确认提交"按钮，在右上角进行确认，提交后将不能进行修改，资格审查完成，如图5-7所示。

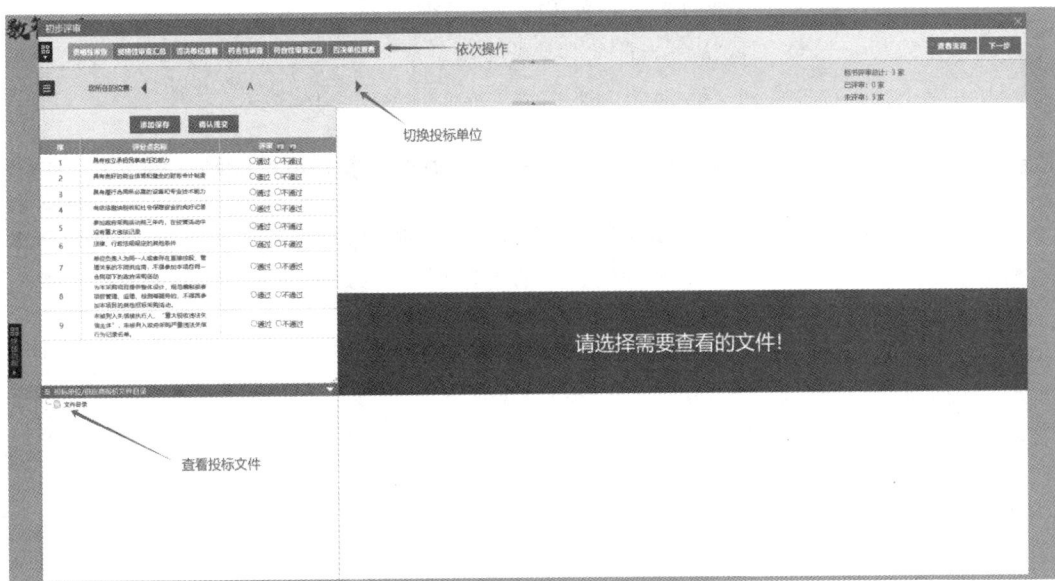

图5-7 对投标文件进行资格性审查

（3）资格审查汇总：由评标委员会组长操作，评审无误后点击左上角的"确定"按钮查看汇总即可（见图5-8）。若需退回重新评审，点击右上角的下拉框，选择评委名称，点击"退回重评"按钮，再点击其他页面，回到资格审查页面，刷新页面后重新进行评审并提交。

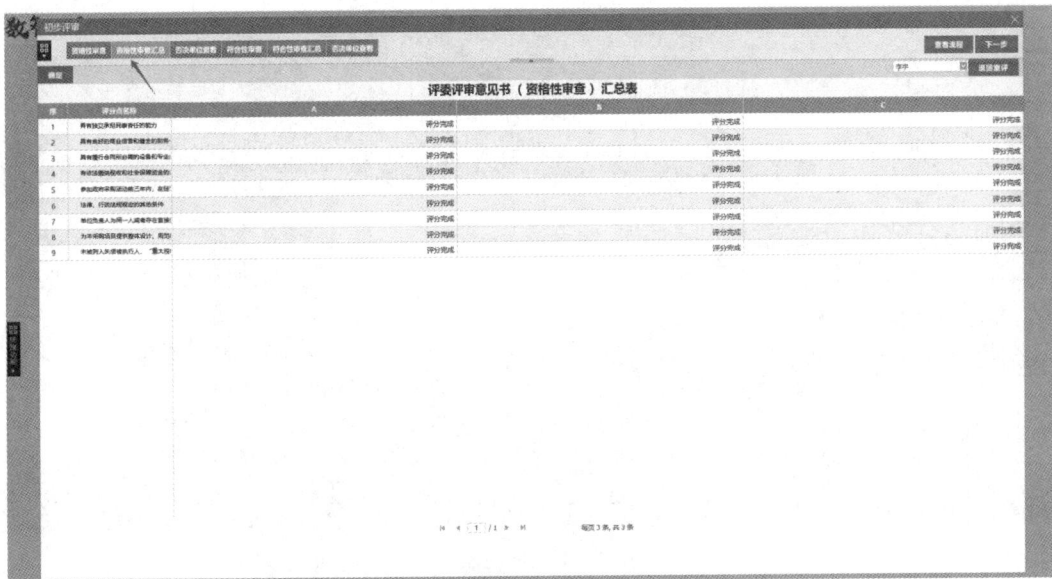

图5-8 资格审查汇总

（4）否决投标：点击"否决单位查看"（见图5-9，由评标委员会组长操作），再点击左侧的单位名称（若没有否决的单位，则不需要操作此环节）。

选择无效投标节点，默认为当前阶段，"选择条款"不需要操作，录入无效投标原因，点击"无效投标"按钮，点击"确认"按钮提交，如图5-10所示。

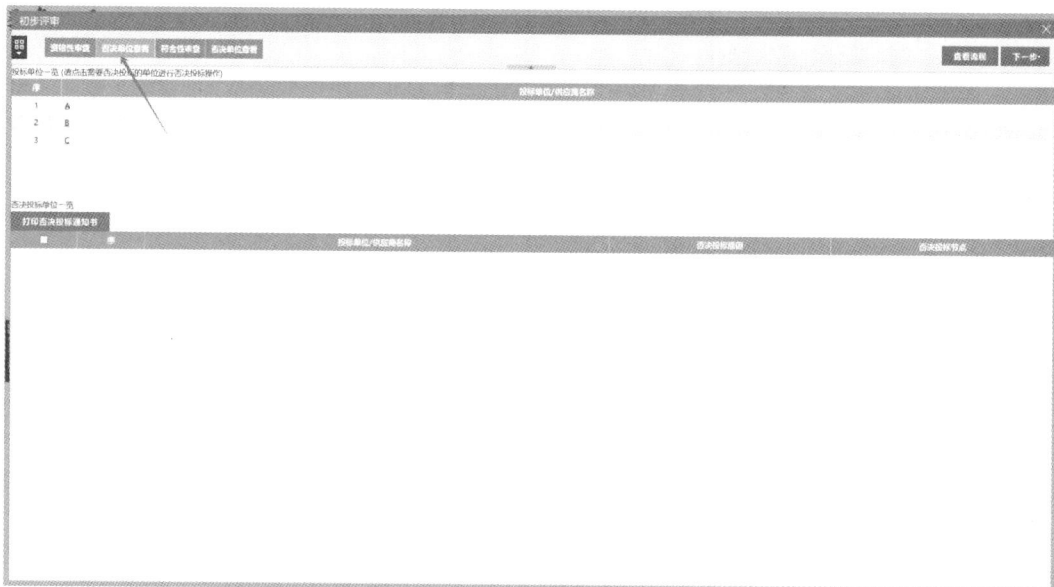

图5-9　否决投标1

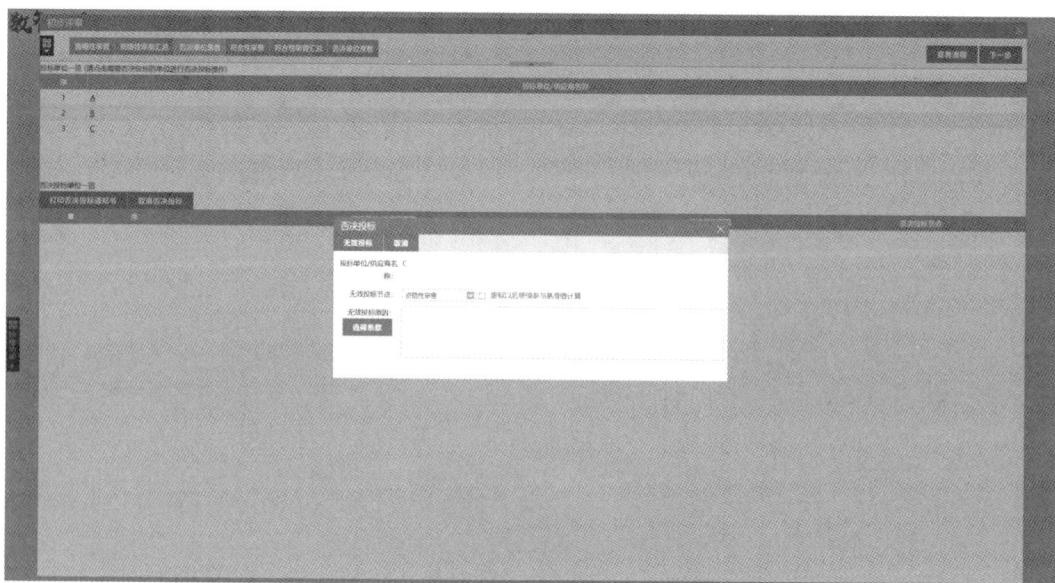

图5-10　否决投标2

（5）符合性审查：操作同资格性审查。对评审项进行评审，点击"通过"或者"不通过"，点击蓝色光标切换投标单位，待所有单位评审完成后，点击"确认"按钮提交，如图5-11所示。

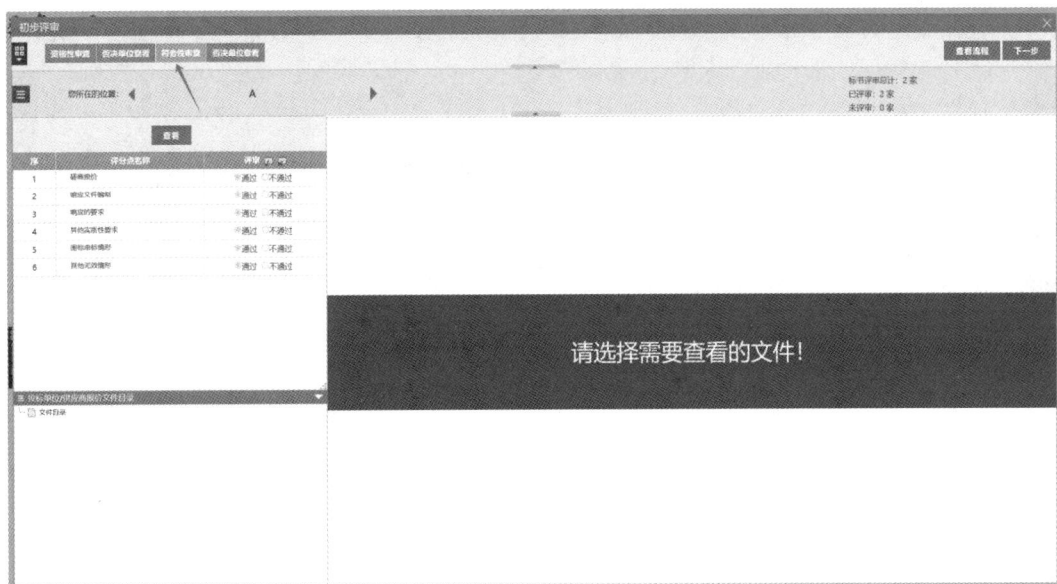

图5-11 符合性审查

（6）符合性审查汇总：操作同资格性审查汇总。由评标委员会组长操作，评审无误后点击左上角的"确定"按钮查看汇总即可，如图5-12所示。

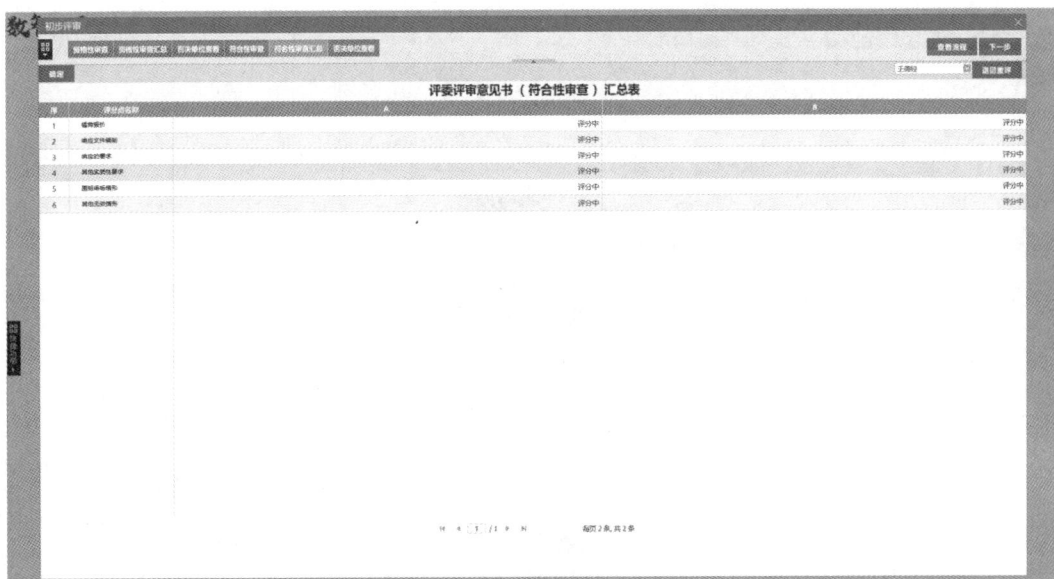

图5-12 符合性审查汇总

（7）否决投标：操作同上。由评标委员会组长操作，点击左侧的单位名称（见图 5-13，若没有需要否决的单位，则不需要操作此环节）。

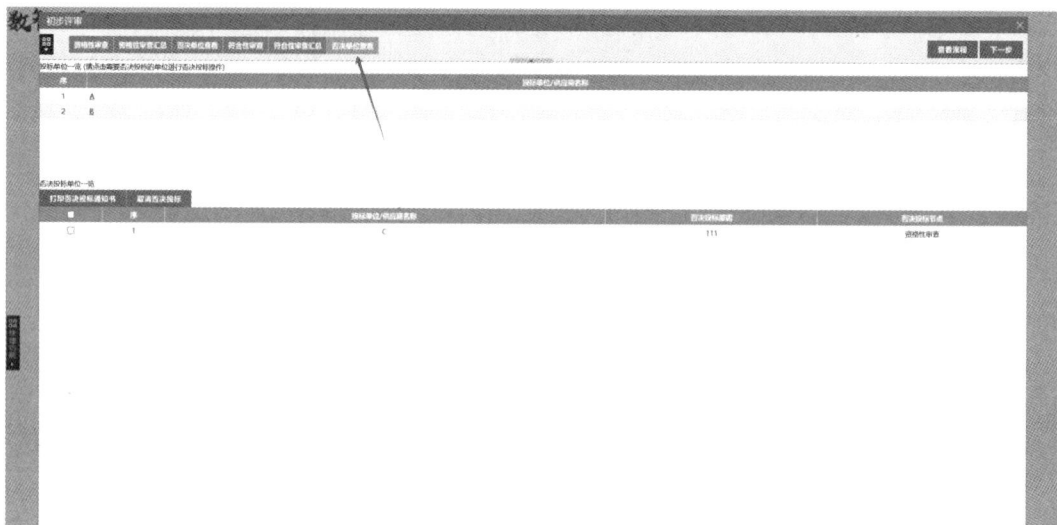

图 5-13　否决投标 3

四、磋商报价

（1）点击右上角的"下一步"按钮，经过磋商报价后，点击"确认"按钮（需要所有评委完成上面的操作，才能进入下一步），如图 5-14 所示。

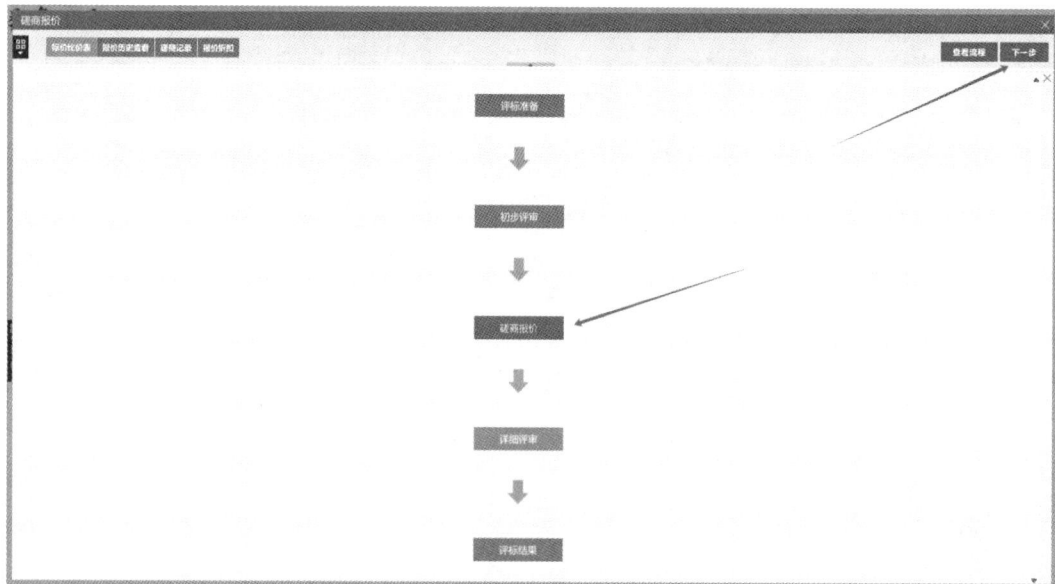

图 5-14　磋商报价

（2）标价比较表：根据上传的采购文件的报价自动生成，如图5-15所示。

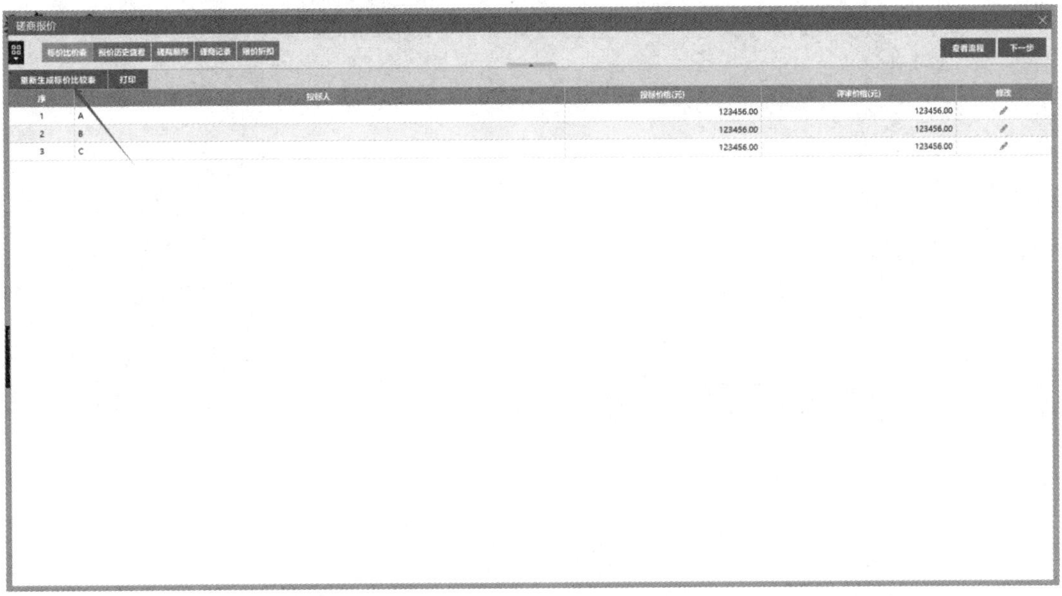

图5-15 标价比较表

（3）磋商顺序：由评标委员会组长操作，点击"随机生成谈判顺序"，供应商进入评审等候大厅，按磋商顺序进行视频磋商，如图5-16所示。

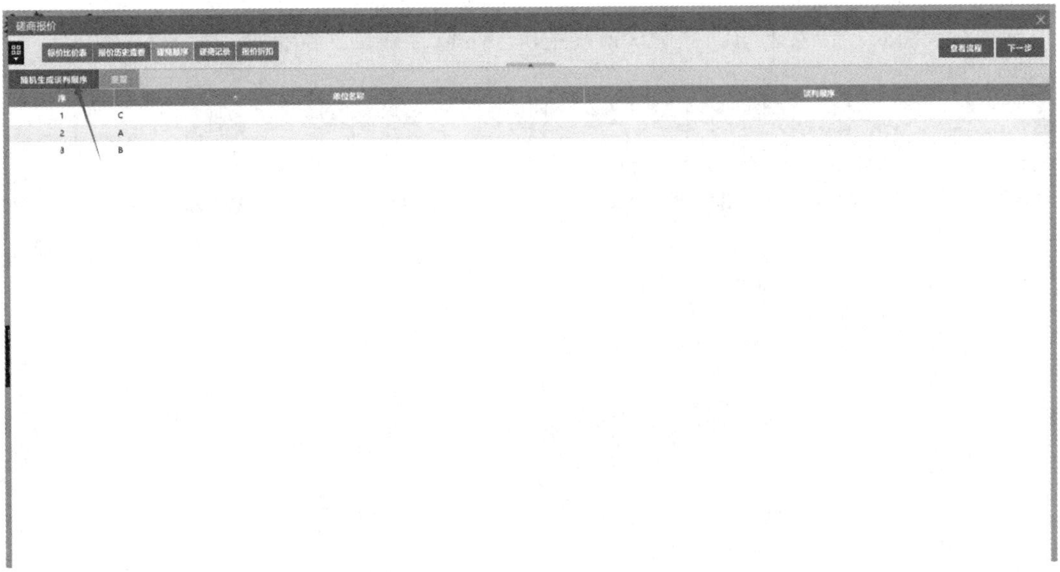

图5-16 磋商顺序

（4）磋商记录：点击左上角的"新增记录"，选择供应商，录入记录内容，关于视频磋商的记录，由评委进行记录并答复，如图5-17所示。

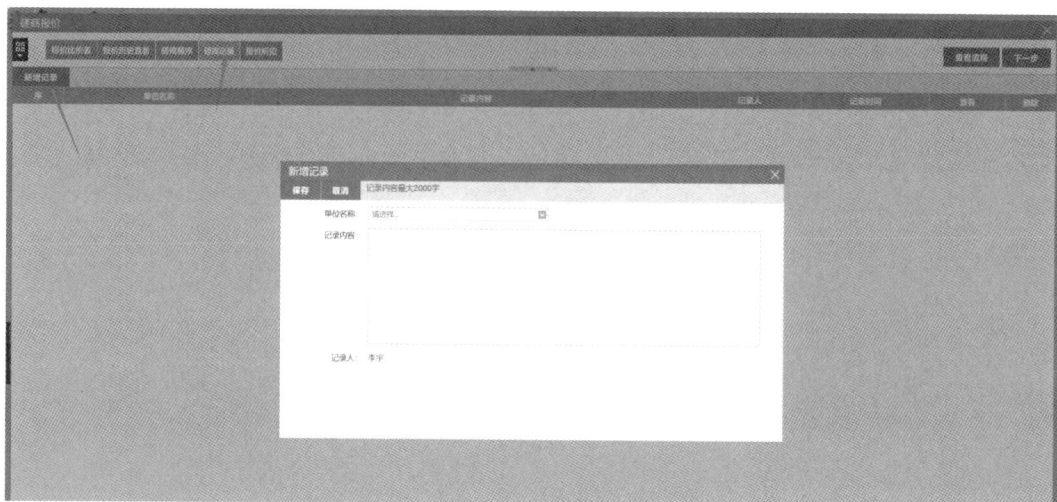

图5-17 磋商记录

（5）多轮报价：供应商编制好二次报价文件，评标委员会组长开启下一轮报价后，供应商上传二次报价文件（供应商编制二次报价文件："报价轮次"和"评审轮次"都输入"2"，后面依次递增）。由评标委员会组长操作，输入本轮报价时间，开始下一轮报价，如图5-18所示。

待所有供应商的二次报价文件上传完成后，供应商点击解析二次报价文件进行解密。评标委员会组长点击左上角的"确认最终报价"按钮，确认二次报价，如图5-19所示。

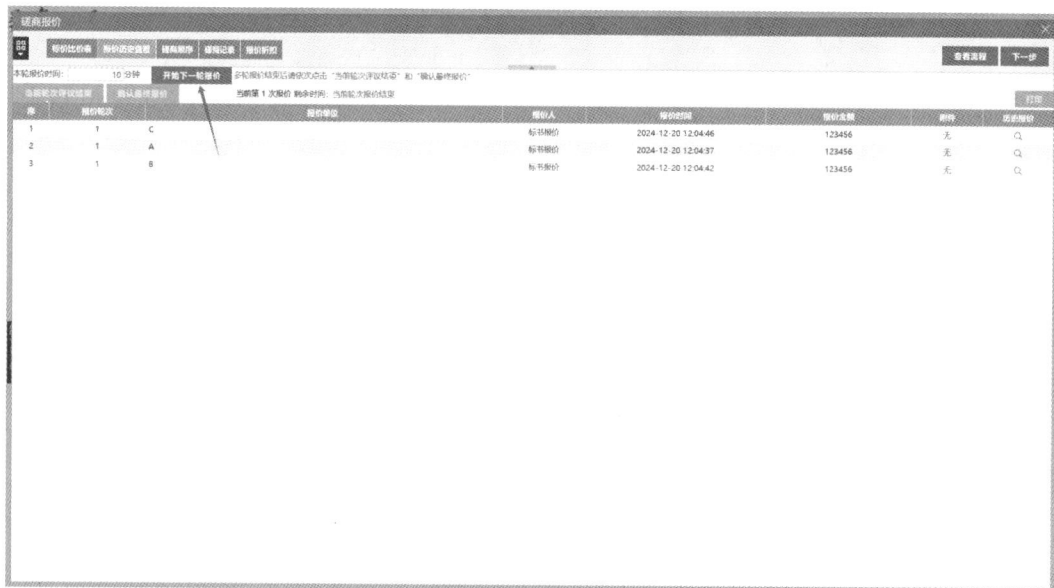

图5-18 多轮报价1

图5-19 多轮报价2

（6）报价折扣：由评标委员会组长操作，若需对小微企业进行报价折扣，请在"是否享受折扣"一列选择"是"，"享受折扣金额"（供应商报价金额）和"折扣比例"两列都需要录入。录入好后点击"保存"按钮，再点击"确定最终报价折扣"按钮，如图5-20所示。

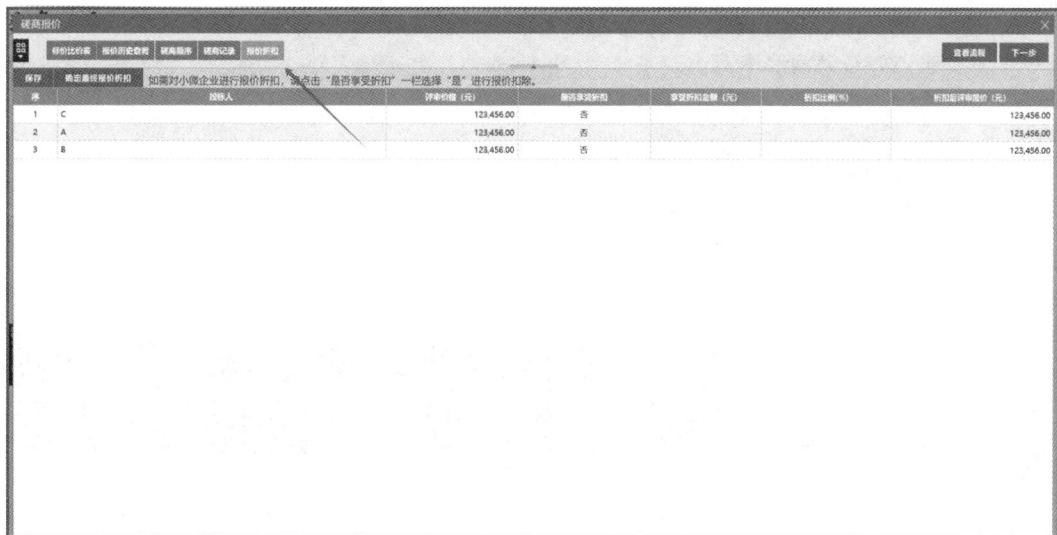

图5-20 报价折扣

五、 详细评审

（1）点击右上角的"下一步"按钮，再点击"详细评审"按钮→"确认"按钮（需要所有评委完成上面的操作才能进入下一步），如图5-21所示。

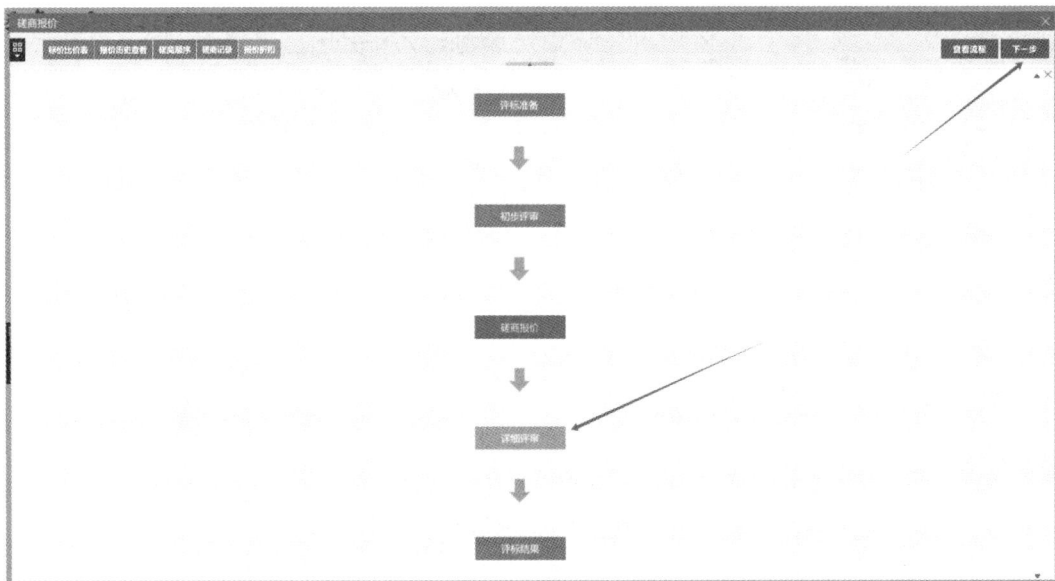

图 5-21　进入详细评审

（2）详细评审：点击左下角的"文件目录"查看投标文件并进行评审，录入分数，点击蓝色光标切换投标单位，待所有单位评审完成后，点击"确认"按钮提交，提交后将不能进行修改，详细评审完成，如图 5-22 所示。

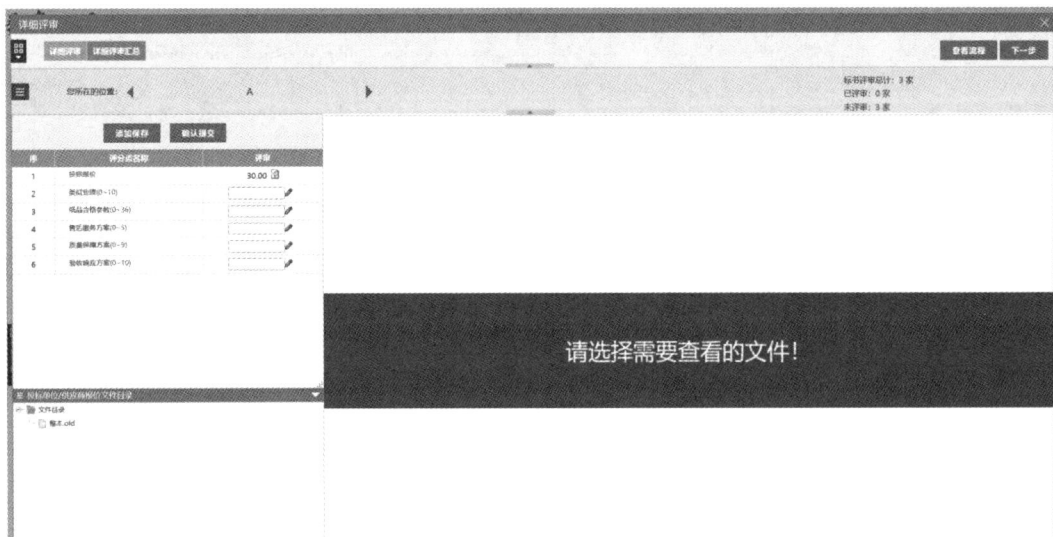

图 5-22　完成详细评审

（3）详细评审汇总：由评标委员会组长操作，评审无误后点击左上角的"确定"按钮查看汇总即可，如图 5-23 所示。若需退回重新评审，点击右上角的下拉框，选择评委名称，点击"退回重评"按钮，再点击其他页面，回到详细评审页面，刷新页面后重新进行评审并提交。

图 5-23　详细评审汇总

六、　评标（评审）结束

（1）点击右上角的"下一步"按钮，再点击"评标结果"→"确认"按钮（需要所有评委完成上面的操作才能进入下一步），如图 5-24 所示。

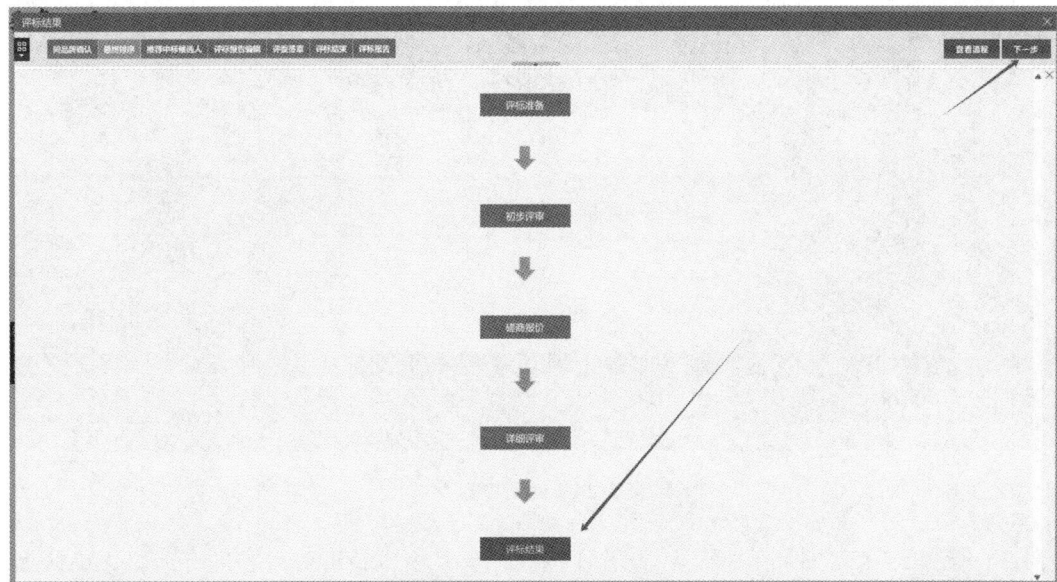

图 5-24　查看评审结果

（2）最终排序：由评标委员会组长操作，点击"汇总排名"按钮，确认无误后，再点击"组长确认"按钮，如图5-25所示。

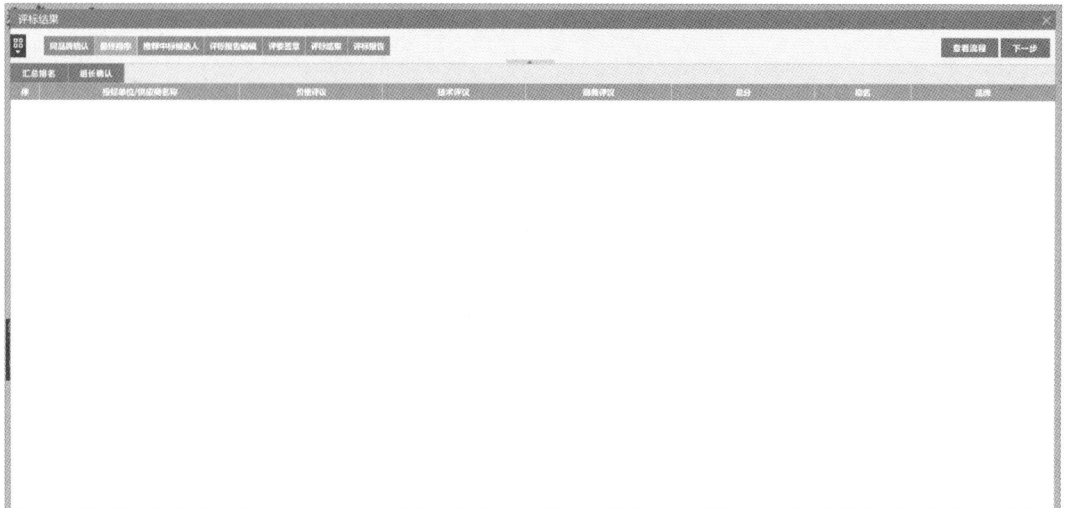

图5-25　最终排序

（3）推荐中标（成交）候选人：依次录入推荐中标人（成交供应商），录入推荐理由，其他说明若没有就填写"无"，录入完成点击"确认中标人"按钮，如图5-26所示。

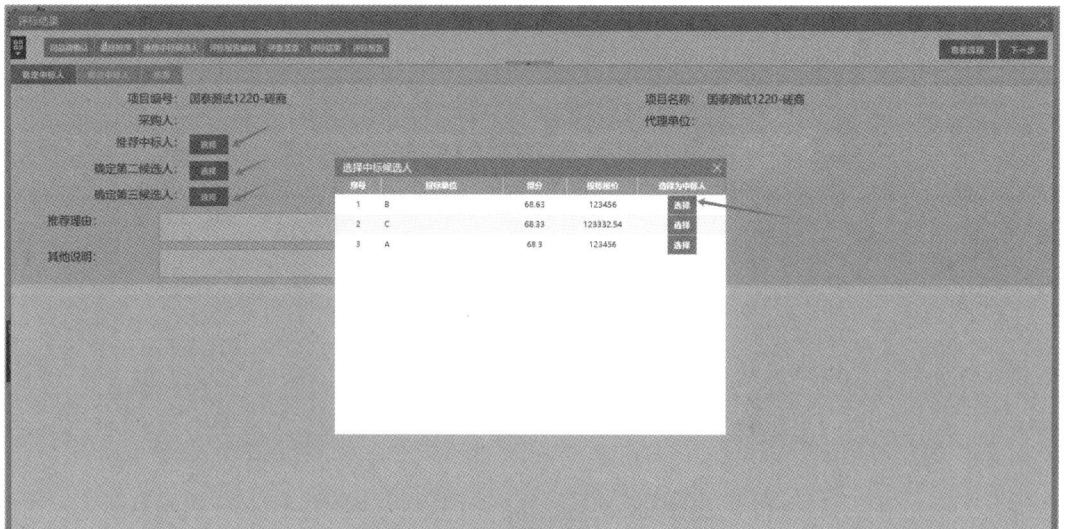

图5-26　确认中标人

（4）编辑评标（评审）报告：查看评标（评审）报告，可对内容进行编辑，确认无误后点击"保存"按钮，再点击"确认提交"按钮，如图5-27所示。

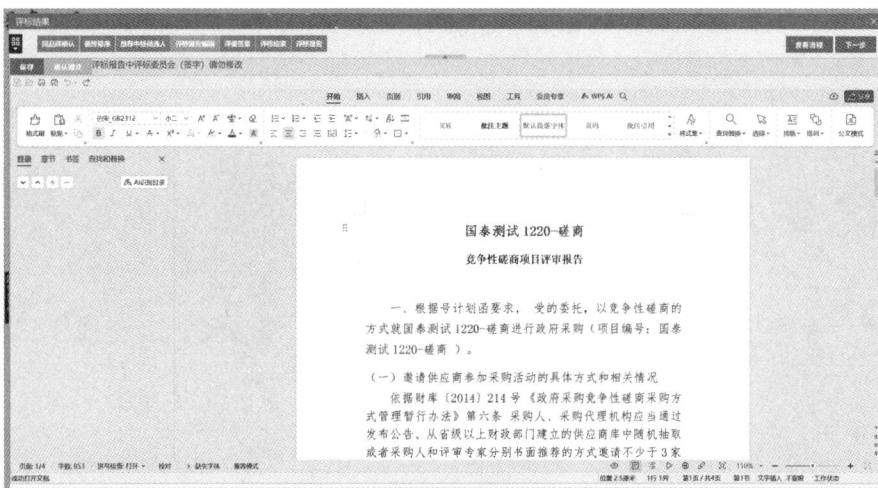

图 5-27 编辑评标（评审）报告

（5）评委签章。

批量签章：勾选如图 5-28 所示左侧的全部方框，再点击"批量签章"，等系统签章完成即可；然后评标委员会组长勾选"集体签名部分"，点击"批量合并"，合并完成即可（已签章部分，不需要勾选进行批量签章）。

手动签章：点击"签章"这一列的小图标，进入签章页面，点击左上角的"批量签章"，页面自动关闭，从上到下依次签章完成；所有评委都签章完成后（只需评标委员会组长操作即可），点击"合并"这一列的小图标，进入签章合并页面，查看评委签章都上传完成后，点击左上角的"批量合并"，关闭页面，合并完成即可，如图 5-29 所示。

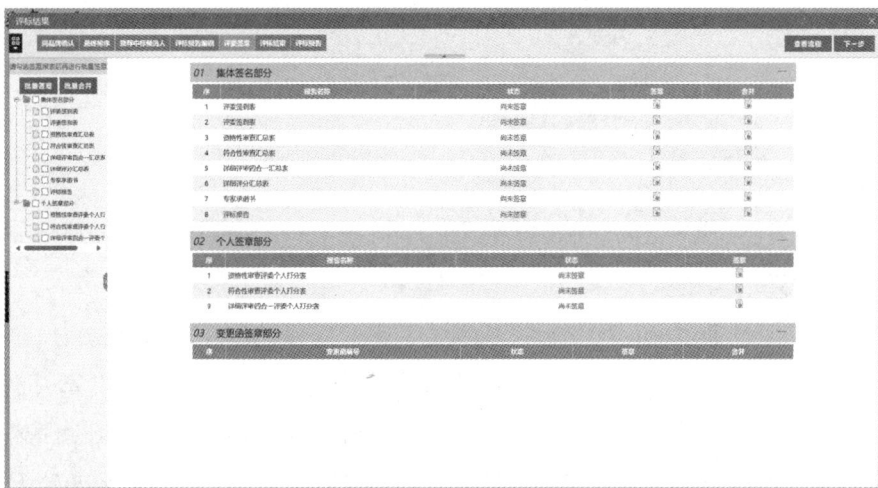

图 5-28 批量签章

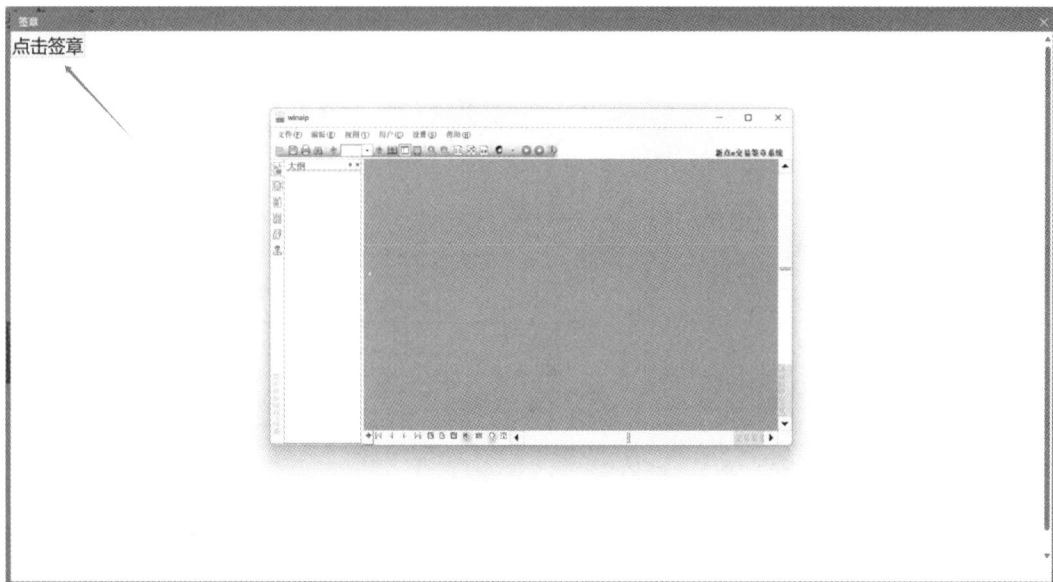

图5-29 手动签章

（6）评标结束：由评标委员会组长操作，点击"评标结束"按钮，如图5-30所示。

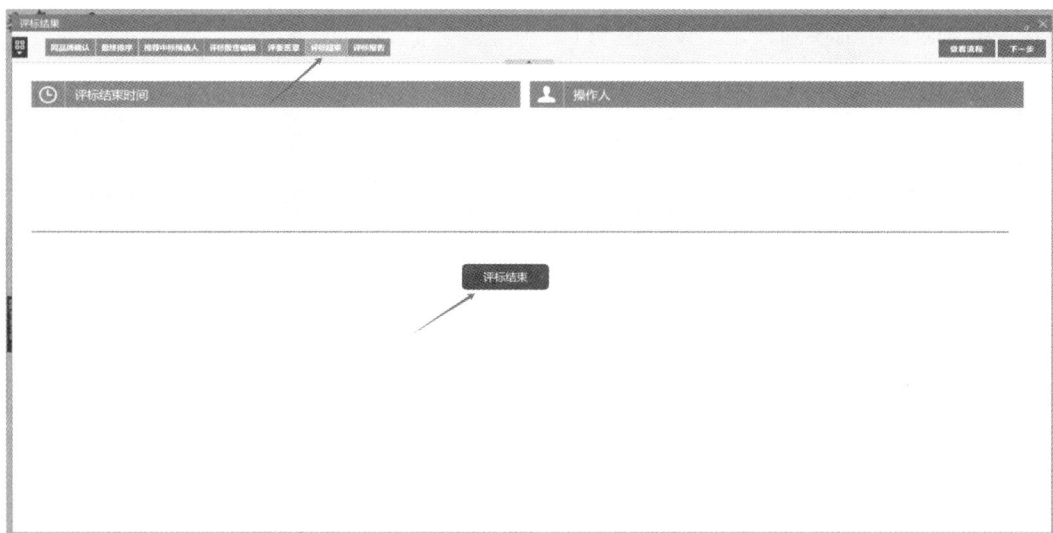

图5-30 评标结束

电子化评审系统通过标准化流程设计和技术手段确保每位评审专家获得一致的评审环境与标准。系统会自动屏蔽投标供应商的名称等敏感信息，避免评审专家因主观因素或人情关系而影响评审结果。同时，评审过程中的各项操作都会被系统记录下来，包括评审专家的打分、评审意见等，便于后续监督和追溯。一旦出现问题，就可以在系统中准确查明原因和责任，确保评审过程和结果的公正性。因此，电子化评审在增强评审公正性方面具有重要意义。

实践中，部分评审专家对信息技术的掌握程度有限，在使用电子化评审系统时可能会遇到困难。例如，在系统操作过程中出现误操作，导致评审数据出现错误；无法熟练运用系统的一些功能，如电子签章、在线沟通澄清等，从而影响评审工作的顺利进行。因此，提升评审专家电子化操作技能是适应政府采购行业发展的关键环节，以下是具体建议：

（1）加强对评审专家的培训，定期组织电子化评审系统的培训，邀请专业技术人员进行讲解和演示。培训内容不仅要包括系统的基本操作方法，还要涵盖新的评审标准、评审流程以及相关法律法规等知识。

（2）建立评审专家在线学习平台，提供丰富的学习资源，方便专家随时进行学习和交流。同时，可通过在线测试等方式来检验专家的学习效果，以确保专家熟练掌握电子化评审系统的操作技能。

（3）在评审现场安排技术支持人员，及时为专家解决在评审过程中遇到的技术问题，以确保评审工作的顺利进行。

在线习题（第五章）

第一节　政府采购政策目标

政府采购政策的制定依据是国家经济和社会发展目标及党中央国务院相应的政策要求。《政府采购法》明确的政策目标包括保护环境，扶持不发达地区和少数民族地区，促进中小企业发展及支持本国产品等。《政府采购法实施条例》第六条规定，国务院财政部门应当根据国家的经济和社会发展政策，会同国务院有关部门制定政府采购政策，通过制定采购需求标准、预留采购份额、价格评审优惠、优先采购等措施，实现节约能源、保护环境、扶持不发达地区和少数民族地区、促进中小企业发展等目标。

一、 支持创新、绿色发展

1.支持创新

1）进口产品管理

为了贯彻落实《国务院关于印发实施〈国家中长期科学和技术发展规划纲要（2006—2020年）〉若干配套政策的通知》（国发〔2006〕6号），推动和促进自主创新政府采购政策的实施，规范进口产品政府采购行为，根据《中华人民共和国政府采购法》等法律法规规定，财政部制定了《政府采购进口产品管理办法》。该办法于2007年12月27日印发施行。

《政府采购进口产品管理办法》规定，政府采购应当采购本国产品，确需采购进口产品的，实行审核管理。采购人采购进口产品时，应当坚持有利于本国企业自主创新或消化吸收核心技术的原则，优先购买向我方转让技术、提供培训服务及其他补偿贸易措施的产品。采购人及其委托的采购代理机构在采购进口产品的采购文件中应当载明优先采购向我国企业转让技术、与我国企业签订消化吸收再创新方案的供应商的进口产品。

2）合作创新采购方式

为贯彻落实党中央、国务院关于加快实施创新驱动发展战略有关要求，支持应用科技创新，2024年4月24日，财政部颁布了《政府采购合作创新采购方式管理暂行办法》（财库〔2024〕13号）。

《政府采购合作创新采购方式管理暂行办法》提出了合作创新采购的概念及订购和首购两阶段采购模式。合作创新采购是指采购人邀请供应商合作研发，共担研发风险，并按研发合同约定的数量或者金额购买研发成功的创新产品的采购方式。合作创新采购方式分为订购和首购两个阶段。订购是指采购人提出研发目标，与供应商合作研发创新产品并共担研发风险的活动。首购是指采购人对于研发成功的创新产品，按照研发合同约定采购一定数量或者一定金额相应产品的活动。采购项目符合国家科技和相关产业发展规划，有利于落实国家重大战略目标任务，并且具有下列情形之一的，可以采用合作创新采购方式采购：（1）市场现有产品或者技术不能满足要求，需要进行技术突破的；（2）以研发创新产品为基础，形成新范式或者新的解决方案，能够显著改善功能性能，明显提高绩效的；（3）国务院财政部门规定的其他情形。

2. 绿色采购

2020年10月13日，为发挥政府采购政策作用，加快推广绿色建筑和绿色建材应用，促进建筑品质提升和新型建筑工业化发展，根据《中华人民共和国政府采购法》和《中华人民共和国政府采购法实施条例》，财政部、住房和城乡建设部发布了《关于政府采购支持绿色建材促进建筑品质提升试点工作的通知》（财库〔2020〕31号）。该通知提出了以南京市、杭州市、绍兴市、湖州市、青岛市、佛山市为试点城市，以医院、学校、办公楼、综合体、展览馆、会展中心、体育馆、保障性住房等新建政府采购工程为试点项目，积极推广绿色建筑和绿色建材应用。试点内容包括形成绿色建筑和绿色建材政府采购需求标准、加强工程设计管理、落实绿色建材采购要求、探索开展绿色建材批量集中采购、严格工程施工和验收管理与加强对绿色采购政策执行的监督检查等6个方面。通知中，财政部、住房和城乡建设部会同相关部门根据建材产品在政府采购工程中的应用情况、市场供给情况和相关产业升级发展方向等，结合有关国家标准、行业标准等绿色建材产品标准，制定发布了《绿色建筑和绿色建材政府采购基本要求（试行）》。

为落实《中共中央 国务院关于完整准确全面贯彻新发展理念做好碳达峰碳中和工作的意见》，加大绿色低碳产品采购力度，全面推广绿色建筑和绿色建材，在南京、杭州、绍兴、湖州、青岛、佛山等6个城市试点的基础上，财政部、住房和城乡建设部、工业和信息化部决定进一步扩大政府采购支持绿色建材促进建筑品质提升政策实施范围，于2022年10月12日出台了《关于扩大政府采购支持绿色建材促进建筑品质提升政策实施范围的通知》（财库〔2022〕35号）。通知规定，自2022年11月起，在北京市朝阳区等48个市（市辖区）实施政府采购支持绿色建材促进建筑品质提升政策（含此前6个试点城市）。纳入政策实施范围的项目包括医院、学校、办公楼、综合体、展览馆、会展中心、体育馆、保障房等政府采购工程项目，含适用招标投标法的政府采购工程项目。各有关城市可选择部分项目先行实施，在总结经验的基础上逐步扩大范围，到2025年实现政府采购工程项目政策实施的全覆盖。鼓励将其他政府投资项目纳入实施范围。

2023年3月22日，为推进政府采购支持绿色建材促进建筑品质提升政策实施工作，财政部、住房和城乡建设部、工业和信息化部制定了《政府采购支持绿色建材促进建筑品质提升政策项目实施指南》（财办库〔2023〕52号）。本指南适用于纳入政府采购支持绿色建材促进建筑品质提升政策实施范围的建设工程项目可研编制、设计与审查、政府采购、施工、检测、验收、第三方机构（预）评价全流程的相关活动，包括医院、学校、办公楼、综合体、展览馆、会展中心、体育馆、保障性住房等政府采购工程项目（含适用招标投标法的政府采购工程项目）。

2024年12月31日，财政部、住房和城乡建设部、工业和信息化部联合印发《关于进一步扩大政府采购支持绿色建材促进建筑品质提升政策实施范围的通知》（财库〔2024〕36号），进一步扩大政府采购支持绿色建材促进建筑品质提升政策实施范围：自2025年1月1日起，在北京市朝阳区等101个市（市辖区）实施政府采购支持绿色建材促进建筑品质提升政策。纳入政策实施范围的项目包括医院、学校、办公楼、综合体、展览馆、会展中心、体育馆、保障性住房以及旧城改造项目等政府采购工程项目，含适用招标投标法的政府采购工程项目。鼓励各政策实施城市将其他政府投资项目纳入实施范围。该《通知》要求：（1）落实政府采购政策要求。各政策实施城市要严格执行《绿色建筑和绿色建材政府采购需求标准（2025年版）》（以下简称《需求标准》），按照《财政部办公厅 住房城乡建设部办公厅 工业和信息化部办公厅关于印发〈政府采购支持绿色建材促进建筑品质提升政策项目实施指南〉的通知》（财办库〔2023〕52号）要求，在纳入政策实施范围项目的可研编制、设计与审查、政府采购、施工、检测、验收、第三方机构（预）评价全流程的相关活动中，落实政府采购支持绿色建材促进建筑品质提升政策。鼓励通过验收的项目申报绿色建筑标识，充分发挥政府采购工程项目的示范作用。（2）加强绿色建材采购管理。政府采购工程项目使用的建材属于《需求标准》明确为"必选类"的，应当全部采购和使用符合相关标准的绿色建材；属于《需求标准》明确为"可选类"的，政策实施城市可结合自身区域位置、产业发展等实际情况，自主选择使用性价比高的绿色建材产品，选用种类应不低于建筑项目所涉及的建材种类的40%。各政策实施城市要探索实施对通用类绿色建材的批量集中采购，由政府集中采购机构或部门集中采购机构探索实施对通用类绿色建材的批量集中采购，由政府集中采购机构或部门集中采购机构定期归集采购人的绿色建材采购计划，开展集中带量采购。要积极推进绿色建材电子化采购交易，逐步将所有符合条件的绿色建材产品纳入电子平台交易，提高绿色建材采购效率和透明度。绿色建材供应商在供货时应当出具所提供建材产品符合需求标准的证明性文件，包括国家统一推行的绿色建材产品认证证书，或符合需求标准的有效检测报告等。（3）优先开展工程价款结算。纳入政策实施范围的工程项目，要提高工程价款结算比例，工程进度款支付比例不低于已完工程价款的80%。推行施工过程结算，发承包双方通过合同约定，将施工过程按时间或进度节点划分施工周期，对周期内已完成且无争议的工程项目进行价款计算、确认和支付。经双方确认的过程结算文件作为竣工结算文件的组成部分，竣工后原则上不再重复审核。

2023年3月20日，为加快数据中心绿色转型，财政部、生态环境部、工业和信息化部制定并颁布了《绿色数据中心政府采购需求标准（试行）》（财库〔2023〕7号，以下简称《需求标准》）。该《需求标准》要求：（1）采购人采购数据中心相关设备、运维服务，应当有利于节约能源、环境保护和资源循环利用，按照《需求标准》实施相关采购活动。（2）采购人应当加强采购需求管理，根据《需求标准》提出的指标编制数据中心相关设备、运维服务政府采购项目的采购文件，并在合同中明确对相关指标的验收方式和违约责任。（3）采购人在项目的投标、响应环节，原则上不对数据中心相关设备、服务进行检测、认证，也不要求供应商提供检测报告、认证报告，供应商出具符合相关要求的承诺函可视为符合规定。（4）采购人应当在履约验收中对供应商提供的产品或服务进行抽查检测，必要时可委托取得相关资质的第三方机构对其进行检测、认证。因检测、认证涉及生产过程或检测时间长等原因，不能在验收过程中开展检测、认证的，可要求供应商在验收阶段提供相关检测报告、认证报告。（5）对于供应商未按合同约定提供设备或服务的，采购人应当依法追究其违约责任。对于供应商提供虚假材料谋取中标、成交的，依法予以处理。

二、 节约能源、环境保护

为贯彻落实《国务院办公厅关于开展资源节约活动的通知》（国办发〔2004〕30号），发挥政府机构节能（含节水）的表率作用，根据《中华人民共和国节约能源法》和《中华人民共和国政府采购法》，财政部、国家发展和改革委员会（以下简称"发展改革委"）印发了《节能产品政府采购实施意见》（财库〔2004〕185号）。实施意见规定，各级国家机关、事业单位和团体组织（以下统称"采购人"）用财政性资金进行采购的，应当优先采购节能产品。在政府采购活动中，采购人应当在政府采购招标文件（含谈判文件、询价文件）中载明对产品的节能要求、合格产品的条件和节能产品优先采购的评审标准。

为贯彻落实《国务院关于加快发展循环经济的若干意见》（国发〔2005〕22号），积极推进环境友好型社会建设，发挥政府采购的环境保护政策功能，根据《政府采购法》和《中华人民共和国环境保护法》，财政部、环保总局联合印发了《关于环境标志产品政府采购实施的意见》（财库〔2006〕90号）。实施意见规定，各级国家机关、事业单位和团体组织（以下统称"采购人"）用财政性资金进行采购的，要优先采购环境标志产品，不得采购危害环境及人体健康的产品。在政府采购活动中，采购人或其委托的采购代理机构应当在政府采购招标文件（含谈判文件、询价文件）中载明对产品（含建材）的环保要求、合格供应商和产品的条件，以及优先采购的评审标准。

财政部 发展改革委 生态环境部 市场监管总局《关于调整优化节能产品、环境标志产品政府采购执行机制的通知》（财库〔2019〕9号）规定，政府采购节能产品、环境标志产品实施品目清单管理。财政部、发展改革委、生态环境部等部门根据产品节能环保性能、技术水平和市场成熟程度等因素，确定实施政府优先采购和强制采购的产品类别及所依据的相关标准规范，以品目清单的形式发布并适时调整。依据品目清单和认证证书实施政府优先采购和强制采购。

根据以上通知，财政部、发展改革委研究制定了节能产品政府采购品目清单，于2019年4月2日正式发布；财政部、生态环境部研究制定了环境标志产品政府采购品目清单，于2019年3月29日正式发布。

为加强政府采购新能源汽车管理，支持新能源汽车推广使用，2024年12月19日，财政部办公厅发布《关于进一步明确新能源汽车政府采购比例要求的通知》（财办库〔2004〕269号），要求：（1）采购人应当加强公务用车政府采购需求管理，充分了解新能源汽车的功能、性能等情况，结合实际使用需要，带头使用新能源汽车。（2）主管预算单位应当统筹确定本部门（含所属预算单位）年度新能源汽车政府采购比例，新能源汽车可以满足实际使用需要的，年度公务用车采购总量中新能源汽车占比原则上不低于30%。其中，对于路线相对固定、使用场景单一、主要在城区行驶的机要通信等公务用车，原则上100%采购新能源汽车。采购车辆租赁服务的，应当优先租赁使用新能源汽车。（3）主管预算单位应当指导和督促所属预算单位落实好新能源汽车政府采购比例要求，做好新能源汽车使用有关保障工作。

三、 扶持不发达地区和少数民族地区

2021年4月24日，财政部、农业农村部、国家乡村振兴局、中华全国供销合作总社《关于印发〈关于深入开展政府采购脱贫地区农副产品工作推进乡村产业振兴的实施意见〉的通知》（财库〔2021〕20号），将政策支持范围聚焦在832个脱贫县，通过预留份额、搭建平台等方式促进脱贫地区农副产品销售，实现预算单位食堂食材采购与脱贫地

区农副产品供给有效对接，带动脱贫人口稳定增收。

《关于深入开展政府采购脱贫地区农副产品工作推进乡村产业振兴的实施意见》明确：自2021年起，各级预算单位要按照不低于10%的预留比例在"832平台"填报预留份额，并遵循质优价廉、竞争择优的原则，通过"832平台"在全国832个脱贫县范围内采购农副产品，及时在线支付货款，不得拖欠。鼓励各级预算单位工会组织通过"832平台"采购工会福利、慰问品等，有关采购金额计入本单位年度采购总额。为落实该实施意见有关要求，自2021年起，财政部办公厅每年发文要求中央预算单位和各省级财政部门统筹指导本地区所属预算单位填报年度政府采购脱贫地区农副产品预留份额和预留比例，预留比例不低于10%，通过通报等方式督促所属预算单位在"832平台"采购脱贫地区农副产品并及时支付货款，按期完成年度采购任务。

2022年11月27日，《财政部办公厅 农业农村部办公厅 国家乡村振兴局综合司 中华全国供销合作总社办公厅关于进一步做好政府采购脱贫地区农副产品有关工作的通知》（财办库〔2022〕273号）中，对供应商入驻"832平台"的申请条件、供应商在"832平台"所售农副产品的申请条件、供应商审核推荐流程、供应商管理与服务等进行了明确规定。

2024年12月17日，财政部办公厅印发《关于做好中央预算单位2025年政府采购脱贫地区农副产品工作的通知》（财办库〔2024〕266号）和《关于组织地方预算单位做好2025年政府采购脱贫地区农副产品工作的通知》（财办库〔2024〕267号），均要求具备条件的预算单位，可适当提高预留比例，鼓励按照15%的比例预留采购份额。

四、 促进中小企业发展

中小企业是国民经济和社会发展的生力军，是扩大就业、改善民生、促进创业创新的重要力量，在稳增长、促改革、调结构、惠民生、防风险中发挥着重要作用。随着国际国内市场环境的变化，中小企业面临的生产成本上升、融资难融资贵、创新发展能力不足等问题日益突出，必须引起高度重视。

支持监狱和戒毒企业（简称监狱企业）发展，可以稳定监狱企业生产，提高财政资金使用效益，为罪犯和戒毒人员提供长期可靠的劳动岗位，提高罪犯和戒毒人员的教育改造质量，减少重新违法犯罪，确保监狱、戒毒场所的安全稳定。在促进社会和谐稳定方面具有十分重要的意义。

政府采购促进残疾人就业政策的实行，对支持多元就业、发挥残疾人的人力资源潜力、促进自立生活、进一步保障残疾人权益，具有极大的积极作用，突出了对就业困难重点对象的支持。

在政府采购活动中，监狱企业、残疾人福利性单位按采购文件要求提供了有效材料的，视同小微企业。

目前，财政部颁发了多项文件，通过采取预算预留、消除门槛、评审优惠等手段，落实政府采购促进中小企业、监狱和戒毒企业、残疾人福利性单位发展政策。

1. 中小企业

中小企业是指在中华人民共和国境内依法设立，依据国务院批准的中小企业划分标准确定的中型企业、小型企业和微型企业，但与大企业的负责人为同一人，或者与大企业存在直接控股、管理关系的除外。符合中小企业划分标准的个体工商户，在政府采购活动中视同中小企业。关于中小企业的相关规定依据《中华人民共和国中小企业促进法》《关于进一步加大政府采购支持中小企业力度的通知》（财库〔2022〕19号）、《政府采购促进中小企业发展管理办法》（财库〔2020〕46号）、《关于印发中小企业划型标准规定的通知》（工信部联企业〔2011〕300号）。

供应商提供的货物、工程或者服务符合下列情形的，享受中小企业扶持政策：

（1）在货物采购项目中，货物由中小企业制造，即货物由中小企业生产且使用该中小企业商号或者注册商标。

（2）在工程采购项目中，工程由中小企业承建，即工程施工单位为中小企业。

（3）在服务采购项目中，服务由中小企业承接，即提供服务的人员为中小企业依照《中华人民共和国劳动合同法》订立劳动合同的从业人员。

在货物采购项目中，供应商提供的货物既有中小企业制造货物，也有大型企业制造货物的，不享受中小企业扶持政策。

以联合体形式参加政府采购活动，联合体各方均为中小企业的，联合体视同中小企业。其中，联合体各方均为小微企业的，联合体视同小微企业。

中小企业参加政府采购活动，应当按照采购文件给定的格式出具《中小企业声明函》，否则不得享受相关中小企业扶持政策。政府采购活动中，任何单位和个人不得要求供应商提供《中小企业声明函》之外的中小企业身份证明文件。

【小贴士】

【问】有些货物采购项目涉及多种货物和多个制造商，投标人从批发商或者经销商处拿货，而非从制造商处直接拿货，难以获知所有制造商的从业人员、营业收入、资产总额等数据。如果制造商提供给投标人的数据有误或者故意提供虚假的数据，是否认定投标人虚假投标（投标人没有主观故意）。

【答】投标人应当对其出具的《中小企业声明函》真实性负责，投标人出具的《中小企业声明函》内容不实的，属于提供虚假材料谋取中标。在实际操作中，投标人希望获得《政府采购促进中小企业发展管理办法》规定政策支持的，应从制造商处获得充分、准确的信息。对相关制造商信息了解不充分，或者不能确定相关信息真实、准确的，不建议出具《中小企业声明函》。

【法律依据】

《政府采购促进中小企业发展管理办法》（财库〔2020〕46号）

第十一条 中小企业参加政府采购活动，应当出具本办法规定的《中小企业声明函》，否则不得享受相关中小企业扶持政策。任何单位和个人不得要求供应商提供《中小企业声明函》之外的中小企业身份证明文件。

第二十条 供应商按照本办法规定提供声明函内容不实的，属于提供虚假材料谋取中标、成交，依照《中华人民共和国政府采购法》等国家有关规定追究相应责任。

适用招标投标法的政府采购工程建设项目，投标人按照本办法规定提供声明函内容不实的，属于弄虚作假骗取中标，依照《中华人民共和国招标投标法》等国家有关规定追究相应责任。

【小贴士】

【问】在政府采购活动中，中小企业是否需要提供身份证明材料？

【答】中小企业参与政府采购活动、享受扶持政策，只需要出具《中小企业声明函》作为中小企业身份证明文件。中小企业应当按照《政府采购促进中小企业发展管理办法》（财库〔2020〕46号）规定和《中小企业划型标准规定》（工信部联企业〔2011〕300号），如实填写并提交《中小企业声明函》，任何单位和个人不得要求中小企业供应商提交《中小企业声明函》之外的证明文件，或事先获得认定及进入名录库等。中小企业对其声明内容的真实性负责，声明函内容不实的，属于提供虚假材料谋取中标、成交，依照《中华人民共和国政府采购法》等国家有关规定追究相应责任。

对中小企业的规模类型有争议时，《政府采购促进中小企业发展管理办法》（财库〔2020〕46号）规定，政府采购监督检查、投诉处理及政府采购行政处罚中对中小企业的认定，由货物制造商或者工程、服务供应商注册登记所在地的县级以上人民政府中小企业主管部门负责中小企业主管部门应当在收到财政部门或者有关招标投标行政监督部门关于协助开展中小企业认定函后10个工作日内做出书面答复。

【法律依据】

《政府采购促进中小企业发展管理办法》（财库〔2020〕46号）

第十一条 中小企业参加政府采购活动，应当出具本办法规定的《中小企业声明函》，否则不得享受相关中小企业扶持政策。任何单位和个人不得要求供应商提供《中小企业声明函》之外的中小企业身份证明文件。

【小贴士】

【问】《政府采购促进中小企业发展管理办法》（财库〔2020〕46号）第二条中"但与大企业的负责人为同一人，或者与大企业存在直接控股、管理关系的除外。"负责人是什么意思？控股是否有股权比例的要求？管理关系是什么意思？

【答】按照相关法律法规规定，负责人是指单位法定代表人或者法律、行政法规规定代表单位行使职权的主要负责人。控股是指出资额占有限责任公司资本总额百分之五十以上或者其持有的股份占股份有限公司股本总额百分之五十以上的，以及出资额或者持有股份的比例虽然不足百分之五十，但依其出资额或者持有的股份所享有的表决权已足以对股东会、股东大会的决议产生重大影响。管理关系是指与不具有出资持股关系的单位之间存在的其他管理与被管理关系。与大企业之间存在上述情形的中小企业可依法参加政府采购活动，但不享受政府采购对中小企业的扶持政策。

【小贴士】

【问】《政府采购促进中小企业发展管理办法》（财库〔2020〕46号）第十二条规定，采购文件应当明确采购标的对应的中小企业划分标准所属行业。若一个采购项目中包含多个不同品种的产品，采购人或者采购代理机构要明确每种产品的行业吗？

【答】采购人、采购代理机构应当依据国务院批准的中小企业划分标准，根据采购项目具体情况，在采购文件中明确采购标的对应的中小企业划分标准所属行业。如果一个采购项目涉及多个采购标的的，应当在采购文件中逐一明确所有采购标的对应的中小企业划分标准所属行业。供应商根据采购文件中明确的行业所对应的划分标准，判断是否属于中小企业。现行中小企业划分标准行业包括农、林、牧、渔业，工业，建筑业，批发业，零售业，交通运输业，仓储业，邮政业，住宿业，餐饮业，信息传输业，软件和信息技术服务业，房地产开发经营，物业管理，租赁和商业服务业和其他未列明行业等十六类。

2.监狱企业

在政府采购活动中，监狱企业视同小型、微型企业，享受预留份额、评审中价格扣除等政府采购促进中小企业发展的政府采购政策。监狱企业，是指由司法部认定的为罪犯、戒毒人员提供生产项目和劳动对象，且全部产权属于司法部监狱管理局、戒毒管理局、直属煤矿管理局，各省、自治区、直辖市监狱管理局、戒毒管理局，各地（设区的市）监狱、强制隔离戒毒所、戒毒康复所，以及新疆生产建设兵团监狱管理局、戒毒管理局的企业。

监狱企业参加政府采购活动，应提供由省级以上监狱管理局、戒毒管理局（含新疆生产建设兵团）出具的属于监狱企业的证明文件，否则不得享受相关扶持政策。

3.残疾人福利性单位

在政府采购活动中，残疾人福利性单位视同小型、微型企业，享受预留份额、评审中价格扣除等促进中小企业发展的政府采购政策。享受政府采购支持政策的残疾人福利性单位应当同时满足以下条件：

（1）安置的残疾人占本单位在职职工人数的比例不低于25%（含25%），并且安置的残疾人人数不少于10人（含10人）。

（2）依法与安置的每位残疾人签订了一年以上（含一年）的劳动合同或服务协议。

（3）为安置的每位残疾人按月足额缴纳了基本养老保险、基本医疗保险、失业保险、工伤保险和生育保险等社会保险费。

（4）通过银行等金融机构向安置的每位残疾人，按月支付了不低于单位所在区县适用的经省级人民政府批准的月最低工资标准的工资。

（5）提供本单位制造的货物、承担的工程或者服务，或者提供其他残疾人福利性单位制造的货物（不包括使用非残疾人福利性单位注册商标的货物）。

前款所称残疾人是指法定劳动年龄内，持有《中华人民共和国残疾人证》或者《中华人民共和国残疾军人证（1至8级）》的自然人，包括具有劳动条件和劳动意愿的精神残疾人。在职职工人数是指与残疾人福利性单位建立劳动关系并依法签订劳动合同或服务协议的雇员人数。

残疾人福利性单位参加政府采购活动，应按采购文件要求提供《残疾人福利性单位声明函》，否则不得享受相关扶持政策。

第二节　落实政府采购政策的措施

《政府采购法实施条例》第六条规定，国务院财政部门应当根据国家的经济和社会发展政策，会同国务院有关部门制定政府采购政策，通过制定采购需求标准、预留采购份额、价格评审优惠、优先采购等措施，实现节约能源、保护环境、扶持不发达地区和少数民族地区、促进中小企业发展等目标。

一、制定采购需求标准

《政府采购法实施条例》要求：采购人、采购代理机构应当根据政府采购政策、采购预算、采购需求编制采购文件。采购需求应当符合法律法规以及政府采购政策规定的技术、服务、安全等要求。政府向社会公众提供的公共服务项目，应当就确定采购需求征求社会公众的意见。除因技术复杂或者性质特殊，不能确定详细规格或者具体要求外，采购需求应当完整、明确。必要时，应当就确定采购需求征求相关供应商、专家的意见。

《政府采购货物和服务招标投标管理办法》要求：采购人应当在货物服务招标投标活动中落实节约能源、保护环境、扶持不发达地区和少数民族地区、促进中小企业发展等政府采购政策。

财政部《关于印发〈政府采购需求管理办法〉的通知》要求：采购需求应当符合法律法规、政府采购政策和国家有关规定，符合国家强制性标准，遵循预算、资产和财务等相关管理制度规定，符合采购项目特点和实际需要。

由此可见，采购需求标准是采购政策实施中最常见、也是最直接的措施。通过对采购产品或服务的技术标准或质量标准的规定，实现支持节能环保、鼓励技术创新、支持本国产品等政府采购政策目标。《国务院关于进一步深化预算管理制度改革的意见》（国发〔2021〕5号）提出：建立政府采购需求标准体系，鼓励相关部门结合部门和行业特点提出政府采购相关政策需求，推动在政府采购需求标准中嵌入支持创新、绿色发展等政策要求。

目前，财政部已联合生态环境部、国家邮政局、工业和信息化部等部门制定了多项采购需求标准，旨在提高政府采购需求管理的科学化、规范化水平，进一步落实政府采购公平竞争原则，优化营商环境，营造良好的产业生态。

1.数据库政府采购需求标准

为提高数据库政府采购需求管理的科学化、规范化水平，进一步落实政府采购公平竞争原则，优化营商环境，营造良好的产业生态，财政部、工业和信息化部制定了《数据库政府采购需求标准（2023年版）》（以下简称《需求标准》），要求如下：

（1）采购人采购操作系统应当按照《需求标准》实施相关采购活动。

（2）对于既包含操作系统、服务器等软硬件产品也包含集成服务的采购项目，采购人应当合理划分采购包，尽可能将操作系统、服务器等软硬件产品与集成服务分包采购。

采购的操作系统、服务器等软硬件产品总额达到分散采购限额标准的，应当单独分包采购。

（3）采购人应当加强采购需求管理，按照《政府采购需求管理办法》（财库〔2021〕22号）要求，结合具体应用场景，根据《需求标准》确定采购需求，明确所需操作系统的功能、质量等指标要求，并据此编制采购文件。

采购人应当将《需求标准》中加"*"的指标纳入采购需求，并作为采购文件中的实质性要求。其中，乡镇以上党政机关，以及乡镇以上党委和政府直属事业单位及部门所属为机关提供支持保障的事业单位在采购操作系统时，应当将操作系统符合安全可靠测评要求纳入采购需求，其他单位可不在采购需求中提出此项要求。对于未加"*"的指标，采购人可以根据实际需要自行确定是否纳入采购需求。

采购人在采购需求中，可以对《需求标准》中的指标提出更高要求，也可以根据实际需要增加《需求标准》以外的指标，但不得超出实际需要。

（4）供应商在投标、响应环节出具关于所提供操作系统满足采购文件要求承诺函的，即视为相关产品符合要求。采购人在供应商投标、响应环节不得对操作系统进行检测、认证，也不得要求供应商提供检测报告、认证报告。

（5）采购人应加强履约验收管理，按照采购合同约定对供应商提供的操作系统进行验收，必要时委托依法取得检测、认证资质的机构进行检测、认证。对于供应商未按合同约定提供操作系统的，采购人应当依法追究其违约责任。

2. 操作系统政府采购需求标准

为提高操作系统政府采购需求管理的科学化、规范化水平，进一步落实政府采购公平竞争原则，优化营商环境，营造良好的产业生态，财政部、工业和信息化部制定了《操作系统政府采购需求标准（2023年版）》（以下简称《需求标准》），要求如下：

（1）采购人采购操作系统应当按照《需求标准》实施相关采购活动。

（2）对于既包含操作系统、服务器等软硬件产品也包含集成服务的采购项目，采购人应当合理划分采购包，尽可能将操作系统、服务器等软硬件产品与集成服务分包采购。采购的操作系统、服务器等软硬件产品总额达到分散采购限额标准的，应当单独分包采购。

（3）采购人应当加强采购需求管理，按照《政府采购需求管理办法》（财库〔2021〕22号）要求，结合具体应用场景，根据《需求标准》确定采购需求，明确所需操作系统的功能、质量等指标要求，并据此编制采购文件。

采购人应当将《需求标准》中加"*"的指标纳入采购需求，并作为采购文件中的实质性要求。其中，乡镇以上党政机关，以及乡镇以上党委和政府直属事业单位及部门所属为机关提供支持保障的事业单位在采购操作系统时，应当将操作系统符合安全可靠测评要求纳入采购需求，其他单位可不在采购需求中提出此项要求。对于未加"*"的指标，采购人可以根据实际需要自行确定是否纳入采购需求。

采购人在采购需求中，可以对《需求标准》中的指标提出更高要求，也可以根据实际需要增加《需求标准》以外的指标，但不得超出实际需要。

（4）供应商在投标、响应环节出具关于所提供操作系统满足采购文件要求承诺函的，即视为相关产品符合要求。采购人在供应商投标、响应环节不得对操作系统进行检测、认证，也不得要求供应商提供检测报告、认证报告。

（5）采购人应加强履约验收管理，按照采购合同约定对供应商提供的操作系统进行验收，必要时委托依法取得检测、认证资质的机构进行检测、认证。对于供应商未按合同约定提供操作系统的，采购人应当依法追究其违约责任。

3.通用服务器政府采购需求标准

为提高通用服务器政府采购需求管理的科学化、规范化水平，进一步落实政府采购公平竞争原则，优化营商环境，营造良好的产业生态，财政部、工业和信息化部制定了《通用服务器政府采购需求标准（2023年版）》（以下简称《需求标准》），要求如下：

（1）采购人采购通用服务器应当按照《需求标准》实施相关采购活动。

（2）对于既包含通用服务器、数据库等软硬件产品也包含集成服务的采购项目，采购人应当合理划分采购包，尽可能将通用服务器、数据库等软硬件产品与集成服务分包采购。采购的通用服务器、数据库等软硬件产品总额达到分散采购限额标准的，应当单独分包采购。

（3）采购人应当加强采购需求管理，按照《政府采购需求管理办法》（财库〔2021〕22号）要求，结合具体应用场景，根据《需求标准》确定采购需求，明确所需通用服务器的功能、质量等指标要求，并据此编制采购文件。

采购人应当将《需求标准》中加"*"的指标纳入采购需求，并作为采购文件中的实质性要求。其中，乡镇以上党政机关，以及乡镇以上党委和政府直属事业单位及部门所属为机关提供支持保障的事业单位在采购通用服务器时，应当将CPU、操作系统符合安全可靠测评要求纳入采购需求，其他单位可不在采购需求中提出此项要求。对于未加"*"的指标，采购人可以根据实际需要自行确定是否纳入采购需求。

采购人在采购需求中，可以对《需求标准》中的指标提出更高要求，也可以根据实际需要增加《需求标准》以外的指标，但不得超出实际需要。

（4）供应商在投标、响应环节出具关于所提供通用服务器满足采购文件要求承诺函的，即视为相关产品符合要求。采购人在供应商投标、响应环节不得对通用服务器进行检测、认证，也不得要求供应商提供检测报告、认证报告。

（5）采购人应加强履约验收管理，按照采购合同约定对供应商提供的通用服务器进行验收，必要时委托依法取得检测、认证资质的机构进行检测、认证。对于供应商未按合同约定提供通用服务器的，采购人应当依法追究其违约责任。

4. 工作站政府采购需求标准

为提高工作站政府采购需求管理的科学化、规范化水平，进一步落实政府采购公平竞争原则，优化营商环境，营造良好的产业生态，财政部、工业和信息化部制定了《工作站政府采购需求标准（2023年版）》（以下简称《需求标准》），要求如下：

（1）采购人采购工作站应当按照《需求标准》实施相关采购活动。

（2）对于既包含工作站、数据库等软硬件产品也包含集成服务的采购项目，采购人应当合理划分采购包，尽可能将工作站、数据库等软硬件产品与集成服务分包采购。采购的工作站、数据库等软硬件产品总额达到分散采购限额标准的，应当单独分包采购。

（3）采购人应当加强采购需求管理，按照《政府采购需求管理办法》（财库〔2021〕22号）要求，结合具体应用场景，根据《需求标准》确定采购需求，明确所需工作站的功能、质量等指标要求，并据此编制采购文件。

采购人应当将《需求标准》中加"*"的指标纳入采购需求，并作为采购文件中的实质性要求。其中，乡镇以上党政机关，以及乡镇以上党委和政府直属事业单位及部门所属为机关提供支持保障的事业单位在采购工作站时，应当将CPU、操作系统符合安全可靠测评要求纳入采购需求，其他单位可不在采购需求中提出此项要求。对于未加"*"的指标，采购人可以根据实际需要自行确定是否纳入采购需求。

采购人在采购需求中，可以对《需求标准》中的指标提出更高要求，也可以根据实际需要增加《需求标准》以外的指标，但不得超出实际需要。

（4）供应商在投标、响应环节出具关于所提供工作站满足采购文件要求承诺函的，即视为相关产品符合要求。采购人在供应商投标、响应环节不得对工作站进行检测、认证，也不得要求供应商提供检测报告、认证报告。

（5）采购人应加强履约验收管理，按照采购合同约定对供应商提供的工作站进行验收，必要时委托依法取得检测、认证资质的机构进行检测、认证。对于供应商未按合同约定提供工作站的，采购人应当依法追究其违约责任。

5. 一体式计算机政府采购需求标准

为提高一体式计算机政府采购需求管理的科学化、规范化水平，进一步落实政府采购公平竞争原则，优化营商环境，营造良好的产业生态，财政部、工业和信息化部制定了《一体式计算机政府采购需求标准（2023年版）》（以下简称《需求标准》），要求如下：

（1）采购人采购一体式计算机应当按照《需求标准》实施相关采购活动。

（2）对于既包含一体式计算机、数据库等软硬件产品也包含集成服务的采购项目，采购人应当合理划分采购包，尽可能将一体式计算机、数据库等软硬件产品与集成服务分包采购。采购的一体式计算机、数据库等软硬件产品总额达到分散采购限额标准的，应当单独分包采购。

（3）采购人应当加强采购需求管理，按照《政府采购需求管理办法》（财库〔2021〕22号）要求，结合具体应用场景，根据《需求标准》确定采购需求，明确所需一体式计算机的功能、质量等指标要求，并据此编制采购文件。

采购人应当将《需求标准》中加"*"的指标纳入采购需求，并作为采购文件中的实质性要求。其中，乡镇以上党政机关，以及乡镇以上党委和政府直属事业单位及部门所属为机关提供支持保障的事业单位在采购一体式计算机时，应当将CPU、操作系统符合安全可靠测评要求纳入采购需求，其他单位可不在采购需求中提出此项要求。对于未加"*"的指标，采购人可以根据实际需要自行确定是否纳入采购需求。

采购人在采购需求中，可以对《需求标准》中的指标提出更高要求，也可以根据实际需要增加《需求标准》以外的指标，但不得超出实际需要。

（4）供应商在投标、响应环节出具关于所提供一体式计算机满足采购文件要求承诺函的，即视为相关产品符合要求。采购人在供应商投标、响应环节不得对一体式计算机进行检测、认证，也不得要求供应商提供检测报告、认证报告。

（5）采购人应加强履约验收管理，按照采购合同约定对供应商提供的一体式计算机进行验收，必要时委托依法取得检测、认证资质的机构进行检测、认证。对于供应商未按合同约定提供一体式计算机的，采购人应当依法追究其违约责任。

6.便携式计算机政府采购需求标准

为提高便携式计算机政府采购需求管理的科学化、规范化水平，进一步落实政府采购公平竞争原则，优化营商环境，营造良好的产业生态，财政部、工业和信息化部制定了《便携式计算机政府采购需求标准（2023年版）》（以下简称《需求标准》），要求如下：

（1）采购人采购便携式计算机应当按照《需求标准》实施相关采购活动。

（2）对于既包含便携式计算机、数据库等软硬件产品也包含集成服务的采购项目，采购人应当合理划分采购包，尽可能将便携式计算机、数据库等软硬件产品与集成服务分包采购。采购的便携式计算机、数据库等软硬件产品总额达到分散采购限额标准的，应当单独分包采购。

（3）采购人应当加强采购需求管理，按照《政府采购需求管理办法》（财库〔2021〕22号）要求，结合具体应用场景，根据《需求标准》确定采购需求，明确所需便携式计算机的功能、质量等指标要求，并据此编制采购文件。

采购人应当将《需求标准》中加"*"的指标纳入采购需求，并作为采购文件中的实质性要求。其中，乡镇以上党政机关，以及乡镇以上党委和政府直属事业单位及部门所属为机关提供支持保障的事业单位在采购便携式计算机时，应当将CPU、操作系统符合安全可靠测评要求纳入采购需求，其他单位可不在采购需求中提出此项要求。对于未加"*"的指标，采购人可以根据实际需要自行确定是否纳入采购需求。

采购人在采购需求中，可以对《需求标准》中的指标提出更高要求，也可以根据实际需要增加《需求标准》以外的指标，但不得超出实际需要。

（4）供应商在投标、响应环节出具关于所提供便携式计算机满足采购文件要求承诺函的，即视为相关产品符合要求。采购人在供应商投标、响应环节不得对便携式计算机进行检测、认证，也不得要求供应商提供检测报告、认证报告。

（5）采购人应加强履约验收管理，按照采购合同约定对供应商提供的便携式计算机进行验收，必要时委托依法取得检测、认证资质的机构进行检测、认证。对于供应商未按合同约定提供便携式计算机的，采购人应当依法追究其违约责任。

7. 台式计算机政府采购需求标准

为提高台式计算机政府采购需求管理的科学化、规范化水平，进一步落实政府采购公平竞争原则，优化营商环境，营造良好的产业生态，财政部、工业和信息化部制定了《台式计算机政府采购需求标准（2023年版）》（以下简称《需求标准》），要求如下：

（1）采购人采购台式计算机应当按照《需求标准》实施相关采购活动。

（2）对于既包含台式计算机、数据库等软硬件产品也包含集成服务的采购项目，采购人应当合理划分采购包，尽可能将台式计算机、数据库等软硬件产品与集成服务分包采购。采购的台式计算机、数据库等软硬件产品总额达到分散采购限额标准的，应当单独分包采购。

（3）采购人应当加强采购需求管理，按照《政府采购需求管理办法》（财库〔2021〕22号）要求，结合具体应用场景，根据《需求标准》确定采购需求，明确所需台式计算机的功能、质量等指标要求，并据此编制采购文件。

采购人应当将《需求标准》中加"*"的指标纳入采购需求，并作为采购文件中的实质性要求。其中，乡镇以上党政机关，以及乡镇以上党委和政府直属事业单位及部门所属为机关提供支持保障的事业单位在采购台式计算机时，应当将CPU、操作系统符合安全可靠测评要求纳入采购需求，其他单位可不在采购需求中提出此项要求。对于未加

"*"的指标，采购人可以根据实际需要自行确定是否纳入采购需求。

采购人在采购需求中，可以对《需求标准》中的指标提出更高要求，也可以根据实际需要增加《需求标准》以外的指标，但不得超出实际需要。

（4）供应商在投标、响应环节出具关于所提供台式计算机满足采购文件要求承诺函的，即视为相关产品符合要求。采购人在供应商投标、响应环节不得对台式计算机进行检测、认证，也不得要求供应商提供检测报告、认证报告。

（5）采购人应加强履约验收管理，按照采购合同约定对供应商提供的台式计算机进行验收，必要时委托依法取得检测、认证资质的机构进行检测、认证。对于供应商未按合同约定提供台式计算机的，采购人应当依法追究其违约责任。

8. 绿色数据中心政府采购需求标准（试行）

数字产业绿色低碳发展是落实党中央、国务院碳达峰、碳中和重大战略决策的重要内容。为加快数据中心绿色转型，财政部、生态环境部、工业和信息化部制定了《绿色数据中心政府采购需求标准（试行）》（以下简称《需求标准》），要求如下：

（1）采购人采购数据中心相关设备、运维服务，应当有利于节约能源、环境保护和资源循环利用，按照《需求标准》实施相关采购活动。

（2）采购人应当加强采购需求管理，根据《需求标准》提出的指标编制数据中心相关设备、运维服务政府采购项目的采购文件，并在合同中明确对相关指标的验收方式和违约责任。

（3）采购人在项目的投标、响应环节，原则上不对数据中心相关设备、服务进行检测、认证，也不要求供应商提供检测报告、认证报告，供应商出具符合相关要求的承诺函可视为符合规定。

（4）采购人应当在履约验收中对供应商提供的产品或服务进行抽查检测，必要时可委托取得相关资质的第三方机构对其进行检测、认证。因检测、认证涉及生产过程或检测时间长等原因，不能在验收过程中开展检测、认证的，可要求供应商在验收阶段提供相关检测报告、认证报告。

（5）对于供应商未按合同约定提供设备或服务的，采购人应当依法追究其违约责任。对于供应商提供虚假材料谋取中标、成交的，依法予以处理。

9. 绿色建筑和绿色建材政府采购需求标准

2024年12月31日，财政部、住房和城乡建设部、工业和信息化部联合印发了《关于进一步扩大政府采购支持绿色建材促进建筑品质提升政策实施范围的通知》，要求自2025年1月1日起，在北京市朝阳区等101个市（市辖区）实施政府采购支持绿色建材促进建筑品质提升政策，同时编制了《绿色建筑和绿色建材政府采购需求标准（2025年版）》

（以下简称《需求标准》），要求各政策实施城市要严格执行该《需求标准》。《需求标准》主要内容如下：

（1）明确《需求标准》适用于医院、学校、办公楼、综合体、展览馆、会展中心、体育馆、保障性住房、旧城改造等政府采购工程项目。政府采购工程项目应以推动城乡建设绿色发展为目标，着力建设安全、舒适、绿色、智慧的好房子，遵循因地制宜的原则，选用性价比高的绿色建材。

（2）应在政府采购工程的项目立项、建筑设计、招标采购、工程施工、质量验收等关键环节，严格落实《需求标准》的指标要求。

（3）明确建筑品质提升要求，例如：①政府采购绿色建材分为必选类和可选类。政府采购工程项目选用绿色建材时，应满足下列要求：涉及必选类时，每一必选小类均应选用绿色建材；涉及可选类时，绿色建材选用量应不低于建筑项目所涉及的建材小类的40％。②政府采购工程项目应达到《绿色建筑评价标准》GB/T 50378的要求。③宜通过集成应用绿色建材提升建筑的耐久性、保温隔热性能、空气质量和隔声性能等。④鼓励政府采购工程项目优先采用高效益、高质量、低消耗、低排放的新型建造方式。⑤宜采用设计、采购、生产、施工一体化模式，实行装饰装修与主体结构、机电设备协同施工。⑥部品部件要求。⑦碳减排要求。

（4）明确必选类绿色建材要求。

（5）明确可选类绿色建材要求。

10.商品包装、快递包装政府采购需求标准（试行）

为助力打好污染防治攻坚战，推广使用绿色包装，财政部、生态环境部、国家邮政局联合印发了《商品包装政府采购需求标准（试行）》《快递包装政府采购需求标准（试行）》的通知（财办库〔2020〕123号），要求如下：

（1）政府采购货物、工程和服务项目中涉及商品包装和快递包装的，要参考包装需求标准，在采购文件中明确政府采购供应商提供产品及相关快递服务的具体包装要求。

（2）采购文件对商品包装和快递包装提出具体要求的，政府采购合同应当载明对政府采购供应商提供产品及相关快递服务的具体包装要求和履约验收相关条款，必要时要求中标、成交供应商在履约验收环节出具检测报告。

（3）政府采购协议供货、定点采购项目和电子卖场也要积极推广应用包装需求标准，对商品包装和快递包装符合包装需求标准的产品加挂标识，引导采购人优先选择。

二、 预留采购份额

1.中小企业预留份额

为促进中小企业健康发展，财政部陆续出台了《政府采购促进中小企业发展管理办法》（财库〔2020〕46号）、《关于进一步加大政府采购支持中小企业力度的通知》（财库〔2022〕19号）、《关于加强财税支持政策落实促进中小企业高质量发展的通知》（财预〔2023〕76号）等多项相关文件，落实中小企业预留采购份额。

2020年12月，财政部、工业和信息化部联合印发了《政府采购促进中小企业发展管理办法》（财库〔2020〕46号），该办法明确："采购限额标准以上，200万元以下的货物和服务采购项目、400万元以下的工程采购项目，适宜由中小企业提供的，采购人应当专门面向中小企业采购……超过200万元的货物和服务采购项目、超过400万元的工程采购项目中适宜由中小企业提供的，预留该部分采购项目预算总额的30％以上专门面向中小企业采购，其中预留给小微企业的比例不低于60％"。

2023年8月，财政部在印发的《关于加强财税支持政策落实促进中小企业高质量发展的通知》（财预〔2023〕76号）中提出："超过400万元的工程采购项目中适宜由中小企业提供的，预留份额由30％以上阶段性提高至40％以上的政策延续至2025年底。"部分地区按照财政部的要求进行了落实，如湖北省要求200万元以下的货物和服务项目、400万元以下的工程项目，适宜由中小企业提供的，应当专门面向中小企业采购；200万元以上的货物和服务项目、400万元以上的工程项目，适宜由中小企业提供的，预留该部分采购项目预算总额的40％以上专门面向中小企业采购，其中预留给小微企业的比例不低于60％。但也有部分地区在落实财政部要求的预留份额的基础上，进行了调整，如烟台市明确要求对超过限额要求的采购项目中适宜由中小企业提供的，面向中小企业的预留份额为45％，其中预留给小微企业的比例不低于70％。采购人和采购代理机构在组织政府采购活动时，要注意研究项目所在地的政策，正确使用，避免违规。

值得注意的是，并非所有"采购限额标准以上，200万元以下的货物和服务采购项目、400万元以下的工程采购项目"，都要专门面向中小企业采购，而是适宜专门面向的，应当专门面向。如包含多种标的货物综合性项目，其中包含电脑、摄影机、空调等生产厂家多为大型企业的标的，则不适宜专门面向中小企业采购，否则无法确保充分供应、充分竞争，可能会影响政府采购目标的实现。

《政府采购促进中小企业发展管理办法》（财库〔2020〕46号）对可不专门面向中小企业预留采购份额的情形进行了明确。

（1）法律法规和国家有关政策明确规定优先或者应当面向事业单位、社会组织等非企业主体采购的。

（2）因确需使用不可替代的专利、专有技术，基础设施限制，或者提供特定公共服务等原因，只能从中小企业之外的供应商处采购的。

（3）按照本办法规定预留采购份额无法确保充分供应、充分竞争，或者存在可能影响政府采购目标实现的情形。

（4）框架协议采购项目。

（5）省级以上人民政府财政部门规定的其他情形。

除上述情形外，其他均为适宜由中小企业提供的情形。

预留份额主要通过下列措施进行：

（1）将采购项目整体或者设置采购包专门面向中小企业采购。

（2）要求供应商以联合体形式参加采购活动，且联合体中中小企业承担的部分达到一定比例（组成联合体或者接受分包合同的中小企业与联合体内其他企业、分包企业之间不得存在直接控股、管理关系）。

（3）要求获得采购合同的供应商将采购项目中的一定比例分包给一家或者多家中小企业。

【小贴士】

【问】对于200万元以下的货物和服务采购项目、400万元以下的工程采购项目，适宜由中小企业提供的，联合体是否享受对中小企业的预留份额政策？

【答】联合体参与政府采购项目的，联合体各方所提供货物、工程、服务均为中小企业制造、承建、承接的，联合体视同中小企业，享受对中小企业的预留份额政策；联合体各方提供货物、工程、服务均为小微企业制造、承建、承接的，联合体视同小微企业，享受对小微企业的预留份额政策。

【法律依据】

《政府采购促进中小企业发展管理办法》（财库〔2020〕46号）

第四条　以联合体形式参加政府采购活动，联合体各方均为中小企业的，联合体视同中小企业。其中，联合体各方均为小微企业的，联合体视同小微企业。

【小贴士】

【问】《政府采购促进中小企业发展管理办法》第六条"因确需使用不可替代的专利、专有技术，基础设施限制，或者提供特定公共服务等原因，只能从中小企业之外的供应商处采购的"中，"基础设施限制"是指什么？

【答】"基础设施限制"主要是指受供水、供电、供气、供热、道路和交通设施等基础设施条件限制。采购人可根据实际情况做出判断。

2. 脱贫地区农副产品预留份额

财政部、农业农村部、国家乡村振兴局《关于运用政府采购政策支持乡村产业振兴的通知》（财库〔2021〕19号）、财政部《关于深入开展政府采购脱贫地区农副产品工作推进乡村产业振兴的实施意见》的通知（财库〔2021〕20号）以及财政部《关于做好中央预算单位2025年政府采购脱贫地区农副产品工作的通知》（财办库〔2024〕266号）和《关于组织地方预算单位做好2025年政府采购脱贫地区农副产品工作的通知》（财办库〔2024〕267号）等，对各预算单位预留份额填报和脱贫地区农副产品采购工作提出了相关要求，具体见下表。采购人在工作中应注意按照相关要求落实预留采购份额措施。

发布日期	标题	文号	要求
2021年04月24日	关于深入开展政府采购脱贫地区农副产品工作推进乡村产业振兴的实施意见	财库〔2021〕20号	（1）各级预算单位要按照不低于10%的预留比例在"832平台"填报预留份额； （2）遵循质优价廉、竞争择优的原则，通过"832平台"在全国832个脱贫县范围内采购农副产品，及时在线支付货款，不得拖欠； （3）鼓励各级预算单位工会组织通过"832平台"采购工会福利、慰问品等，有关采购金额计入本单位年度采购总额
2024年12月17日	（1）关于做好中央预算单位2025年政府采购脱贫地区农副产品工作的通知； （2）关于组织地方预算单位做好2025年政府采购脱贫地区农副产品工作的通知	财办库〔2024〕266号、财办库〔2024〕267号	要求各预算单位在2025年3月31日前通过"832平台"采购人管理系统（cg.fupin832.com）填报2025年政府采购脱贫地区农副产品预留份额，预留比例不低于年度食堂食材采购总额的10%。具备条件的预算单位，可适当提高预留比例，鼓励按照15%的比例预留采购份额

注意：部分地区在落实财政部要求的预留份额的基础上进行了调整，如湖北省财政厅《关于做好2023年政府采购脱贫地区农副产品工作推进乡村产业振兴的通知》（鄂财采发〔2023〕4号）要求，自有食堂的预算单位，预留金额不低于年度采购农副产品总额的15%；有独立工会经费的预算单位，应明确通过"832平台"采购金额不低于工会年度采购农副产品总额的15%。

采购人和采购代理机构在组织政府采购活动时，要注意项目所在地的政策，正确使用。

三、 价格评审优惠

1. 价格评审优惠政策

《政府采购促进中小企业发展管理办法》（财库〔2020〕46号）对中小企业的报价优惠进行了明确：对于经主管预算单位统筹后未预留份额专门面向中小企业采购的采购项目，以及预留份额项目中的非预留部分采购包，采购人、采购代理机构应当对符合本办法规定的小微企业报价给予6%～10%（工程项目为3%～5%）的扣除，用扣除后的价格参加评审。适用招标投标法的政府采购工程建设项目，采用综合评估法但未采用低价优先法计算价格分的，评标时应当在采用原报价进行评分的基础上增加其价格得分的3%～5%作为其价格分。接受大中型企业与小微企业组成联合体或者允许大中型企业向一家或者多家小微企业分包的采购项目，对于联合协议或者分包意向协议约定小微企业的合同份额占到合同总金额30%以上的，采购人、采购代理机构应当对联合体或者大中型企业的报价给予2%～3%（工程项目为1%～2%）的扣除，用扣除后的价格参加评审。适用招标投标法的政府采购工程建设项目，采用综合评估法但未采用低价优先法计算价格分的，评标时应当在采用原报价进行评分的基础上增加其价格得分的1%～2%作为其价格分。组成联合体或者接受分包的小微企业与联合体内其他企业、分包企业之间存在直接控股、管理关系的，不享受价格扣除优惠政策。

2022年5月30日，财政部印发的《关于进一步加大政府采购支持中小企业力度的通知》（财库〔2022〕19号）一文，对小微企业的优惠比例进行了调整，将货物服务采购项目给予小微企业的价格扣除优惠，由财库〔2020〕46号文件规定的6%～10%提高至10%～20%；大中型企业与小微企业组成联合体或者大中型企业向小微企业分包的，评审优惠幅度由2%～3%提高至4%～6%。政府采购工程的价格评审优惠仍按照财库〔2020〕46号文件的规定执行。

值得注意的是，部分地区在落实财政部要求的基础上，加大了对小微企业价格扣除优惠。采购人和采购代理机构在组织政府采购活动时，要注意研究项目所在地的政策，正确使用，避免违规。

价格扣除比例或者价格分加分比例应对小型企业和微型企业同等对待，不作区分。具体采购项目的价格扣除比例或者价格分加分比例，由采购人根据采购标的相关行业平均利润率、市场竞争状况等，在规定的幅度内确定。

若供应商同时属于小型或微型企业、监狱企业、残疾人福利性单位中的两种及以上，将不重复享受小微企业价格扣减的优惠政策。但是有些地区也针对此种情况设置了特殊的要求：湖北省财政厅、湖北省交易管理局《关于落实稳住经济一揽子政策进一步加大政府采购支持中小企业力度的通知》（鄂财采发〔2022〕5号）明确，对小微企业中的残疾人企业、监狱企业、采购产品纳入创新产品应用示范推荐目录内企业、采购产品获得节能产品或环境标志产品认证证书的企业，应以价格评审优惠幅度的上限（20%）给予评审优惠。故在执行政府采购政策时，需要结合项目所在地的实际情况，正确落实相关采购政策。

【小贴士】

【问】对于未预留份额专门面向中小企业采购的货物采购项目，以及预留份额项目中的非预留部分货物采购包，大中型企业提供的货物全部为小微企业制造，是否可以享受报价扣除？是否还有"双小"（即直接参与采购活动的企业是中小企业，且货物由中小企业制造）的要求？

【答】按照《政府采购促进中小企业发展管理办法》（财库〔2020〕46号，以下称《办法》）规定，在货物采购项目中，货物由中小企业制造（货物由中小企业生产且使用该中小企业商号或者注册商标）的，可享受中小企业扶持政策。如果一个采购项目或采购包含有多个采购标的的，则每个采购标的均应由中小企业制造。在问题所述的采购项目或者采购包中，大型企业提供的所有采购标的均为小微企业制造的，可享受价格评审优惠政策。

【法律依据】

《政府采购促进中小企业发展管理办法》（财库〔2020〕46号）

第四条 在政府采购活动中，供应商提供的货物、工程或者服务符合下列情形的，享受本办法规定的中小企业扶持政策：

（1）在货物采购项目中，货物由中小企业制造，即货物由中小企业生产且使用该中小企业商号或者注册商标；

（2）在工程采购项目中，工程由中小企业承建，即工程施工单位为中小企业；

（3）在服务采购项目中，服务由中小企业承接，即提供服务的人员为中小企业依照《中华人民共和国劳动合同法》订立劳动合同的从业人员。

在货物采购项目中，供应商提供的货物既有中小企业制造货物，也有大型企业制造货物的，不享受《办法》规定的中小企业扶持政策。

以联合体形式参加政府采购活动，联合体各方均为中小企业的，联合体视同中小企业。其中，联合体各方均为小微企业的，联合体视同小微企业。

【小贴士】

【问】在货物采购项目中，供应商提供的货物既有中型企业制造，又有小微企业制造的，是否享受《政府采购促进中小企业发展管理办法》规定的小微企业扶持政策？

【答】在货物采购项目中，供应商提供的货物既有中型企业制造，又有小微企业制造的，不享受《政府采购促进中小企业发展管理办法》规定的小微企业扶持政策。

【法律依据】

《政府采购促进中小企业发展管理办法》（财库〔2020〕46号）

第四条 在政府采购活动中，供应商提供的货物、工程或者服务符合下列情形的，享受本办法规定的中小企业扶持政策：

（一）在货物采购项目中，货物由中小企业制造，即货物由中小企业生产且使用该中小企业商号或者注册商标。

2. 依法必招的政府采购工程

《政府采购法实施条例》（国务院令第658号）第七条规定：政府采购工程以及与工程建设有关的货物、服务，采用招标方式采购的，适用《中华人民共和国招标投标法》及其实施条例；采用其他方式采购的，适用政府采购法及本条例。对于进场交易的政府采购工程，早期湖北省公共资源交易中心颁布的招标示范文本并未对落实政府采购政策做出相关规定。

为贯彻落实《国务院关于印发扎实稳住经济一揽子政策措施的通知》（国发〔2022〕12号）、财政部《关于进一步加大政府采购支持中小企业力度的通知》（财库〔2022〕19号）和省政府贯彻落实中央扎实稳住经济一揽子政策措施工作清单有关要求，湖北省公共资源交易监管局 湖北省财政厅 湖北省住建厅 湖北省交通运输厅 湖北省水利厅 湖北省农业农村厅 湖北省交易（采购）中心联合发布《关于印发落实政府采购政策支持中小企业发展系列招标示范文本的通知》（鄂公管函〔2022〕19号）。该通知要求：2022年7月1日起，我省依据《招标投标法》必须进行招标的政府采购工程项目，采购人应当按照项目类型选用相应招标文件示范文本，并落实政府采购支持中小企业发展的相关政策要求。

以《湖北省房屋建筑和市政工程施工招标文件示范文本（2022年电子化第六版）》为例（以下简称《文本》），《文本》在第一章 招标邀请书、第二章 投标人须知、附录一：投标人资质条件、能力和信誉、附录二：政府采购工程预留工作及金额、第三章 评标办法等中均对落实政府采购政策做出了相关要求，并对落实政府采购工程价格评审优惠的具体办法进行了约定，如下表所示。

政府采购工程价格评审优惠	对采购项目未预留份额专门面向中小企业采购的： （1）如投标人属于小微企业的，评标时在其投标报价得分的基础上增加P%作为其投标报价最终得分，即： S= M×(1+P%) 其中：P为小微企业报价优惠系数，范围为3~5的整数，由招标人确定。P的取值参见"第二章 投标人须知"前附表第10.2.4项。 若招标人接受联合体，且联合体各方均为小微企业的，联合体视同小微企业。 （2）若招标人接受由大中型企业与小微企业组成的联合体或允许大中型企业向一家或多家小微企业分包的采购项目，对于联合协议或分包意向协议约定小微企业的合同份额占到合同总金额30%以上的，评标时在其报价得分的基础上增加Q%作为其投标报价最终得分，即： S= M×(1+Q%) 其中：Q为满足条件的联合体或者分包企业报价优惠系数，范围为1~2的整数，由招标人确定。Q的取值参见"第二章 投标人须知"前附表第10.2.5项。 （3）组成联合体或者接受分包的小微企业与联合体内其他企业、分包企业之间存在直接控股、管理关系的，不享受价格评审优惠政策
投标报价最终得分	S= M×(1+P%)或S= M×(1+Q%)

其他示范文本也进行了类似描述，依法必招的政府采购工程项目的政府采购政策落实也趋于规范化。

【小贴士】

【问】《政府采购促进中小企业发展管理办法》第九条规定，适用招标投标法的政府采购工程建设项目，采用综合评估法但未采用低价优先法计算价格分的，评标时应当在采用原报价进行评分的基础上增加其价格得分的3%~5%作为其价格分。若小微企业在工程建设项目中价格分为满分，是否在满分基础上增加其价格分的3%~5%作为其价格分？

【答】政府采购工程项目中对中小企业价格分加分属于政策性加分，小微企业价格分即使是满分也应当享受政策优惠，再给予加分。

四、 优先采购

1.节能产品、环境标志产品

政府采购节能产品、环境标志产品实施品目清单管理。依据品目清单和认证证书实施政府优先采购和强制采购。财政部、国家发展改革委、生态环境部等根据产品节能环保性能、技术水平和市场成熟程度等因素，确定实施政府优先采购和强制采购的产品类别及所依据的相关标准规范，以品目清单的形式发布并适时调整。

《节能产品政府采购品目清单》中将品目分为强制采购和优先采购，《环境标志产品政府采购品目清单》则只有优先采购。采购人拟采购的产品属于品目清单范围的，采购人或采购代理机构在编制采购文件时，必须在采购文件显著处标示以下内容。

（1）标示哪些为强制采购节能产品，哪些为优先采购节能或环境标志产品。并说明为强制采购节能产品的，供应商应在其响应文件中提供国家确定的认证机构出具的、处于有效期内的节能产品、环境标志产品认证证书，否则视为无效投标。

（2）属于优先采购节能或环境标志产品的，采购人或采购代理机构应在文件中约定优先采购的措施，具体措施根据采购人及项目的需求确定，以下为示例。

采购文件中采购节能产品、环境标志产品政策落实示例

（以某学校实训室建设项目为例）

采购节能产品政策	依据财库〔2019〕19号文的规定，所投产品为《节能产品政府采购品目清单》强制性采购内容(本项目中空调机、液晶显示器为《节能产品政府采购品目清单》中强制采购品类)的，需提供国家确定的认证机构出具的、处于有效期内的节能产品认证证书，未提供的视为无效响应(认证证书的产品型号与所投产品不一致的，视为未提供); 所投产品为《节能产品政府采购品目清单》非强制性采购内容(本项目中投影仪、电冰箱为《节能产品政府采购品目清单》中非强制性采购品类)的，提供国家确定的认证机构出具的、处于有效期内的节能产品认证证书，给予该项产品价格1%的扣除，用扣除后的价格参与评审(认证证书的产品型号与所投产品的产品型号不一致的，视为未提供)
采购环境标志产品政策	依据财库〔2019〕18号文的规定，所投产品为《环境标志产品政府采购品目清单》内容(本项目中空调机、液晶显示器、投影仪为《环境标志产品政府采购品目清单》中内容)的，需提供国家确定的认证机构出具的、处于有效期内的环境标志产品认证证书，给予该项产品价格1%的扣除，用扣除后的价格参与评审(认证证书的产品型号与所投产品的产品型号不一致的，视为未提供)

对于已列入品目清单的产品类别，采购人可在采购需求中提出更高的节约资源和保护环境要求，对符合条件的获证产品给予优先待遇。对于未列入品目清单的产品类别，

鼓励采购人综合考虑节能、节水、环保、循环、低碳、再生、有机等因素，参考相关国家标准、行业标准或团体标准，在采购需求中提出相关绿色采购要求，加快绿色产品推广应用。

2. 正版软件

依据财政部、国家发展改革委、信息产业部《关于印发无线局域网产品政府采购实施意见的通知》（财库〔2005〕366号），国家版权局、信息产业部、财政部、国务院机关事务管理局《关于政府部门购置计算机办公设备必须采购已预装正版操作系统软件产品的通知》（国权联〔2006〕1号）、《国务院办公厅关于进一步做好政府机关使用正版软件工作的通知》（国办发〔2010〕47号）、《财政部关于进一步做好政府机关使用正版软件工作的通知》（财预〔2010〕536号）等相关文件的规定，采购人或采购代理机构应当在采购文件中明确以下内容。

采购无线局域网产品和含有无线局域网功能的计算机、通信设备、打印机、复印机、投影仪等产品的，优先采购符合国家无线局域网安全标准（GB 15629.11/1102）并通过国家产品认证的产品。其中，国家有特殊信息安全要求的项目必须采购认证产品，否则投标无效。财政部、国家发展改革委、信息产业部根据政府采购改革进展和无线局域网产品技术及市场成熟等情况，从国家指定的认证机构认证的生产厂商和产品型号中确定优先采购的产品，并以无线局域网认证产品政府采购清单的形式公布。清单中新增的认证产品厂商和型号，由财政部、国家发展改革委、信息产业部以文件形式确定、公布并适时调整。

各级政府部门在购置计算机办公设备时，必须采购预装正版操作系统软件的计算机产品。

3. 网络安全专用产品

依据国家互联网信息办公室、工业和信息化部、公安部、财政部、国家认证认可监督管理委员会联合发布的《关于调整网络安全专用产品安全管理有关事项的公告》，采购人或采购代理机构应当在采购文件中明确以下内容。

所投产品属于列入《网络关键设备和网络安全专用产品目录》的网络安全专用产品，应当在国家互联网信息办公室会同工业和信息化部、公安部、国家认证认可监督管理委员会统一公布和更新的符合要求的网络关键设备与网络安全专用产品清单中。供应商应当按照《信息安全技术网络安全专用产品安全技术要求》等相关国家标准的强制性要求，由具备资格的机构安全认证合格或者安全检测符合要求（如该产品已经获得公安部颁发的计算机信息系统安全专用产品销售许可证，且在有效期内，亦视为符合要求）。

五、 其他优惠措施

允许采购进口产品的政府采购项目，还应优先采购向我国企业转让技术、与我国企业签订消化吸收再创新方案的供应商的进口产品。

除预留采购份额、价格优惠外，财政部还要求各地区、各部门要通过提高预付款比例、引入信用担保、支持中小企业开展合同融资、免费提供电子采购文件等方式，为中小企业参与采购活动提供便利。

以湖北省为例，武汉市财政局发文，应建立预付款保函制度，鼓励采购人结合项目实际、供应商信用等情况，在采购合同签订后支付一定比例的预付款，政府采购合同设定首付款支付方式的，首付款支付比例原则上不低于合同金额的30%；对于中小企业，首付款支付比例还可适当提高。同时加快合同资金支付进度，对于满足合同约定支付条件的，采购人应当自收到发票后10日内将资金支付到合同约定的供应商账户。

第三节　政府采购政策的实践运用

一、 服务类项目政府采购政策实践运用（以湖北省为例）

采购人S局委托代理机构P公司就"S局×××服务项目"（以下简称本项目）进行公开招标，至投标截止时间有A、B、C、D共4家公司参与投标。

情景1：本项目专门面向中小企业采购，不接受联合体投标。A公司为中型企业，B公司为小型企业，C公司为微型企业，D公司为中型企业。

【专家评审】

（1）评标委员会按照招标文件规定的评标方法、程序及标准，评审因素、标准和程序对A、B、C、D共4家公司的投标文件进行符合性审查。

（2）评标委员会按照招标文件规定的详细评审表进行打分，评审价格应以实际投标报价为准，不再对A、B、C、D共4家公司进行价格扣除。

情景2：本项目未预留份额专门面向中小企业采购，不接受联合体投标。A公司为大型企业，B公司为中型企业，C公司小型企业，D公司为微型企业。

招标文件规定：根据《关于进一步加大政府采购支持中小企业力度的通知》（财库〔2022〕19号），货物服务采购项目给予小微企业的价格扣除优惠，由财库〔2020〕46号文件规定的6％～10％提高至10％～20％。本项目对小微企业价格扣除比例为10％。

【专家评审】

（1）评标委员会按照招标文件规定的评标方法、程序及标准，评审因素、标准和程序对A、B、C、D共4家公司的投标文件进行符合性审查。

（2）评标委员会按照招标文件规定的详细评审表进行打分，A公司和B公司的评审价格应以实际投标报价为准，C公司和D公司应享受小微企业扶持政策，给予10％的价格优惠，即C公司和D公司的评审价格应为实际投标报价×（1－10％）。

情景3：本项目未预留份额专门面向中小企业采购，不接受联合体投标。A公司为大型企业，B公司为中型企业，C公司和D公司为小微企业，且C公司同时为监狱企业。

招标文件规定：根据《关于进一步加大政府采购支持中小企业力度的通知》（财库〔2022〕19号），货物服务采购项目给予小微企业的价格扣除优惠，由财库〔2020〕46号文件规定的6％～10％提高至10％～20％。根据湖北省财政厅、湖北省公共资源交易监督管理局《关于落实稳住经济一揽子政策　进一步加大政府采购支持中小企业力度的通知》（鄂财采发〔2022〕5号），对小微企业中的残疾人企业、监狱企业、采购产品纳入创新产品应用示范推荐目录内企业、采购产品获得节能产品或环境标志产品认证证书的企业，以价格评审优惠幅度的上限给予评审优惠。本项目对小微企业的价格扣除比例为10％。

【专家评审】

（1）评标委员会按照招标文件规定的评标方法、程序及标准，评审因素、标准和程序对A、B、C、D共4家公司的投标文件进行符合性审查。

（2）评标委员会按照招标文件规定的详细评审表进行打分，A公司和B公司的评审价格应以实际投标报价为准，C公司属于小微企业中的监狱企业，应给予20％的价格优惠，即C公司的评审价格应为实际投标报价×（1－20％）；D公司应享受小微企业扶持政策，给予10％的价格优惠，即D公司的评审价格应为实际投标报价×（1－10％）。

情景4：本项目未预留份额专门面向中小企业采购，接受联合体投标。至投标截止时间有A、B、C、D共4家供应商参与投标，其中A供应商为e公司、f公司联合体（其中e公司为大型企业，f公司为微型企业，联合协议约定f公司的合同份额占合同总金额的40％），B供应商为中型企业，C供应商和D供应商均为独立投标人，均为小型企业。

招标文件规定：本项目对小微企业价格扣除比例为10％。根据《关于进一步加大政府采购支持中小企业力度的通知》（财库〔2022〕19号），大中型企业与小微企业组成联合体或者大中型企业向小微企业分包的，评审优惠幅度由2％～3％提高至4％～6％。本项目对于联合协议或者分包意向协议约定小微企业的合同份额占到合同总金额30％以上的，评审优惠幅度为6％。

【专家评审】

（1）评标委员会按照招标文件规定的评标方法、程序及标准，评审因素、标准和程序对A、B、C、D共4家供应商的投标文件进行符合性审查。

（2）评标委员会按照招标文件规定的详细评审表进行打分，A供应商属于大中型企业与小微企业组成的联合体，应给予6％的价格优惠，即A单位的评审价格应为实际投标报价×（1−6％）；B供应商的评审价格以实际投标报价为准；C、D供应商属于小微企业，应享受小微企业扶持政策，给予10％的价格优惠，即C、D供应商的评审价格为实际投标报价×（1−10％）。

二、货物类项目政府采购政策实践运用

采购人W学校委托代理机构H公司就"W学校实训室设备采购项目"进行公开招标。有A、B、C、D、E共5家供应商参加投标。

情景1：采购标的中有"平板电脑"。招标文件要求投标人应提供"平板电脑"的国家确定的认证机构出具的、处于有效期之内的节能产品认证证书。

【专家评审】

根据财政部、国家发展改革委《关于印发〈节能产品政府采购实施意见〉的通知》（财库〔2004〕185号），财政部、环保总局《关于环境标志产品政府采购实施的意见》（财库〔2006〕90号），财政部、发展改革委、生态环境部、市场监管总局《关于调整优化节能产品、环境标志产品政府采购执行机制的通知》（财库〔2019〕9号），《关于印发环境标志产品政府采购品目清单的通知》（财库〔2019〕18号），《关于印发节能产品政府采购品目清单的通知》（财库〔2019〕19号）的规定，采购人拟采购的产品属于品目清单范围的，采购人及其委托的采购代理机构应当依据国家确定的认证机构出具的、处于有效期之内的节能产品、环境标志产品认证证书，对获得证书的产品实施政府优先采购或强制采购。"平板电脑"属于节能产品政府采购品目清单中的政府强制采购产品，评审专家应查看投标人的投标文件中是否提供国家确定的认证机构出具的、

处于有效期内的节能产品认证证书或中国政府采购网节能产品查询截图，未提供的视为无效响应。

情景2：A是微型企业，B是小型企业，C、D、E均为中大型企业，5家制造商均为中大型企业。

【专家评审】

根据《政府采购促进中小企业发展管理办法》（财库〔2020〕46号）的规定，货物由中小企业制造，即货物由中小企业生产且使用该中小企业商号或者注册商标的可享受中小企业扶持政策。故A、B、C、D、E均无法享受价格扣除优惠。

情景3：A、B、C、D、E共5家投标单位均通过资格审查、符合性审查。通过评审，A、B、C共3家投标人提供的核心产品为相同品牌。

【专家评审】

依照《政府采购货物和服务招标投标管理办法》（财政部令第87号）的规定，使用综合评分法的采购项目，提供相同品牌产品且通过资格审查、符合性审查的不同投标人参加同一合同项下投标的，按一家投标人计算，评审后得分最高的同品牌投标人获得中标人推荐资格。经评审，A、B、C共3家投标人的综合得分分别为87.35分、82.68分、88.50分，C投标人获得中标人推荐资格，D投标人综合得分为89分，E投标人综合得分为81.5分，评标委员会推荐D为第一中标候选人，C和E分别为第二中标候选人和第三中标候选人。

三、 工程类项目政府采购政策实践运用

采购人W局委托代理机构P公司就"W局×××工程项目"（该项目属于依法必招的建设工程项目）在交易中心进行公开招标，至投标截止时间有A、B、C、D共4家公司参与投标。

情景1：本项目未预留份额专门面向中小企业采购，不接受联合体投标。A为大型企业，B为中型企业，C、D为小微企业。

招标文件规定：

（1）若投标人属于小微企业的，则评标时在其投标报价得分的基础上增加P%作为其投标报价最终得分，即$S = M \times (1 + P\%)$。M为使用实际投标报价计算的价格得分，

P为小微企业报价优惠系数，范围为3~5的整数，由招标人确定，本项目P的取值为4。若招标人接受联合体，联合体各方均为小微企业的，则联合体视同小微企业。

（2）若招标人接受大中型企业与小微企业组成的联合体，或者允许大中型企业向一家或者多家小微企业分包的采购项目，对于联合协议或者分包意向协议约定小微企业的合同份额占到合同总金额30％以上的，评标时在其报价得分的基础上增加Q％作为其投标报价最终得分，即S＝M×(1＋Q％)，Q为满足条件的联合体或者分包企业报价优惠系数，范围为1~2的整数，本项目Q的取值为2。

（3）组成联合体或者接受分包的小微企业与联合体内其他企业、分包企业之间存在直接控股、管理关系的，不享受价格评审优惠政策。

【专家评审】

（1）评标委员会按照招标文件规定的评标方法、程序及标准，评审因素、标准和程序对A、B、C、D共4家公司的投标文件进行符合性审查。

（2）评标委员会按照招标文件规定的详细评审表进行打分，A公司和B公司的评审价格应以实际投标报价为准，C公司和D公司享受小微企业扶持政策，在实际投标报价进行评分的基础上增加其价格得分的4％作为其价格分，即C公司和D公司的最终价格得分应按公式S＝M×(1＋4％)进行计算。

情景2：本项目接受联合体投标，非专门面向中小微企业。至投标截止时间有A、B、C、D共4家供应商参与投标，其中A供应商为e公司、f公司的联合体（其中e公司为大型企业，f公司为微型企业，联合协议约定f公司的合同份额占合同总金额的40％），B供应商为中型企业，C供应商为小型企业，D供应商为大型企业（提交了分包意向协议，约定分包给K小型企业的合同份额占到合同总金额的30％）。

招标文件规定：

（1）若投标人属于小微企业的，则评标时在其投标报价得分的基础上增加P％作为其投标报价最终得分，即S＝M×(1＋P％)。M为使用实际投标报价计算的价格得分，P为小微企业报价优惠系数，范围为3~5的整数，本项目P的取值为4。若招标人接受联合体，联合体各方均为小微企业的，则联合体视同小微企业。

（2）若招标人接受大中型企业与小微企业组成的联合体，或者允许大中型企业向一家或者多家小微企业分包的采购项目，对于联合协议或者分包意向协议约定小微企业的合同份额占到合同总金额30％以上的，评标时在其报价得分的基础上增加Q％作为其投标报价最终得分，即S＝M×(1＋Q％)，Q为满足条件的联合体或者分包企业报价优惠系数，范围为1~2的整数，本项目Q的取值为2。

（3）组成联合体或者接受分包的小微企业与联合体内其他企业、分包企业之间存在直接控股、管理关系的，不享受价格评审优惠政策。

【专家评审】

（1）评标委员会按照招标文件规定的评标方法、程序及标准，评审因素、标准和程序对A、B、C、D共4家投标人的投标文件进行符合性审查。

（2）评标委员会按照招标文件规定的详细评审表进行打分，B投标人的报价最终得分按其实际投标报价计算的得分为准。C投标人应享受小微企业扶持政策，C投标人的价格得分应为$S=M\times(1+P\%)$（本项目P的取值为4），即在按其实际投标报价进行价格评分的基础上增加其价格得分的4%作为其价格得分。

A和D投标人的价格得分应为$S=M\times(1+Q\%)$（本项目Q的取值为2），即在按其实际投标报价进行价格评分的基础上增加其价格得分的2%作为其价格得分。

在线习题（第六章）

第七章
政府采购质疑投诉处理

质疑、投诉是供应商在政府采购活动中自身合法权益受到损害时的法定救济渠道。《政府采购法》第五十一条规定，供应商对政府采购活动事项有疑问的，可以向采购人提出询问；采购人应当及时作出答复，但答复的内容不得涉及商业秘密。第五十二条规定，供应商认为采购文件、采购过程和中标、成交结果使自己的权益受到损害的，可以在知道或者应知其权益受到损害之日起7个工作日内，以书面形式向采购人提出质疑。第五十五条规定，质疑供应商对采购人、采购代理机构的答复不满意或者采购人、采购代理机构未在规定的时间内作出答复的，可以在答复期满后15个工作日内向同级政府采购监督管理部门投诉。第五十八条规定，投诉人对政府采购监督管理部门的投诉处理决定不服或者政府采购监督管理部门逾期未作处理的，可以依法申请行政复议或者向人民法院提起行政诉讼。

《政府采购质疑和投诉办法》对政府采购质疑和投诉作出了更为具体的规范与要求。

《政府采购法实施条例》第五十二条规定，政府采购评审专家应当配合采购人或者采购代理机构答复供应商的询问和质疑。《政府采购质疑和投诉办法》（财政部令第94号）第十四条规定，供应商对评审过程、中标或者成交结果提出质疑的，采购人、采购代理机构可以组织原评标委员会、竞争性谈判小组、询价小组或者竞争性磋商小组协助答复质疑。

《政府采购评审专家管理办法》（财库〔2016〕198号）第二十九条规定，评审专家拒不履行配合答复供应商询问、质疑、投诉等法定义务，列入不良行为记录。

因此，评标委员会、竞争性谈判小组、询价小组或者竞争性磋商小组有义务配合采购人或者采购代理机构答复质疑。

第一节 询 问

一、 询问的方式

供应商对政府采购活动有疑问的,可以向采购人或采购代理机构提出询问。询问的方式可以分为口头询问和书面询问。在实际操作中,询问既可以采用电话、面谈等口头方式,也可以采用信函、邮件等书面形式,方式不限。

二、 询问的内容范围

供应商询问的内容涵盖政府采购活动的各个环节,询问可以是对采购公告、采购文件、采购结果的询问,也可以是采购程序的询问,内容不限。

三、 询问的答复

采购人或采购代理机构应积极作出答复。《政府采购法实施条例》第五十二条要求,采购人或者采购代理机构应当在3个工作日内对供应商依法提出的询问作出答复。

供应商询问对象以及答复询问的责任主体都是采购人,而不是采购代理机构。采购人可以委托采购代理机构答复供应商询问,采购代理机构在接受采购委托时,应当与采购人商定代理答复询问的具体采购事项范围,采购代理机构只能就采购人委托授权范围内的事项对供应商向其提出的询问作出答复,对于不适合或者不应当由采购代理机构答复的询问事项,应当在委托代理协议中明确由采购人自行答复。供应商向采购代理机构提出的询问超出采购人委托授权范围的,采购代理机构要履行告知义务,即告知供应商向采购人提出,采购代理机构不得越权代理采购人答复。

政府采购评审专家有协助采购人或者采购代理机构答复供应商询问的义务。

第二节 质 疑

一、 质疑的方式

供应商应当以书面形式向采购人、采购代理机构提出质疑。

供应商可以委托代理人进行质疑。其授权委托书应当载明代理人的姓名或者名称、代理事项、具体权限、期限和相关事项。供应商为自然人的，应当由本人签字；供应商为法人或者其他组织的，应当由法定代表人、主要负责人签字或者盖章，并加盖公章。

代理人提出质疑，应当提交供应商签署的授权委托书。

二、 质疑的内容范围

供应商认为采购文件、采购过程、中标或者成交结果使自己的权益受到损害的，可以在知道或者应知其权益受到损害之日起7个工作日内，以书面形式向采购人、采购代理机构提出质疑。

1. 对采购文件的质疑

按照《政府采购法》第四十二条第二款规定，采购文件泛指采购过程中形成的有关书面资料，包括采购活动记录、采购预算、招标文件、投标文件、评标标准、评估报告、定标文件、合同文本、验收证明、质疑答复、投诉处理决定及其他有关文件、资料。不过在实践中，采购文件往往特指招标文件、竞争性谈判文件、询价通知书、竞争性磋商文件和资格预审文件。

可质疑的采购文件主要是指招标、谈判、询价、磋商、资格预审公告以及招标文件、谈判文件、询价通知书、磋商文件、资格预审文件（包括属于其组成部分的澄清、修改、补充文件和评标标准、合同文本等）。

值得注意的是，采购活动记录、定标文件是采购人或采购代理机构的内部资料，采购预算是财政部门按照国家有关预算管理的规定对采购人的批复，对这些采购文件不可提出质疑。根据《政府采购法》有关质疑与投诉的规定，质疑答复、投诉处理决定也是不可质疑的采购文件。政府采购合同适用《民法典》，供应商如果对验收证明有异议，应当按照解决合同争议的途径处理，因此，验收证明不属于可质疑的采购文件。

2. 对采购过程的质疑

采购过程，是指从采购项目信息公告发布起，到中标、成交结果公告止，涉及采购文件的发出、投标、开标、评标、澄清、谈判、询价等各个采购环节，如对采购公告发布渠道、发布期限的质疑，对开标过程提出质疑，对谈判、磋商过程提出质疑等。

3. 对中标或者成交结果的质疑

如对中标或者成交供应商的资格提出质疑，对投标文件和评估报告的公开内容提出质疑等。

三、 质疑的受理

采购人、采购代理机构应当在采购文件中载明接收质疑函的方式、联系部门、联系电话和通信地址等信息。采购人负责供应商质疑答复。采购人委托采购代理机构采购的，采购代理机构在委托授权范围内受理并作出答复，若供应商提出的质疑超出采购人对采购代理机构委托授权的范围，采购代理机构应当告知供应商向采购人提出。

质疑是供应商自我维权的一种方式，供应商投入大量的精力参与政府采购活动，但大多数情况下，中标（成交）供应商只有一个，质疑是不可避免的。

采购人、采购代理机构收到质疑后，首先要甄别是否为有效质疑。

1. 质疑的主体是否有效

《政府采购质疑和投诉办法》第十一条规定，提出质疑的供应商应当是参与所质疑项目采购活动的供应商。供应商可以委托代理人进行质疑和投诉。其授权委托书应当载明代理人的姓名或者名称、代理事项、具体权限、期限和相关事项。供应商为自然人的，应当由本人签字；供应商为法人或者其他组织的，应当由法定代表人、主要负责人签字或者盖章，并加盖公章。代理人提出质疑和投诉，应当提交供应商签署的授权委托书。

2. 质疑时间是否在有效期内

供应商认为采购文件、采购过程、中标或者成交结果使自己的权益受到损害的，可以在知道或者应知其权益受到损害之日起7个工作日内提出质疑。

《政府采购法》第五十二条规定的供应商应知其权益受到损害之日是指：（1）对可以质疑的采购文件提出质疑的，为收到采购文件之日或者采购文件公告期限届满之日；（2）对采购过程提出质疑的，为各采购程序环节结束之日；（3）对中标或者成交结果提出质疑的，为中标或者成交结果公告期限届满之日。

3. 质疑是否为以书面形式提交，且是否提交了质疑函和必要的证明材料

《政府采购质疑和投诉办法》第十二条规定，质疑函应当包括下列内容：

（1）供应商的姓名或者名称、地址、邮编、联系人及联系电话。

（2）质疑项目的名称、编号。

（3）具体、明确的质疑事项和与质疑事项相关的请求。

（4）事实依据。

（5）必要的法律依据。

（6）提出质疑的日期。

供应商为自然人的，应当由本人签字；供应商为法人或者其他组织的，应当由法定代表人、主要负责人，或者其授权代表签字或者盖章，并加盖公章。

4. 针对同一采购程序环节的质疑是否是一次性提出

采购人、采购代理机构可以在采购文件中要求供应商在法定质疑期内一次性提出针

对同一采购程序环节的质疑。以避免同一问题反复质疑，导致项目不能正常执行。

针对无效质疑，采购人、采购代理机构依法不予受理，并且应告知质疑人不予受理的原因。采购人、采购代理机构不得拒收质疑供应商在法定质疑期内发出的质疑函，应当在收到质疑函后7个工作日内作出答复，并以书面形式通知质疑供应商和其他有关供应商。

【小贴士】

以某地研究院"计算机网络信息中心设备采购项目"为例。

某地研究院"计算机网络信息中心设备采购项目"发布公开招标公告，10家供应商下载了招标文件，其中6家递交了投标文件。中标结果公告发布后，下载了招标文件却未投标的A公司对中标结果提出了质疑。但采购人给出"质疑无效"的回复。

那么A公司为何不可以对中标结果提出质疑？

根据《政府采购质疑和投诉办法》（财政部令第94号）第十一条的规定，提出质疑的供应商应当是参与所质疑项目采购活动的供应商。

A公司虽然下载了招标文件，但并没有投标，即未参与该采购项目，属于潜在供应商。潜在供应商已依法获取其可质疑的采购文件的，可以对该文件提出质疑，但是只有递交了投标文件的投标供应商才可以对中标结果提出质疑。因此A公司无法质疑中标结果。

四、质疑的处理

1.做好质疑函的登记受理工作

对于正式受理的质疑，需做好相关登记，包括：质疑单位名称、联系地址、邮编、联系方式、法定代表人（授权代表）姓名及身份证号、质疑项目名称及编号、质疑收到时间等。

2.答复质疑前的调查

政府采购评审专家应当配合采购人或者采购代理机构答复供应商的质疑。

供应商对评审过程、中标（成交）结果提出质疑的，采购人或者采购代理机构可以组织原评标委员会（评审小组）协助答复质疑。

3.质疑答复

1）答复主体

《政府采购质疑和投诉办法》第五条要求，采购人负责供应商质疑答复。采购人委托采购代理机构采购的，采购代理机构在委托授权范围内作出答复。

根据《政府采购评审专家管理办法》第二十九条规定，评审专家拒不履行配合答复供应商询问、质疑、投诉等法定义务，列入不良行为记录。政府采购评审专家有协助采购人或者采购代理机构答复供应商质疑的义务。

供应商对评审过程、中标或者成交结果质疑投诉的，评审专家需要复核评审报告是否存在未按照采购文件规定的评审程序、评审方法和评审标准进行独立评审；是否存在评审错误或违法行为；是否可以纠正，并提出答复建议。

供应商对采购文件质疑投诉的，评审专家需要审查采购文件是否存在以不合理条件对供应商实行差别待遇、歧视待遇或者其他不符合法律、法规和政府采购政策内容，并提出答复建议。

2）质疑答复的时间和形式要求

《政府采购质疑和投诉办法》第十三条要求，采购人、采购代理机构应当在收到质疑函后7个工作日内作出答复，并以书面形式通知质疑供应商和其他有关供应商。

3）质疑答复的内容

根据《政府采购质疑和投诉办法》，质疑答复应当包括下列内容：

（1）质疑供应商的姓名或者名称。

（2）收到质疑函的日期、质疑项目名称及编号。

（3）质疑事项、质疑答复的具体内容、事实依据和法律依据。

（4）告知质疑供应商依法投诉的权利。

（5）质疑答复人名称。

（6）答复质疑的日期。

质疑答复的内容不得涉及商业秘密。

4）质疑对采购活动的影响

《政府采购质疑和投诉办法》第十六条规定，采购人、采购代理机构认为供应商质疑不成立，或者成立但未对中标、成交结果构成影响的，继续开展采购活动；认为供应商质疑成立且影响或者可能影响中标、成交结果的，按照下列情况处理：

（1）对采购文件提出的质疑，依法通过澄清或者修改可以继续开展采购活动的，澄清或者修改采购文件后继续开展采购活动；否则应当修改采购文件后重新开展采购活动。

（2）对采购过程、中标或者成交结果提出的质疑，合格供应商符合法定数量时，可以从合格的中标或者成交候选人中另行确定中标、成交供应商的，应当依法另行确定中标、成交供应商；否则应当重新开展采购活动。

质疑答复导致中标、成交结果改变的，采购人或者采购代理机构应当将有关情况书面报告本级财政部门。

5) 注意事项

供应商质疑应当以客观事实为依据，通过合法途径向采购人或采购代理机构提出，禁止捏造事实、提供虚假材料、以非法手段取得证明材料。证据来源的合法性存在明显疑问，供应商无法证明其取得方式合法的，视为以非法手段取得证明材料。

4. 材料归档

质疑处理过程中产生的一切文件均应作为采购资料的一部分，予以归档。

【案例】

采购代理机构S公司组织实施科研设备采购项目公开招标，经评标委员会评审，推荐A供应商为第一中标候选人。采购结果公布后，B供应商对评审结果提出质疑。

B供应商质疑认为，A供应商提供产品的多项技术参数官网查询达不到"※"条款要求，应作为无效投标处理。采购代理机构S公司收到质疑后，迅速组织原评标委员会对质疑事项进行复议，评标委员会核查了A供应商的投标文件，未发现其不满足采购文件实质性要求的问题，故其为实质性响应的投标文件。

在复议中，评标委员会发现有2名评委对A供应商的某项客观评分有错误，经修正，A供应商最终得分比原评分低0.5分，但得分还是最高，评标委员会仍然推荐A供应商为第一中标候选人。

采购代理机构S公司根据评标委员会的复议结果，在规定期限内向B供应商的质疑进行了答复。

以上案例中，评标委员会完成了两项工作。一是对质疑事项进行复议，二是重新评审。

采购代理机构组织原评标委员会对质疑事项进行复议与采购代理机构组织重新评审是两回事，二者有着本质的区别。复议是评审专家配合采购代理机构协助答复质疑事项的行为，其前提是有供应商在评审结束后提出了询问或质疑。而重新评审是指在评审活动完成后，原评标委员会（评审小组）成员对自己评审意见的重新检查。除了国务院财政部门规定的情形外，采购人、采购代理机构不得以任何理由组织重新评审。采购人、采购代理机构按照国务院财政部门的规定组织重新评审的，应当书面报告本级人民政府财政部门。

本案例中，在采购结果公布之后，B供应商向采购代理机构提出了质疑，采购代理机构为了答复供应商提出的质疑事项而组织原评标委员会进行复议，复议的目的是对质疑事项进行进一步核查，由评标委员会出具相关专业意见作为答复依据。评标委员会进行复议时，发现了对客观评审因素评分不一致的情况，符合《政府采购货物和服务招标投标管理办法》第六十四条"评标结果汇总完成后，除下列情形外，任何人不得修改评标结果：（三）评标委员会成员对客观评审因素评分不一致的"的情形，而"评标报告签署后，采购人或者采购代理机构发现存在以上情形之一的，应当组织原评标委员会进行重新评审。"因此，该案例中，原评标委员会实际上是同时完成了两项必要的工作。

第三节　投　　诉

一、投诉的时效

《政府采购法》第五十五条规定，质疑供应商对采购人、采购代理机构的答复不满意或者采购人、采购代理机构未在规定时间内作出答复的，可以在答复期满后15个工作日内向同级政府采购监督管理部门投诉。

《政府采购质疑和投诉办法》第十七条规定，质疑供应商对采购人、采购代理机构的答复不满意，或者采购人、采购代理机构未在规定时间内作出答复的，可以在答复期满后15个工作日内向本办法第六条规定的财政部门提起投诉。

二、投诉处理的时效

《政府采购质疑和投诉办法》第二十一条规定，财政部门收到投诉书后，应当在5个工作日内进行审查，审查后按照下列情况处理：

（1）投诉书内容不符合本办法第十八条规定的，应当在收到投诉书5个工作日内一次性书面通知投诉人补正。补正通知应当载明需要补正的事项和合理的补正期限。未按照补正期限进行补正或者补正后仍不符合规定的，不予受理。

（2）投诉不符合本办法第十九条规定条件的，应当在3个工作日内书面告知投诉人不予受理，并说明理由。

（3）投诉不属于本部门管辖的，应当在3个工作日内书面告知投诉人向有管辖权的部门提起投诉。

（4）投诉符合本办法第十八条、第十九条规定的，自收到投诉书之日起即为受理，并在收到投诉后8个工作日内向被投诉人和其他与投诉事项有关的当事人发出投诉答复通知书及投诉书副本。

被投诉人和其他与投诉事项有关的当事人应当在收到投诉答复通知书及投诉书副本之日起5个工作日内，以书面形式向财政部门作出说明，并提交相关证据、依据和其他有关材料。

财政部门应当自收到投诉之日起30个工作日内，对投诉事项作出处理决定。

值得注意的是，《政府采购法》及其相关法律规范文件中所要求的均为工作日。

三、 投诉的条件

《政府采购法实施条例》第五十五条规定，供应商质疑、投诉应当有明确的请求和必要的证明材料。供应商投诉的事项不得超出已质疑事项的范围。

《政府采购质疑和投诉办法》第十九条要求，投诉人应当根据本办法第七条第二款规定的信息内容，并按照其规定的方式提起投诉。

投诉人提起投诉应当符合下列条件：

（1）提起投诉前已依法进行质疑。

（2）投诉书内容符合本办法的规定。

（3）在投诉有效期限内提起投诉。

（4）同一投诉事项未经财政部门投诉处理。

（5）财政部规定的其他条件。

四、 投诉的提起

《政府采购法》第五十五条规定，质疑供应商对采购人、采购代理机构的答复不满意或者采购人、采购代理机构未在规定的时间内作出答复的，可以在答复期满后15个工作日内向同级政府采购监督管理部门投诉。

《政府采购质疑和投诉办法》第六条规定，供应商投诉按照采购人所属预算级次，由本级财政部门处理。

跨区域联合采购项目的投诉，采购人所属预算级次相同的，由采购文件事先约定的财政部门负责处理，事先未约定的，由最先收到投诉的财政部门负责处理；采购人所属预算级次不同的，由预算级次最高的财政部门负责处理。

质疑供应商对采购人、采购代理机构的答复不满意或者采购人、采购代理机构未在规定时间内作出答复的，可以在答复期满后15个工作日内向《政府采购质疑和投诉办法》第六条规定的财政部门提起投诉。质疑是投诉的先决条件，供应商不得直接就政府采购事项提出投诉。供应商投诉的事项不得超出已质疑事项的范围，但基于质疑答复内容提出的投诉事项除外。

五、 投诉的配合处理

投诉处理的主体是财政部门。但无论被投诉人是采购人或采购代理机构，还是其他供应商，采购人和采购代理机构、评审专家都有义务配合投诉的处理。

《政府采购质疑和投诉办法》第二十八条规定，财政部门在处理投诉事项期间，可以视具体情况书面通知采购人和采购代理机构暂停采购活动，暂停采购活动时间最长不得超过30日。

采购人和采购代理机构收到暂停采购活动通知后应当立即中止采购活动，在法定的暂停期限结束前或者财政部门发出恢复采购活动通知前，不得进行该项采购活动。

财政部门在处理投诉事项期间，可以视具体情况书面通知采购人和采购代理机构暂停采购活动，暂停采购活动时间最长不得超过30日。采购人和采购代理机构收到暂停采购活动通知后应当立即中止采购活动，在法定的暂停期限结束前或者财政部门发出恢复采购活动通知前，不得进行该项采购活动。

投诉人对采购文件提起的投诉事项，财政部门经查证属实的，应当认定投诉事项成立。经认定成立的投诉事项不影响采购结果的，继续开展采购活动；影响或者可能影响采购结果的，财政部门按照下列情况处理：

（1）未确定中标或者成交供应商的，责令重新开展采购活动。

（2）已确定中标或者成交供应商但尚未签订政府采购合同的，认定中标或者成交结果无效，责令重新开展采购活动。

（3）政府采购合同已经签订但尚未履行的，撤销合同，责令重新开展采购活动。

（4）政府采购合同已经履行，给他人造成损失的，相关当事人可依法提起诉讼，由责任人承担赔偿责任。

投诉人对采购过程或者采购结果提起的投诉事项，财政部门经查证属实的，应当认定投诉事项成立。经认定成立的投诉事项不影响采购结果的，继续开展采购活动；影响或者可能影响采购结果的，财政部门按照下列情况处理：

（1）未确定中标或者成交供应商的，责令重新开展采购活动。

（2）已确定中标或者成交供应商但尚未签订政府采购合同的，认定中标或者成交结果无效。合格供应商符合法定数量时，可以从合格的中标或者成交候选人中另行确定中标或者成交供应商的，应当要求采购人依法另行确定中标、成交供应商；否则责令重新开展采购活动。

（3）政府采购合同已经签订但尚未履行的，撤销合同。合格供应商符合法定数量时，可以从合格的中标或者成交候选人中另行确定中标或者成交供应商的，应当要求采购人依法另行确定中标、成交供应商；否则责令重新开展采购活动。

（4）政府采购合同已经履行，给他人造成损失的，相关当事人可依法提起诉讼，由责任人承担赔偿责任。

投诉人对废标行为提起的投诉事项成立的，财政部门应当认定废标行为无效。

第四节　评审专家在质疑投诉处理中的作用

在政府采购项目中，评审专家扮演着至关重要的角色，其专业素养和公正性直接影响采购活动的公平性和透明度。当出现质疑投诉时，评审专家的配合至关重要，不仅要直面自身在质疑投诉事项中存在的问题，还应充分发挥其专业优势，为采购人、采购代理构或财政部门提供技术支撑，这不仅关系到质疑投诉处理的效率和公正性，更关乎政府采购的整体公信力。

一、保持专业态度，正确面对质疑

评审专家首先应具备高度的职业素养，正确看待质疑投诉。质疑投诉是政府采购接受监督机制的一部分，其本质是保障采购活动的公平性与合法性。专家需摒弃抵触心理，认识到投诉的合理性与必要性。评审专家应以专业、冷静的态度应对质疑事项，避免因个人情绪影响处理过程。同时，评审专家要积极、主动地参与到质疑投诉处理中，树立客观、公正的形象。

二、全面配合调查，如实提供信息

在质疑投诉处理过程中，评审专家是关键的信息提供者，应积极配合采购人、采购代理机构、财政监督管理部门的工作，如实、详细地提供评审过程中的各项信息，包括但不限于评审依据、评分标准、评分理由、讨论内容以及相关文件的解读等。评审专家需要清晰地解释每一个重要决策的依据，确保质疑投诉受理部门全面、准确了解评审过程。如果存在任何疑问或误解，评审专家应主动澄清，避免因信息不完整或不清晰导致调查方向偏离，影响处理效率。

三、遵循法定程序，维护各方权益

评审专家在配合质疑投诉处理时，必须严格遵循法律法规和相关程序。一方面，评审专家应按照法定流程接受调查，按时提交所需材料，并配合相关的调查。另一方面，评审专家也有责任维护自身的合法权益。如果投诉人存在恶意诋毁、虚假投诉，评审专家应通过合法途径进行申辩或申诉，确保自身权益不受侵犯。同时，评审专家也应尊重投诉人的合法权益，避免在配合质疑投诉处理过程中出现违法违规行为。

四、 反思评审流程，提升专业能力

配合质疑投诉处理不仅是对当前评审工作的审查，也是评审专家自我反思的契机。评审专家应从质疑投诉中审视自身的评审流程，检查是否存在漏洞或是否有可改进之处。例如，是否对评分标准的理解不够透彻、对于异常低价是否要求相关供应商作出澄清、供应商澄清理由是否充分等。只有通过反思与及时总结经验，评审专家才能提升自身的专业性和职业素养，减少后续评审中出现类似的问题，以进一步提升政府采购评审的整体质量。

五、 加强沟通，促进各方理解

在质疑投诉处理过程中，适当的沟通至关重要。评审专家在财政监督管理部门的组织安排下，可以与投诉人、采购人等相关方进行沟通，但需注意沟通的方式。评审专家应从专业角度出发，客观、理性地向投诉人解释评审过程和依据，帮助其理解评审结果的合理性，从而化解矛盾。同时，评审专家也可与采购人沟通，反馈评审过程中发现的问题，协助采购人优化招标文件和项目需求设置，避免类似投诉再次发生，促进政府采购活动的良性发展。

政府采购项目的健康发展离不开评审专家的专业配合。评审专家在配合处理质疑投诉时，应保持公正、专业、负责的态度，积极配合调查，维护各方权益，反思自身工作，加强沟通。只有这样，才能确保质疑投诉处理的高效性和公正性，维护政府采购的公信力，为公共利益的实现提供有力保障。

在线习题（第七章）